LA MANO EN EL ESPEJO

Janis H. Durham

LA MANO EN EL ESPEJO

Una historia real sobre la vida después de la muerte

Obra editada en colaboración con Editorial Planeta – España

Diseño de portada: Claudia Safa
Originalmente publicado en inglés con el título *Hand on the mirror*

Bajo el sello editorial DIANA M.R.
Avenida Presidente Masarik núm. 111, Piso 2
Colonia Polanco V Sección
Deleg. Miguel Hidalgo
C.P. 11560, México, D.F.
www.planetadelibros.com.mx

Primera edición impresa en España: septiembre de 2015
ISBN: 978-84-15864-75-2

Primera edición impresa en México: febrero de 2016
ISBN: 978-607-07-3254-6

Impreso en los talleres de Litográfica Ingramex, S.A. de C.V.
Centeno núm. 162-1, colonia Granjas Esmeralda, México, D.F.
Impreso en México - *Printed in Mexico*

ÍNDICE

Introducción 11

1. La mano en el espejo 15
2. Asuntos de familia 21
3. Max 39
4. El valle tenebroso de la muerte 47
5. Acontecimientos extraños 53
6. Empieza el viaje 63
7. Surge un patrón 81
8. ¿Intenta Max contactar conmigo? 89
9. Hitos 101
10. Lecciones de un científico espacial 107
11. ¿Podemos viajar fuera de nuestros cuerpos? 119
12. Fantasmas: ¿reales o imaginarios? 129
13. Alfombras mágicas 137
14. ¿Me estoy volviendo loca? 143
15. No me estoy volviendo loca 153
16. Un despertar espiritual 167
17. Experiencias cercanas a la muerte: ¿evidencia de una vida después de fallecer? 173
18. ¿Hay algo peor que perder a tu cónyuge? 183
19. Médiums: ¿realidad o ficción? 195
20. Desafío a la comunidad científica 203
21. Desafío a los medios de comunicación 215

22. Encontrar a mi madre 225
23. Cruzar al otro lado 235
24. Encontrarme a mí misma 245
Epílogo 253
Agradecimientos 255

Para Max

«Amar a otra persona es ver el rostro de Dios».

VICTOR HUGO,

Los miserables, 1862.

INTRODUCCIÓN

«Es mucho más fácil reconocer el error que hallar la verdad;
porque el error yace en la superficie y puede superarse;
pero la verdad se encuentra en las profundidades,
y su búsqueda no se asigna a cualquier persona.»

JOHANN WOLFGANG VON GOETHE, 1749-1832

Esta es la historia de un viaje personal fuera de lo común. No es lo que cabría esperar de alguien con mi formación tradicional y experiencia en el competitivo mundo de la prensa escrita. Empieza con la muerte inesperada de mi amado esposo, Max Besler, en 2004 y continúa con una serie de sucesos extraordinarios que al principio me sorprendieron y luego me llamaron la atención. Esta historia se desarrolló a lo largo de ocho años y narra mi crecimiento espiritual, así como el modo en que mi mente se abrió poco a poco a realidades que antes habría considerado inimaginables. Es una historia sobre el amor y sobre cómo este nos une en un universo mucho más fascinante de lo que creía. Al final, espero que mi historia sea una fuente de fuerza para quienes se ven afectados por la muerte; algo que, inevitablemente, nos sucede a todos.

Lo que ocurre después de morir nos plantea un desafío. Es un tema que nos incomoda. Estamos aquí, llevamos vidas activas y plenas. ¿Por qué tendríamos que pensar en la muerte? Pero un día nos toca a nosotros. Perdemos a un ser querido y nos enfrentamos a la posibilidad de la muerte y de la vida después de la misma. Los científicos, teólogos, escritores, músicos, poetas y artistas han abordado la pregunta directa o indirectamente. Conforma el núcleo del sistema de creencias de la religión organizada, en la que me educaron como presbiteriana. Creemos que vamos al cielo después de morir. Pero ¿qué es exactamente el cielo?

Si supiéramos, no sólo desde la fe de nuestras religiones, sino desde nuestra ciencia moderna, que nuestra conciencia sobrevive después de la muerte, ese conocimiento afectaría profundamente el modo como nos comportamos. Podemos afirmar que la pregunta de si existe vida después de la muerte es la más importante. ¿Qué otra cosa podría serlo? *La mano en el espejo* defiende que, después de morir, nuestra existencia continúa de otra forma. Es decir, que la vida no termina con nuestra muerte física. Espero poder abrir la mente de los lectores a esta posibilidad.

Mi mayor motivación a la hora de escribir *La mano en el espejo* fue alentar a la gente a que hable abiertamente sobre sus experiencias de comunicación con un ser querido después de su fallecimiento. También espero que este libro ofrezca a los lectores no solo un marco emocional, sino también un trasfondo intelectual para legitimar esas conversaciones. Este tipo de debates deberían ser abiertos y estar libres de condicionantes. Sería provechoso para la sociedad deshacerse del estigma relacionado con compartir historias personales acerca de la vida después de la muerte, incluidas las que implican elementos sobrenaturales, como es mi caso.

El miedo al ridículo me impidió escribir este libro durante muchos años. Sabía que lo que iba a revelar sería provocador y estaba obsesionada con lo que mi familia y mis amigos dirían sobre mí. Evidentemente, sabía que me querían, pero me preocupaba que eso los indujera a pensar que el profundo dolor había afectado a mi sentido común. También estaba preocupada por mi amplio círculo de amistades y colaboradores, especialmente mis compañeros de trabajo. Estaba convencida de que la extraña naturaleza de los acontecimientos que viví sería imposible de aceptar para esas personas tan acostumbradas a los datos. ¿Acaso puedo culparlas? La historia es increíble y se sale de los parámetros de lo que se considera normal. Aunque existen fotografías que documentan mis afirmaciones, la gente suele creer solo lo que elige creer, no lo que pueda ser increíble pero cierto.

Sé que no soy la única que tiene miedo a ser juzgada. Como parte de mi investigación, compartí mi historia y sus correspondientes fotografías con una serie de personas, y muchas de ellas me contaron sus experiencias con sucesos sobrenaturales. De hecho, estaban ansiosas por contarme sus relatos y a veces me decían que nunca se los habían confiado a nadie —en algunos casos, ni siquiera a sus cónyuges— por miedo a que los miraran mal. Conocer sus reticencias alentó mi determinación para seguir adelante.

La mayoría de esas historias tienen personajes, y la mía no es una excepción a la norma. Conoceréis a mi familia, a mis amigos, a profesores, a investigadores, a psicólogos, a médicos, a expertos en terapias espirituales y a médiums, así como a otras personas que formaron parte de este viaje y fueron fundamentales para mi investigación. La similitud en sus pensamientos resulta asombrosa, aunque no siempre se expresen con el mismo lenguaje. Conoceréis a una serie de destacados líderes científicos en este campo y escucharéis sus frustraciones a la hora de dar continuidad a su exploración. Espero que lleguéis a verlos igual que yo: como personas fascinantes.

Algunas consideraciones técnicas superan con creces mi ámbito de conocimiento, pero he intentado describir los principios y los avances científicos de manera asequible para el lector. Mi propósito es ayudar a que los científicos obtengan la atención que merecen.

El cambio duradero no viene dado desde arriba para que se filtre hacia abajo, sino que requiere un enfoque ascendente desde una base. La gente defiende una idea, y pueden ocurrir cosas increíbles. Abraham Lincoln lo expresó de manera elocuente: «Con el apoyo de la opinión pública nada puede fallar. Sin él, nada puede triunfar». Si los lectores se sienten seguros a la hora de contar sus relatos sobre la supervivencia de la conciencia después de la muerte, se va creando una expectativa. Eso ayuda a que el tema entre a formar parte de una corriente informativa dominante, que tal vez conduzca a una cobertura más amplia, precisa y seria por parte de los medios de comunicación. Con ese impulso, los científicos pueden explorar ese campo en un entorno más abierto y con buenos cimientos. Cualquier contribución que este libro realice a dicho impulso será muy gratificante para mí.

Una mayor aceptación del hecho de la supervivencia de la conciencia y, por tanto, de la vida después de la muerte tiene el potencial de provocar un cambio en todos nosotros. Viviremos haciendo hincapié en el amor y prestando menos atención a la pérdida o al miedo a la misma. Y tal vez, solo tal vez, empezaremos a comprender nuestro propósito.

JANIS HEAPHY DURHAM

1

LA MANO EN EL ESPEJO

El domingo 8 de mayo de 2005, mi realidad cambió. Fue el día en que descubrí una enorme huella en el espejo del cuarto de baño en mi casa de Sacramento, California. No era una huella normal y corriente. Parecía estar hecha de una sustancia suave, blanca y polvorienta. Mostraba todas las facetas de la estructura ósea, como si se tratara de una radiografía. Al mirarla de cerca, pude darme cuenta de que era la mano de un hombre por la forma de los dedos y la base amplia de la palma. La huella estaba sola, era una imagen impresa en el espejo y perfectamente formada. Apareció de la nada. Literalmente de la nada.

La mano apareció en el primer aniversario de la muerte de mi esposo, Max Besler. Max había muerto en la sala de estar de nuestra casa rodeado de familiares y amigos. Después de cuatro años de matrimonio, le diagnosticaron un cáncer de esófago a la edad de cincuenta y seis años. Al cabo de seis meses, falleció, dejándonos a mí y a mi hijo de catorce años, Tanner, totalmente desolados. Ambos queríamos mucho a Max, y los tres habíamos llegado a ser una familia. En ese Día de la Madre un año después del fallecimiento de Max, yo seguía con mi duelo y me preocupaba el modo en que Tanner hacía frente a su tristeza. Era muy joven e impresionable y, al igual que la mayoría de los chicos de su edad, no era muy hablador. Yo estaba pensativa y alerta en ese primer aniversario y mantenía una actitud vigilante en mi papel de madre y protectora.

Tanner y yo estábamos sentados en una mesita del patio a primera hora de la tarde soleada. Él dividía su tiempo entre nuestro hogar de Sacramento y la casa de su padre en El Dorado Hills, a unos treinta minutos de distancia. Divorciarse no es nada fácil, pero su padre, Bob Heaphy, y yo nos habíamos comprometido a poner el bienestar de Tanner en primer lugar en nuestras vidas. Nos habíamos esforzado mucho para proporcionarle un horario estable y regular, y para asegurarle con palabras y hechos que aunque vivía en dos casas, en ambas lo queríamos y lo apoyábamos. Max se había sumado a ese amor. En ese hermoso día me sentía a gusto por tener a Tanner en casa, con su pelo corto y rubio y su cuerpo atlético, a mi lado. Me encantaba verlo concentrado haciendo los deberes y sonreí, como hace una madre, al darme cuenta de su costumbre de mover los labios mientras leía para sí. Yo me estaba poniendo al día con mis deberes autoimpuestos: las lecturas atrasadas que acumulaba para cada fin de semana. Al cabo de un rato decidimos que teníamos hambre, y me levanté de la mesa para entrar en casa y traer un tentempié. Tanner comía como cualquier adolescente, es decir, sin parar. Además, la comida servía de distracción a la tristeza que sentíamos en nuestro corazón en ese día tan señalado.

El diseño de nuestra casa era en forma de U, con la habitación doble principal, el dormitorio de Tanner y un despacho en el lado izquierdo, y la sala de estar, el comedor y una biblioteca en el centro. En la parte derecha de la U estaban la cocina, una habitación de invitados, un lavadero y la salida al aparcamiento. Max se había pasado el último mes de su vida en la habitación de invitados en vez de en la suya porque estaba más cómodo en una cama individual, ya que los dolores eran difíciles de soportar. Él insistió en que yo durmiera por las noches porque tenía que trabajar.

Antes de entrar en la cocina para preparar el tentempié, hice una parada en el lavabo de la habitación de invitados. Fue entonces cuando vi la huella de la mano. Supe que era reciente porque no estaba allí cuando me había peinado delante de ese mismo espejo una hora antes. Me sorprendió sobremanera, y me quedé allí parada durante un minuto como mínimo. No tenía ningún sentido. A mis cincuenta y tres años, nunca había experimentado nada tan ajeno al mundo humano como esa huella. Mi mirada estaba posada en algo inexplicable. Mi cerebro trataba de registrar la información que le enviaban mis ojos. ¿Estaría perdiendo la cabeza? Tal vez. ¿Había entrado alguien en casa para gastarnos una broma? Era poco probable.

Tanner y yo habríamos visto u oído a alguien que entrara por la puerta del patio. ¿Cómo era posible que una mente humana mostrara la transparencia de una radiografía? Poco a poco fui recuperando la capacidad de articular sonido y me esforcé para gritar las palabras:

—Tanner, ven aquí. ¡Rápido! ¡Date prisa!

—Mamá, ¿qué ocurre? ¿Te encuentras bien? —me preguntó.

—Mira —grité—. Tú no has hecho esto, ¿verdad?

En ese momento me pareció que estaba reaccionando como una histérica. Supe tan pronto como hube pronunciado esas palabras que él no había dejado esa huella porque había estado sentado a mi lado todo el tiempo durante esa hora desde que fui al lavabo por última vez. Solo para hacer una comprobación definitiva le pedí a Tanner que colocara su mano derecha sobre la huella polvorienta del cristal. Me di cuenta de que era ridículo pensar que él hubiera dejado esa marca. La imagen era mucho más grande que su mano y tenía una forma distinta.

Ambos nos quedamos mirando la huella, boquiabiertos y sin decir ni una palabra. Luego fuimos apartando la mirada del espejo para mirarnos. Nos cruzamos las miradas. Supimos que estábamos viendo algo sorprendente y estábamos un poco asustados. Era muy extraño; no teníamos ni idea de lo que podía ser. Nuestras mentes no alcanzaban a comprender la imagen que registraban nuestros ojos.

Pensé con atención mi respuesta antes de abrir la boca. Reaccionar de manera exagerada no nos haría ningún favor. Mi instinto maternal afloró, y decidí calmarme. Quería que mis palabras transmitieran serenidad y que fueran un buen ejemplo para Tanner. Según he ido aprendiendo con el tiempo, los niños interpretan nuestras reacciones mucho mejor de lo que creemos, y exagerarla no era útil para él, ni tampoco para mí. Pero también sabía que tenía que ser honesta, y era absurdo fingir que no se trataba de un suceso extraordinario.

—No estoy segura de lo que es, Tanner.

Después me atreví a formular una pregunta.

—¿Crees que guarda algún tipo de relación con Max, puesto que es el primer aniversario de su muerte?

Era consciente de que él sentía un gran cariño por Max, por lo que no se asustaría con esa pregunta. También sabía que no era la primera vez que habíamos presenciado sucesos extraños tras la muerte de mi marido, pero nada comparable con la naturaleza abrumadora de esa huella.

—Tal vez, pero ¿no es muy raro? Y ¿cómo la ha puesto ahí, si ya no está con nosotros, mamá? —preguntó Tanner.

Evidentemente, no supe qué respuesta darle. Solo tenía claro que necesitaba conservar la calma y mostrarme curiosa pero no emotiva.

—Supongo que ahora mismo no lo sabemos, Tanner. ¿Por qué no hacemos una pausa y sales a echar unas canastas?

—Vale, mamá. Pero avísame si me necesitas —contestó, como si ya fuera un adulto.

Le di un abrazo y le dije que saldría a reunirme con él en cuestión de minutos. Fui a buscar la cámara e hice varias fotografías. No sabía lo que era esa imagen, pero tenía claro que había que documentarla. Me habría gustado obtener más pruebas, como por ejemplo extraer una muestra de la sustancia polvorienta para efectuar un análisis o realizar un examen forense de las huellas de los dedos. Pero en ese momento estaba tan sorprendida que esas cuestiones ni siquiera se me pasaron por la cabeza.

Pero sí pensé en las connotaciones del momento de aparición de esa huella. Había surgido en el día exacto del primer aniversario de la muerte de Max, lo cual suscitaba la pregunta de si él estaba intentando establecer algún contacto conmigo. Al igual que la mayoría de las esposas, podía recordar con exactitud el aspecto de las manos de mi marido. La huella amplia de la palma en ese espejo, yuxtapuesta a los dedos largos y estrechos, me recordaba la forma de las manos de Max.

No lograba explicarme ese fenómeno, pero era evidente que no se correspondía con las tradiciones en las que me habían criado. Mi padre, un pastor presbiteriano profundamente dedicado a Dios y a su fe, había tenido una gran influencia en mí. Pero al igual que muchas personas, mi pensamiento fue evolucionando a medida que me hacía mayor. Entonces mi fe no era una parte fundamental de mi vida diaria, de modo que no tenía una solución a mano para explicar cómo podría relacionarse esa huella con el cielo o con una vida después de la muerte. Lo único que sabía era que estaba experimentando una dimensión totalmente distinta. El misterio me dejó desconcertada.

Tuve que preguntarme si se trataba de un suceso paranormal. ¿Era un fantasma? Puesto que Max había muerto en nuestra casa, ¿habría quedado parte de él en ese lugar? ¿Me estaba visitando para decirme que había más? ¿Había ingeniado un método para contactar conmigo que se parecía a un milagro? Siempre he sido una persona abierta de miras y en ese momento también quería serlo. Pero estaba asustada. Entrar en terreno desconocido me intimidaba.

Desde un punto de vista práctico, no tenía tiempo para distraerme o asustarme. Decidí guardarme este suceso extraordinario y dejarlo aparcado hasta que tuviera tiempo de pensar en él. A fin de cuentas, tenía un hijo al que cuidar y un trabajo que atender. Me sentía abrumada por el hecho de sobreponerme a mi dolor. Mi vida se había derrumbado con la muerte de Max, y era lo único que podía hacer para seguir desenvolviéndome como madre y ejecutiva de un periódico. Me gustaban esas funciones. Me llenaban como persona. Era muy importante desempeñarlas bien. No podía fallar.

Asimismo, me di cuenta de que la decisión de aparcar ese suceso venía dada por mi educación. El papel de mi padre como pastor implicaba ser una figura destacada de la comunidad. De niños nos enseñaron que nuestra conducta personal no solo nos representaba a nosotros mismos, sino también a nuestra familia y, por extensión, al cargo público de papá. Se esperaba que actuáramos en consonancia y que no nos apartáramos de unas líneas convencionales. Ese ejemplo me acompañó en mi vida adulta.

Ahora, como editora y presidenta del *Sacramento Bee*, en la capital del estado de California, me había convertido en un personaje público. Nuestro periódico no solo era influyente en el ámbito local, sino también a nivel estatal y nacional, como buque insignia de la cadena de diarios de la McClatchy Company. Cuando me contrataron, recuerdo que uno de los ejecutivos de McClatchy me preguntó: «¿Se siente usted cómoda siendo objeto de la atención pública?». Poco después, en el desempeño de mis funciones en ese puesto, llegué a comprender la naturaleza de esa pregunta. Mi vida era objeto del escrutinio público, y no quería alentar ninguna crítica procedente de un suceso de esa índole. Así que lo mantuve en privado.

Como no sabía qué hacer con esa huella después de descubrirla, la dejé en el espejo hasta el miércoles, cuando la señora de la limpieza, Helen Dennis, vino a hacer su trabajo. Helen se había mostrado muy cercana a Max y fue de gran ayuda cuando tuvo que someterse a los tratamientos contra el cáncer. Ambos confiábamos en ella y la considerábamos parte de la familia. Se mostró muy discreta con los detalles de la enfermedad de Max y protegió tanto su intimidad como su dignidad mientras estuvo enfermo. La acompañé al cuarto de baño antes de ir a trabajar para mostrarle la imagen. Tenía curiosidad por saber cómo respondería. Ella se mostró sorprendida, pero también supo mantener la calma mientras mirábamos el espejo juntas. Nos preguntamos si sería una señal de Max, puesto que se había manifestado en el aniversario de su fallecimiento. Al cabo de unos minutos, me di cuenta de que tenía que marcharme para empezar mi jornada laboral, así que le pedí que limpiara el espejo. No tenía motivo alguno para conservar la huella más de los tres días que había permanecido allí. Helen me contó que borró la imagen con limpiacristales, pero que tuvo que frotar bien.

De modo que continué con mi vida. Pero en mi determinación por salir adelante, no pude evitar pensar en el curioso misterio que había descubierto en el espejo del cuarto de baño. Era una imagen poderosa que había dejado una huella imborrable en mi mente.

2

ASUNTOS DE FAMILIA

Mi padre tuvo un gran impacto en mí durante mi infancia y adolescencia. Fue la influencia más importante de mi vida. Era un hombre extraordinario que se hizo a sí mismo en todos los sentidos.

Su madre se llamaba Agnes Olson, nacida con el nombre de Agnes Anderson el 16 de abril de 1884 en Skåne, Suecia. En la víspera de su duodécimo cumpleaños, se embarcó sola rumbo a Estados Unidos desde Gotemburgo, Suecia, viajando con un pasaje que había comprado su madre. Aunque la historia de nuestra familia no nos proporciona detalles de por qué Agnes se marchó a América, creemos que abandonó su país en busca de oportunidades económicas, tal y como hicieron otros muchos jóvenes suecos durante el siglo XIX. Pero Agnes era excepcionalmente joven para viajar tan lejos y sola en las terribles condiciones a bordo de ese buque. Cuando llegó a Estados Unidos se hospedó en casa de una tía lejana que vivía en Brooklyn, Nueva York, donde se dedicó a limpiar casas para mantenerse y enviar dinero a su familia.

A los dieciséis años volvió a Suecia. Luego regresó a América una segunda vez cuando cumplió los dieciocho. Al cabo de diez años regresó a Suecia y poco después, en enero de 1912, se casó con Axel Wilhelm Olson.

Axel era soldado de la caballería sueca y recibió unas tierras en América como pago por sus servicios. El joven matrimonio decidió empezar su nueva vida en Ong, Nebraska, donde había una comunidad sueca. Como tenían poco dinero y pocos recursos, compraron pasajes de tercera clase para un buque que zarpaba de Inglaterra. Pero el trayecto desde Suecia hasta el puerto de Southampton fue arduo y tuvieron que recorrerlo a caballo. Llegaron tarde y perdieron el barco. El buque en cuestión era el *Titanic*.

Cuando el abuelo Axel y la abuela Agnes llegaron finalmente a Clay County, Nebraska, los campos eran ricos en bisontes, lobos, antílopes y búfalos. John Frémont, conocido como el Pionero, había descubierto esa zona en busca de una ruta más corta hacia el oeste, y los primeros pobladores llegaron en 1857. Mis abuelos criaron a sus hijos en este terreno escarpado. Era una vida difícil. Hacia mediados de la década de 1930, entre la Gran Depresión y la fuerte sequía conocida como «cuenco de polvo», solo resistieron los más fuertes. Pero el abuelo se ganaba la vida como carpintero, y la abuela criaba a sus seis hijos.

Hicieron hincapié en su fe en Dios e insistieron en que la educación era la clave de su nueva vida en América, donde todo era posible. Todos sus hijos fueron a la universidad. Es evidente que la decisión de mi familia de centrarse en la fe y en el aprendizaje indujo a mi padre a creer, tal como él mismo decía, que había sido llamado al sacerdocio. Después de casarse con mi madre y de licenciarse en la universidad, cursó un máster en el Seminario Teológico de la Unión Presbiteriana en Nueva York en 1946.

Solía hablarnos de sus días en el seminario, donde tuvo el privilegio de estudiar bajo la tutela de algunos de los grandes teólogos de los años cincuenta. Reinhold Niebuhr y Paul Tillich fueron sus profesores, y Henry Sloane Coffin era rector emérito. Papá estaba orgulloso de su educación y nunca perdió su amor por la teología ni su profunda devoción por Dios.

Todo lo que aprendí sobre el cielo lo supe por mi padre y por nuestra iglesia. La fe presbiteriana que heredé considera que cuando un ser humano muere, su alma se reúne con Dios. Más allá de las clases de catequesis, los sermones y las lecturas, muchas de las conversaciones con mi padre me ayudaron a formarme un concepto sobre el cielo o sobre la vida después de la muerte.

Una conversación en concreto perdura en mi memoria. Tuvo que haber sido en 1960, cuando tenía nueve o diez años. Papá y yo estábamos caminando por el centro de Hamilton, Ohio, donde vivíamos. Era una población de unas setenta y cinco mil personas cerca de Cincinnati, al sur del estado. Pasábamos por una callejuela estrecha cerca de la iglesia presbiteriana de la calle Front, donde desempeñaba su función pastoral. Probablemente nos dirigíamos a una clase de religión o a un ensayo del coro. Recuerdo con claridad haber rozado su mano y haberle pedido que se detuviera para agacharse y hablar conmigo. Tenía una pregunta que hacerle. No se trataba de si el cielo existía, sino de dónde estaba. Él me citó a Juan 14:1-2: «No se conturbe vuestro corazón. Como creéis en Dios, creed también en mí. En la casa de mi Padre hay muchas moradas. De no ser así, ¿os habría dicho que voy a prepararos el lugar?».

Entonces se detuvo y me habló mirándome a los ojos. Me puso el ejemplo de nuestra familia y el amor que tenemos en nuestro propio hogar, aquí en la tierra. Me contó que era igual en el cielo. Añadió que del mismo modo que ni él ni mi madre me abandonarían o dejarían de quererme, Dios hace lo mismo en el cielo. También Dios tiene un hogar y un lugar seguro para todos en el que estar. Y terminó nuestra pequeña charla diciéndome que Dios es infinito, que vive con nosotros y dentro de nosotros, no solo aquí, sino también en el cielo cuando morimos.

Mientras reflexiono sobre ello me sorprende lo mucho que trabajó mi padre cuando estaba en la flor de la vida. Se mostraba incansable y comprometido, y llenaba sus días con visitas a los hospitales, sermones, bodas y funerales. Pero lo más importante de todo era su fe inagotable y su devoción por Dios. A menudo lo oía rezar en voz baja a solas por la noche, y yo escuchaba con atención el suave susurro de sus palabras, sin entender realmente nada aunque percibía una sensación de reverencia que aún sigue viva en mí.

Mi padre me enseñó otra cosa que ha perdurado en mi vida: que no existen concesiones con respecto a la verdad. Yo lo veía como una persona con un carácter fuerte, y a menudo decía: «El carácter es el destino». Provisto de la independencia típica de su madre sueca, me alentó a hacer preguntas y a someter las cosas a examen para que pudiera formarme mis propias opiniones. «Tienes que hacer lo correcto, por difícil que sea», me dijo en una ocasión.

Desde mi perspectiva actual, he llegado a comprender que mi infancia y mi adolescencia fueron períodos en los que puse la autoridad en primer lugar. Al igual que muchos habitantes del medio oeste en la década de 1950, lo hice por voluntad propia. En mi caso, mi padre era una figura de autoridad dual: era mi padre y mi pastor.

Con los años fui aprendiendo que la fe es un asunto mucho más complicado que una simple «creencia». Esta comprensión se la debo también a mi padre. Al igual que muchas personas, quería llegar al fondo de las cosas para formular más preguntas. Hacia la segunda fase de mi vida, es decir, entre los veinte y los cincuenta años, me dediqué a buscar una existencia significativa en todos los sentidos. Aunque estaba agradecida por los valores religiosos que había recibido en casa y en la iglesia, seguía buscando. Tenía una mente analítica y curiosa, y buscaba un marco intelectual y filosófico al mismo tiempo que un estímulo religioso.

Papá fue de nuevo un recurso inestimable. Cuando yo tenía cuarenta y cuatro años, me recomendó un listado de libros. Aunque muchos de ellos eran abstractos, reactivaron mi expedición espiritual hacia otros reinos. Estos libros iban más allá de mi formación cristiana clásica y me incitaban a pensar en términos más amplios:

El hombre en busca de sentido, Viktor E. Frankl.
El miedo a la libertad y *Psicoanálisis de la sociedad contemporánea: hacia una sociedad sana*, Erich Fromm.
El hombre contra sí mismo, Karl A. Menninger.
La incógnita del hombre. El hombre, ese desconocido, Alexis Carrel.
El hombre en busca de sí mismo y *Amor y voluntad*, Rollo May.
Ser una persona de verdad, Harry Emerson Fosdick.
Reverencia por la vida, Albert Schweitzer.
Espíritu y realidad, Nikolái Berdiáyev.
La felicidad superior, Ralph W. Sockman.

El valor de ser, Paul Tillich.
La naturaleza y el destino del hombre, Reinhold Niebuhr.

Me sumergí en estas obras y no cesé de leer. Algunas me superaban. Pero cuanto más leía, más empaba a abrirme a la idea de que, efectivamente, había algo más. La exposición a estos textos no redujo mi fe en Dios. La reforzó. Tuve suerte porque no sentí miedo de desviarme del camino y satisfacer mi curiosidad. Mi padre había dicho: «Prefiero que busques y desafíes tu fe antes que seguirla a ciegas».

Si bien mi padre desempeñó un papel muy influyente en mi desarrollo y en mi evolución religiosa y espiritual, mi madre fue una historia totalmente distinta. En realidad nunca nos llevamos bien, y nuestra relación sufrió altibajos. Era el típico caso de un choque de personalidades. Puede que no sea tan extraño que las madres y las hijas tengan relaciones difíciles. Muchas mujeres me han contado que han pasado por conflictos parecidos con sus madres. Curiosamente, a menudo acabo desarrollando una estrecha amistad con estas mujeres.

Todo empezó cuando era niña. Mi madre me resultaba irritante, y supongo que yo la irritaba a ella. No sé por qué. A menudo he pensado que no le gustaba porque era una chica en vez de un chico. Prácticamente veneraba a mis hermanos. O tal vez había cierta competitividad o celos por captar la atención de papá. Fuera cual fuese la razón, me resultaba una persona desagradable en cuanto a cómo me trataba. No estoy diciendo que no mereciera parte de este trato. Yo pude haber sido más madura en nuestros intercambios verbales, pero por alguna razón recurría a una conducta infantil. Con el tiempo se convirtió en un patrón de vida. No tenía nada que ver con el amor. Yo la quería y sé que ella también a mí. Tal vez se tratara de una lucha de poder.

Podría escribir un libro entero de anécdotas sobre mi madre. En un día de Acción de Gracias, cuando tenía unos treinta y cinco años, mis padres vinieron a visitarme. Había estado trabajando para el *Los Angeles Times* en la sección comercial de publicidad durante al menos una década. Después de la cena, mamá y yo estábamos lavando los platos y me dijo:

—¿Sabes? Tus hermanos se han vuelto más conservadores en cuanto a política de lo que papá y yo los educamos. Nos decepciona que no hayan conservado nuestra perspectiva liberal. Creo que se debe a que están en el mundo de los negocios.

—Bueno, yo también estoy en el mundo de los negocios, mamá, y eso no me ha ocurrido —respondí.

Y ella me contestó:

—No, no estás en el mundo de los negocios. Estás en publicidad.

Me quedé sin habla.

Años más tarde, cuando dejé el *Los Angeles Times* para incorporarme al *Sacramento Bee*, una noche les hablé a mis padres acerca de mi nuevo trabajo durante la cena. Dirigir un periódico no era una responsabilidad insignificante. La respuesta de mi madre:

—¿No crees que necesitarás un poco de formación?

«¿Formación? Creo que veintitrés años son formación suficiente, ¿no?», pensé. Me limité a sonreír y dije:

—Pasadme los guisantes, por favor.

Mamá era una maestra de la culpa. Uno de sus incidentes más dolorosos implicaba al abuelo Thorndike, su padre. Harry Thorndike era el abuelo perfecto, y todos lo queríamos mucho. Era divertido, inteligente y trabajador, y adoraba a Ada, nuestra abuela, como nunca he visto amar a nadie. Regentaba una tienda de ultramarinos en Cambridge, Nebraska, donde creció mi madre. El abuelo Thorndike falleció cuando yo tendría unos treinta años. Poco después, papá y mamá vinieron a visitarme. Nos acabábamos de sentar a cenar cuando mamá se dirigió a mí y me preguntó:

—¿Sabes lo que he descubierto en el cajón del escritorio de su casa?

—No, no lo sé —respondí.

—Pues bien, encontré una carta tuya en la que decías que le enviarías algo en una fecha determinada. Él había anotado la frase «pendiente de recibir de Janis» y, ¿sabes qué?, no se lo enviaste a tiempo antes de que muriera.

Me quedé destrozada. Igual que un globo de helio que va

perdiendo aire rápidamente, me sentía como si estuviera a punto de desplomarme. ¿Por qué eligió decirme eso cuando sabía lo mucho que lo quería y cuánto me dolería ese comentario? Lo peor de todo es que no podía hacer nada para cambiarlo. O al menos eso creía en ese momento.

—Pásame las patatas, por favor —dije.

Esa noche, soñé con una escalera larga y estrecha que conducía al tercer piso de una vivienda. Levanté la mirada y vi una luz brillante en lo alto de la escalera. Seguí la luz y, sin soltarme del pasamano, subí lentamente los peldaños hasta llegar al tercer piso. Giré a la izquierda y vi un pequeño vestíbulo con varias puertas blancas. Atravesé el pasillo y me detuve en la primera.

Alguien había pegado una tarjeta de visita en ella. Contenía una nota. Decía: «Querida Janis, no tienes que preocuparte por la carta. Sé que me quieres y yo te quiero. Abuelo».

Nací en Kalamazoo, Michigan, en 1951. Era la tercera de cuatro hijos. Mis hermanos, Kurt y Brian, eran mayores, y mi hermana, Signe, la más joven. Nos criamos como la típica familia normal, salvo que en la década de 1950 vivimos en una casa parroquial contiguo a la iglesia. Nos guiábamos por la rutina, y nos enseñaron el valor del trabajo duro y de la productividad. Papá estaba ocupado con su labor pastoral, y mamá presidía nuestra vida cotidiana. Cada domingo empezaba a las nueve de la mañana con una clase de catequesis, y luego yo cantaba en el coro de la iglesia en la misa de las once (por suerte, nadie me ha pedido que siga cantando. No es una de mis cualidades). Después de nuestra temprana cena casera de los domingos, volvíamos a la iglesia a eso de las seis y media de la tarde para asistir a las clases de formación para jóvenes.

Durante la semana cenábamos espaguetis en el comedor de la iglesia. En verano nos uníamos a otros niños para estudiar la Biblia en un campamento de verano. Asistir a estos eventos era ineludible en nuestra casa, y yo estaba muy orgullosa de lucir mi chapa de «Asistencia perfecta a catequesis». Me gustaba la estructura, la estabilidad que me proporcionaban estas sesiones, y huelga decir que me gustaba la oportunidad de relacionarme con la gente. Tuve la suerte de vivir estas magníficas experiencias durante mi niñez. Aprendí el valor de la comunidad y de la rutina para establecer una base religiosa.

Por las noches, los días laborables, nuestra familia mantenía durante la cena animadas conversaciones en las que todos participábamos. Eran unas comidas ruidosas, ya que nos esforzábamos por ser escuchados. Estábamos suscritos a los periódicos de la mañana y la tarde (qué buenos tiempos aquellos), y mamá y papá nos hacían preguntas a menudo para comprobar que entendíamos lo que leíamos.

Después de la cena no veíamos la televisión. Nunca. En serio. Se suponía que era un momento para el estudio, y yo más o menos me dedicaba a estudiar. Pero siempre que podía llamaba a hurtadillas a mis amigas con mi teléfono beige de princesa, que tenía un cable larguísimo, y hablábamos en susurros sobre temas de chicas. Eso me parecía mucho más importante que el estudio. Ya estudiaba lo suficiente para satisfacer a mis padres, pero nadie me consideraba la primera de la clase.

La Iglesia presbiteriana fue asignando a mi padre varias comunidades a lo largo de su carrera. Nos mudamos de Kalamazoo a Maumee, Ohio, cerca de Toledo, y luego a Hamilton. El tiempo lo marcaba el paso de las estaciones, y me sigo admirando de los cambios que implica cada una de ellas. Mi preferida era el otoño, cuando rastrillábamos las hojas y encendíamos hogueras en los partidos de fútbol. No había espectáculos organizados ni centros comerciales cuando era joven. Nos inventábamos nuestras propias maneras de pasar el tiempo. En invierno, íbamos a patinar sobre hielo en un riachuelo situado detrás de nuestra casa.

Cada verano alquilábamos un remolque y lo llenábamos de montones de objetos de acampada. Nos marchábamos un mes y viajábamos atravesando varios estados con un viejo Ford familiar con paneles laterales de madera. Recuerdo que los cuatro hermanos nos arremolinábamos en el asiento de atrás, con nuestro perro, y apenas podíamos respirar porque hacía mucho calor (el aire acondicionado en los coches era poco común en esa época). Acampábamos en los parques nacionales, y me encantaba el olor de la hoguera cuando nos sentábamos en sillas plegables alrededor del fuego para contarnos historias. Luego volvíamos cansados a la tienda, que costaba mucho levantar, y dormíamos como sardinas en lata en colchonetas hinchables. Por la mañana pasábamos tres dolorosas horas deshaciendo el campamento y guardándolo todo en el pequeño remolque.

Durante mis años de estudiante de bachillerato continué con mis malos hábitos de estudio y me convertí en toda una experta en fingir estar estudiando aunque mi verdadera prioridad fuera pasar el rato con mis amigas. Apiladas en los asientos del coche (en esa época no nos preocupaban los cinturones de seguridad) y con la radio a toda pastilla escuchábamos canciones como *Respect* de Aretha Franklin o *Windy* de The Association, y siempre nos dirigíamos a la hamburguesería Big Boy y a A&W Root Beer a tomar un refresco después de los partidos. Fui animadora del equipo durante seis temporadas seguidas y por suerte siempre tuve plaza en el grupo. No se debía a mi talento, sino a mi capacidad para gritar y dar brincos. Tampoco era una tarea necesariamente fácil, porque implicaba despeinarme de lo lindo, algo que intentaba evitar por todos los medios. En mi segundo año de instituto, las pruebas consistían en animar al público de la pista de baloncesto y bailar delante de las gradas. La gente aplaudía a cada animadora, y la chica que recibía el aplauso más fuerte ganaba el concurso. Afortunadamente, mi hermano Brian, que se parecía a Fonzie (de la serie «Happy days») en todos los sentidos, traía a su pandilla de moteros para aplaudir. ¿Adivinan quién ganó?

En mi último año de instituto me nombraron reina del baile de bienvenida, algo que me encantó. Conseguí que me eligieran mediante una campaña incansable. Después de la ceremonia de graduación no me otorgaron el título de la «estudiante más lista» o la «más prometedora», sino la «más ingenua». En definitiva, me había dejado llevar por lo superficial y aún no había despertado al mundo real. Todo lo que fuera profundo se escapaba de mi comprensión.

Mi vida superficial cambió cuando fui a estudiar a la Universidad Estatal de Ohio en Columbus. Era el año 1969. Mis padres no podían pagarme todos los gastos de matrícula, alojamiento y manutención. Así que para complementar ese gasto, empecé a trabajar cuando no estaba en clase. Hice de camarera, enseñé natación y vendí ropa de mujer en una tienda de moda. Afortunadamente, la administración Nixon ofreció un programa de préstamos para estudiantes que quisieran trabajar en el campo de la enseñanza, y esa fue mi salvación. Me matriculé en la Facultad de Educación con la idea de convertirme en profesora de secundaria. Pagué la matrícula con un préstamo. Tardé diez años en pagar ese crédito de 77,50 dólares al mes. Llevaba las cuentas en un cuadernillo de anillas y todavía recuerdo el peculiar sonido de las hojas al ser arrancadas para enviar mi cheque por correo.

La universidad supuso una transformación para mí que no alcancé a comprender hasta mucho después. La Universidad Estatal de Ohio era la institución de Woody Hayes, el famoso entrenador de fútbol americano. Pero los días felices de los partidos contra nuestro equipo rival de Michigan y de animar al equipo se desvanecieron a finales de mi primer año con la tragedia que tuvo lugar a solo dos horas y media de distancia, en la Universidad Estatal de Kent. El 4 de mayo de 1970, la Guardia Nacional de Ohio mató a cuatro estudiantes e hirió a otros nueve durante una manifestación de protesta contra la guerra de Vietnam y la campaña bélica de Estados Unidos en Camboya.

Las protestas no se limitaron a la Universidad Estatal de Kent durante esos tumultuosos años. Los estudiantes de la Universidad Estatal de Ohio se unieron a otros de Harvard, Columbia, Berkeley y de todas partes en una serie de manifestaciones contra la participación estadounidense en la guerra de Vietnam. El gobernador James A. Rhodes dio la orden de que la Guardia Nacional de Ohio entrara en el campus de la Universidad Estatal de Ohio en un intento por controlar las revueltas estudiantiles. Hubo caos y confusión, y unos helicópteros lanzaron gas lacrimógeno. Ver al ejército en el campus resultaba aterrador. Como estábamos muy asustadas, mis compañeras de habitación y yo corrimos a refugiarnos en nuestra residencia de estudiantes y acabamos colocando toallas bajo la puerta para evitar que entrara el gas, que nos quemaba los ojos.

Nunca volvería a ser la misma persona inocente que había pisado ese campus por vez primera ocho meses atrás. Mi perspectiva simplista de la vida se había derrumbado. La Universidad Estatal de Ohio canceló las clases poco después del asesinato de los estudiantes de la Universidad Estatal de Kent, y regresé a mi casa de Hamilton con unos amigos, aturdida y confundida. Al igual que otros muchos estudiantes durante la guerra de Vietnam, lamentaba no solo la pérdida de las vidas de los soldados, sino también las de los estudiantes del campus de la Universidad Estatal de Kent.

Pasé el verano antes de iniciar el segundo año en la universidad sintiendo verdadera ansiedad por primera vez en la vida. Ver que las tensiones de nuestro campus desembocaban en actos de violencia me obligó a replantearme mi postura ante la guerra, ante la autoridad en general, y las prioridades de la vida. Pude sentir un cambio mientras crecía y evolucionaba. Aunque tenía un fondo sólido debido a mi educación, no estaba segura de estar preparada para enfrentarme al ancho mundo que estaba empezando a experimentar. Sentía que me encontraba en un espacio de transición y no estaba segura de qué dirección tomar. En otoño, en vez de seguir estudiando en la Universidad Estatal de Ohio, elegí una opción segura y me trasladé a la Universidad de Miami en Oxford, Ohio, que proporcionaba un entorno más reducido y conservador. Al igual que muchos estudiantes universitarios por aquel entonces y ahora, me estaba enfrentando a mí misma en lo referente a mi identidad y a lo que quería hacer en la vida.

Después de licenciarme en la Universidad de Miami en 1973, empecé a enseñar lengua inglesa en el instituto de Seven Mile, Ohio, una aldea de 751 personas situada a doce kilómetros (siete millas) de Hamilton, mi ciudad natal (de ahí el nombre de Seven Mile [Siete Millas]). Me aferraba a mi red de seguridad, pero me di cuenta de que si quería hacer algo por mí misma, tendría que ponerme a estudiar en serio. Terminé mi máster en Educación en la Universidad de Miami en 1976. Al final me di cuenta de que estudiar da sus frutos.

Había estado aplazando abordar una progresiva sensación de cierre y limitación en mi vida. Algo que había nacido en mis años de estudiante crecía en mi interior, y ya no podía ignorarlo. Al final me di cuenta de que tenía que terminar con esa vida de provincias. «Ya basta de lo cotidiano y predecible. Ha llegado el momento de dar un paso más.» Por mucho que me gustara mi trabajo de profesora y mis amigos, quería experimentar una visión más amplia del mundo que la que podía ofrecer una pequeña localidad de Ohio. Tal vez el ADN de mi abuela fuera más fuerte de lo que pensaba.

Un día, a última hora de la tarde, estaba de pie en el aparcamiento del instituto Edgewood junto a mi elegante Mustang, lista para empezar el día, cuando una profesora se acercó a mí. Había vivido en el pueblo toda su vida y después de sus estudios universitarios regresó para impartir clases. Me comentó que acababa de comprar una casa en Seven Mile y que había conseguido una hipoteca a treinta años. Me dijo que tenía muchas ganas de pasar el resto de su vida en esa zona rural del sureste de Ohio. Después se montó en su Volkswagen y se alejó conduciendo lentamente. «Oh, no, esa podía ser yo», pensé mientras observaba la estela de sus faros desvanecerse por la carretera. Supe que era el momento de marcharme.

Robin Gaylord era mi mejor amiga. Nos conocíamos desde los siete años. Nuestros padres eran buenos amigos, y su padre, el doctor Paul Gaylord, había sido el dentista de la familia. Robin y yo decidimos emprender un viaje por carretera. Elegimos que nuestro destino sería California y nos despedimos de nuestras familias y amigos. Se nos antojaba que California era lo más lejos que podíamos ir, y siempre teníamos la opción de volver. Compramos tiendas de campaña y *walkie-talkies* que parecían ladrillos (no había teléfonos móviles en esa época) y seguimos nuestro mapa de lugares de acampada para guiarnos en cada estado. Robin conducía su Camaro amarillo y yo la seguía con mi Mustang azul y mi bicicleta atada al maletero. Aparte de mi ropa, mis libros y la bici, lo había vendido todo, aunque tampoco tenía mucho que vender.

Al llegar a Los Ángeles en 1976, me metí de lleno en encontrar un trabajo. Me encantaban los periódicos, así que decidí solicitar empleo en el *Los Angeles Times*, en el centro de la ciudad.

Puesto que tenía una licenciatura en lengua inglesa, pensé que sería mejor empezar por la sección de noticias. Fui una ingenua por intentarlo, obviamente no funcionó, así que cambié a la sección de negocios. Traté de encontrar un puesto en el departamento de publicidad en varias ocasiones, pero siempre me preguntaban si tenía otro tipo de experiencia profesional aparte de la enseñanza, y no era el caso. Entonces respondí que si me contrataban, lograría esa experiencia. A pesar de mi fallida estrategia, seguí insistiendo por pura obstinación.

Por último, en lo que resultó ser mi última entrevista, decidí sacarle el mayor rendimiento al último trimestre de mi expediente de carrera, que había llevado en el bolso. Lo coloqué delante del entrevistador sobre su enorme mesa de madera de nogal para que pudiera ver con claridad mi magnífico rendimiento, algo de lo que yo era la primera sorprendida.

—Me preguntaba si esto cuenta para algo —pregunté.

Algo acerca de ese acto impetuoso captó su atención, e hizo rotar la estructura de su cómodo sillón de cuero para mirarme fijamente a los ojos. Pensé que la había pifiado. Pero me equivoqué.

Él se inclinó hacia mí y me preguntó:

—¿De dónde eres? Cuéntame algo sobre tus padres.

No podía creerlo. El tono de la entrevista había cambiado. Me di cuenta de que se interesaba de verdad. Se llamaba Don Maldonado. Era un hombre con don de gentes que estaba al frente de esa institución y ostentaba un poder real como director de publicidad en el *Los Angeles Times*.

Le conté mi historia. Cuando mencioné que mi padre había crecido en Ong, Nebraska, me interrumpió de repente.

—¿No lo dirás en serio? Conozco esa ciudad. ¿Quién es tu padre?

Le respondí que mi padre era Elvin Olson.

—Un momento. Tengo que hacer una llamada rápida.

Asió el auricular de su teléfono de botones negro (era el año 1976) e hizo la llamada. Oí a Don que decía: «Tienes que venir aquí ahora mismo. Confía en mí». Entonces colgó. En cuestión de cinco minutos, entró un hombre apuesto, glamuroso, muy bronceado y bien vestido. Se movía con aplomo.

—Janis, te presento a Vance Stickell —dijo Don.

Vance era el vicepresidente ejecutivo de marketing, el puesto más alto que dependía del editor, Otis Chandler. Me dio un cálido apretón de manos y se sentó con nosotros.

—Janis está siendo entrevistada para un puesto de asistente en la sección de publicidad. ¿Adivinas quién es su padre y de dónde viene, Vance? —preguntó Don.

—No tengo la menor idea —respondió Vance con educación.

—Díselo, Janis —me indicó Don.

—Mi padre se llama Elvin Olson. Es de Ong, Nebraska.

—¿Tu padre es Elvin? —replicó Vance, sorprendido—. Entonces, eso significa que tu abuela es Agnes Olson. Mi madre y tu abuela eran amigas en Ong. Conozco a todo el clan Olson.

Se dirigió a mí y me preguntó por mi familia y cómo había llegado al *Los Angeles Times*. Charlamos durante un rato mientras Don se reclinaba en su asiento para observar la escena. Vance era muy considerado. Por último, se dio media vuelta lentamente en su silla para dirigirse a Don.

—Contratémosla —sentenció. Luego se levantó, me dio un fuerte abrazo, y se marchó. Mi vida había cambiado para siempre.

¿Cuántas probabilidades hay de que dos personas sentadas en un despacho del condado de Los Ángeles, en el que residen unos siete millones de personas, compartan sus mismos orígenes en una localidad ganadera en la que apenas viven ciento cincuenta personas? (Según el censo de 2010, esa cifra era 63.)

Pero eso fue lo que ocurrió. Este misterioso encuentro lanzó mi carrera periodística. Si él no hubiera estado allí, dudo mucho que me hubieran dado ese trabajo. Entonces, ¿qué habría pasado? ¿Dónde habría terminado? ¿Cómo se habría desarrollado mi vida? No lo sé, pero creo que no se trató de un encuentro fortuito. Creo, más bien, que se trató de mi primera experiencia con la sincronía. Pero no le prestaba atención en ese momento porque no tenía ni idea de lo que era la sincronía. Tardaría décadas en comprenderlo.

Permanecí en ese puesto durante tres años, llegando a ser la mejor vendedora del año en mi tercera temporada. (No creo que hubieran hecho una placa para una mujer hasta entonces.) Luego me contrataron en ABC Publications para trabajar en la publicidad de *Los Angeles Magazine*, una publicación local del distrito de Century City. Después de pasar varios años allí, trabajé para la revista *Omni*, una publicación de ámbito nacional, durante unos cuantos años más. Al final regresé al *Los Angeles Times* con el objetivo de emplear lo que había aprendido y dedicarme a la gestión. Tardé once años, pero fui escalando hasta llegar a ser vicepresidenta del departamento de publicidad. Fui responsable de recabar unos beneficios de ochocientos millones de dólares al año (una cifra asombrosa si la comparamos con las que se consiguen hoy en día, en el momento tan difícil que atraviesa la industria de la prensa escrita) y tenía unos ochocientos trabajadores a mi cargo. Teníamos oficinas en Los Ángeles, San Francisco, Chicago y Nueva York, así que pasaba mucho tiempo viajando. Decir que estaba motivada por mi trabajo sería quedarme corta. Estaba obsesionada. Me encantaba el trabajo, las personas y la cultura del negocio de los periódicos. Sentí que había hallado un propósito en mi carrera y que trabajaba en una industria importante.

A finales de 1997, la McClatchy Company contactó conmigo para que dirigiera su periódico insignia en Sacramento. Fundado hacía más de ciento cuarenta años, el *Sacramento Bee* nunca había tenido un editor ejecutivo, sino que había dividido las funciones ejecutivas más importantes entre un editor y un presidente, y ambos rendían cuentas a la empresa editorial. Gracias al consejo de una asesoría, McClatchy realizó una búsqueda a nivel nacional para encontrar a un ejecutivo que supervisara todo el periódico, incluidas las funciones periodísticas y comerciales. Yo fui la candidata elegida. A los cuarenta y seis años de edad, acepté esta emocionante oportunidad de dirigir el éxito financiero de un negocio complicado con dos mil empleados y prestar apoyo al buen periodismo que caracterizaba a ese periódico. Y lo hicimos. El *Bee* había ganado cinco Premios Pulitzer desde 1857, y dos de ellos fueron concedidos durante mis diez años de liderazgo. Aunque estoy orgullosa del rendimiento de nuestro periódico, el mérito lo tienen los periodistas que los ganaron y la familia McClatchy, que está muy comprometida con el rigor y la calidad de su periodismo. Fueron los años más enriquecedores y gratificantes de mi carrera. Me siento increíblemente afortunada por haber tenido esa responsabilidad y guardo gratos recuerdos de esa magnífica década, por muy difíciles que se pusieran las cosas en el sector en los años siguientes.

Mi carrera me proporcionaba una sensación de plenitud, pero quedaba en segundo lugar tras mi papel como madre. A fin de cuentas, el trabajo es lo que hacemos. Ser padre o madre es lo que somos. Mi marido Bob y yo tuvimos a nuestro hijo, Tanner, en 1990. Me habían dicho años atrás que nunca podría concebir tras sufrir un brote de apendicitis que me retuvo cinco días en la unidad de cuidados intensivos del hospital. Bob y yo esentimos una gran alegría cuando a la edad de treinta y ocho años supe que estaba embarazada. El ginecólogo se refirió a Tanner como su «bebé milagro».

No me cabe la menor duda de que Tanner será feliz y le irá bien en la vida, en parte porque está motivado. Es una persona con un sentido de la urgencia y propósito que le ha reportado beneficios en sus estudios y en su carrera. Siempre ha sido muy competitivo, especialmente como atleta. En sus años de instituto jugó al fútbol americano, al baloncesto y al rugby. El rugby es un deporte brutal. No puedes jugar a menos que no tengas miedo y seas un tipo duro; realmente duro. A diferencia del fútbol americano, los jugadores no llevan rodilleras, cascos ni protectores de ningún tipo. Los uniformes son sus camisetas y pantalones. Mientras corren por el campo, chocando entre sí y cayendo sobre otros jugadores que forman una pila, emiten unos gruñidos que me hacen pensar en los luchadores de *Gladiator*, la película protagonizada por Russell Crowe. (Cierro los ojos y rezo el noventa por ciento del tiempo que Tanner pasa en el terreno de juego.) Tanner empezó a jugar al rugby a los catorce años, y su pasión por este deporte continuó en la universidad, en UCLA, donde formó parte del equipo durante cuatro temporadas.

Aunque su impulso competitivo se deba probablemente a su abuela, yo espero haber influido también de manera positiva en él. He hecho con él lo que la mayoría de nosotros intentamos hacer con nuestros hijos: ser un buen ejemplo para ellos y darles consejos y asesoramiento para que lleguen a ser adultos felices y responsables. Estoy orgullosa del hombre en el que se ha convertido.

3

MAX

Conocí a Max Besler en otoño de 1999, un año y medio después de haberme mudado a Sacramento. Estaba divorciada y trataba de sacar adelante mi nuevo trabajo, procurando también que Tanner, que tenía nueve años entonces, se acostumbrara a su nuevo colegio y entorno. Oí hablar de Max por vez primera cuando almorzaba con una amiga. Me dijo: «Es todo un erudito y un verdadero hombre del Renacimiento. Es muy listo».

Max nació en 1948 y pasó sus primeros meses de vida en Nueva York. Al cabo de dos años, su familia se trasladó a la costa Oeste, a Orange County, California. El padre de Max (que también se llamaba Max) había sido ayudante del general Omar Bradley durante la segunda guerra mundial y, una vez instalados en California, fue editor del *The Anaheim Gazette*. Max era el único hijo de una familia muy unida. De niño se sentaba con sus padres a escuchar música y también pasaban muchas horas leyendo.

Estudió en la Universidad Estatal de California, en Fullerton, donde se licenció y consiguió un doctorado. Después, Max empezó a trabajar para un congresista de California, donde tuvo ocasión de afianzar su amor por la política. En 1988 se trasladó a Sacramento para trabajar para una consultoría política.

A Max le encantaba la música clásica. Ese talento estaba en su ADN, ya que su madre era cantante de ópera y concertista de piano. Aprendió a tocar la trompeta y el piano de niño, pero no dedicaría su vida a los escenarios. Así que empezó a coleccionar CD de música clásica. Creo que lo que le gustaba de la música era su precisión y su elegancia. Max era un apasionado de la precisión. Lo demostró componiendo una sinfonía, una hazaña que muy pocos pueden alcanzar. Tenía gustos muy diversos, pero sentía predilección por Gustav Mahler y por los compositores rusos. No bastaba con tener una sola grabación de una pieza. Tenía múltiples grabaciones de la misma obra interpretada por distintas orquestas o directores, y era capaz de distinguir las sutilezas de todas ellas. Conocía cada uno de sus mil ochocientos CD, que luego doné a la biblioteca local de Ketchum, Idaho, una antigua localidad minera cerca de la más conocida Sun Valley, donde resido en la actualidad. Es un pueblo pequeño, pero sus habitantes utilizan mucho la biblioteca y está bien dotada. Por suerte, la Colección de Música Clásica Max Besler está creciendo y desempeña una función en esa comunidad. Cada año, las grabaciones de las piezas interpretadas por la Sinfónica de Verano de Sun Valley, aclamada por todo el país, se añaden a la colección. «Si la vida de Max Besler pudiera escribirse como una sinfonía, la música sería elegante, grácil, a ratos juguetona y profunda, y se acabaría demasiado pronto», decía el párrafo inicial del artículo del *Sacramento Bee* sobre la muerte de Max.

Las otras dos grandes pasiones de Max eran los libros y el vino. Leía constantemente y su objetivo primordial era aprender. Si estaba sentado, entonces leía. Solo he conocido a un puñado de personas que lean un libro a la semana, y su colección de vinos, al igual que la de libros, era variada y amplia. Aunque le encantaban los vinos de Borgoña franceses y los *pinot noir* de California, conocía muchos otros.

Además, Max era un profesional con talento. Tal y como lo describió Jeff Raimundo, su mejor amigo y socio: «Max era un asesor político de primer orden; era capaz de interpretar las encuestas con la misma habilidad con la que leía las partituras».

Cuanto más oía hablar de Max en mis primeros años en Sacramento, más esperanza tenía de que nuestros senderos se cruzaran, aunque había oído que salía con una mujer que trabajaba en el Museo de Arte de Crocker. El amigo de Max, y posteriormente mío, David Berkley, que era propietario de una tienda de vinos y *delicatessen*, describió a Max de este modo: «Cuando te adentras en su cabeza, no lo haces en línea recta. Tiene muchas estancias ahí arriba». Un miembro de nuestro equipo directivo de gestión del periódico también conocía a Max y me comentó que su empresa, Townsend Raimundo Besler & Usher, era muy respetada. Empecé a dejar caer a mis amistades que me gustaría conocer a Max. Pero no obtuve ningún resultado. «Debe de ir en serio con su novia del Museo de Arte Crocker», pensé.

Me enteré de que la empresa de Max se reunía con frecuencia en unas «cenas de salón» en casa del socio principal, donde algunos invitados debatían sobre temas políticos y locales. Era una forma inteligente de promocionar los servicios de la empresa. Un día mi asistenta, Gloria Mejía, me dijo: «Por cierto, un tipo llamado Max Besler ha llamado para invitarte a una cena de salón en una casa particular. ¿Quieres que lo llame para rechazar la invitación?». Su suposición era correcta. Debido a mi puesto en el periódico, asistir a una recepción de este tipo no era lo habitual. No obstante, optaría por un almuerzo a solas con él. Le dije a Gloria que yo me encargaría de la llamada, y eso hice. En ese almuerzo empezó todo.

Quedamos en Biba, un auténtico restaurante italiano cerca de nuestras respectivas oficinas. Ambos llegamos pertrechados con nuestra armadura profesional. Pero para el postre ya tenía claro que eso iba a ser algo más que una relación comercial. Yo estaba encantada. Max era, efectivamente, erudito e interesante. Quería conocerlo más a fondo. Y era evidente que él estaba flirteando. También lo estaba haciendo yo. Empezamos a salir, y me pareció un hombre amable, generoso, paciente y considerado. A menudo era analítico e introspectivo. Era sumamente inteligente y, mejor aún, divertido. Me encantaba hablar con él, y podíamos conversar durante horas. Lo movía una curiosidad insaciable y una gran pasión por la vida. Creo que esa era la razón por la que era un lector voraz y por la que le encantaba coleccionar vino, arte y música clásica. Su capacidad para absorber y retener información era asombrosa. Nunca me cansaba de él ni de su mente. Iniciamos una relación mágica y yo estaba más feliz que nunca. Con el tiempo se convirtió en mi amante, mi maestro y mi mejor amigo.

Al cabo de tres meses y de numerosas citas, me invitó al Auberge du Soleil, un exclusivo hotel de Napa donde reservó una habitación con chimenea y contrató los servicios de una masajista. Max sabía perfectamente cómo tratar a una mujer. Esa noche me dijo que me amaba. «Bueno, ya era hora», pensé. Yo ya hacía tiempo que estaba enamorada de él. Nos casamos al cabo de cinco meses, el 20 de mayo de 2000. Yo era muy feliz. Max no solo me quería a mí, sino también a mi hijo. Éramos una familia.

Tanner recuerda a Max como una persona brillante y de trato fácil. «No había nada que no pudieras preguntarle de lo que no supiera como mínimo algo.» Considera que Max despertó en él muchos de los intereses y tendencias que ha desarrollado como joven. Se dio cuenta de que Max entró a formar parte de su vida en un momento clave para el desarrollo de un niño y dice que perderlo —y ver mi desolación por esta pérdida— fue lo más difícil que tuvo que soportar hasta la fecha. Pero los recuerdos de Max siempre despiertan una sonrisa en Tanner. Utilizó la misma palabra que yo había usado para describirlo: divertido. «Siempre hacía reír a la gente.»

Max era un chef experimentado y, afortunadamente, casi siempre se ocupaba él de cocinar en casa. Era natural que su amor por la comida y el vino de calidad atrajera a Max al Valle de Napa. Hacía años que lo visitaba cuando lo conocí, y su sueño era tener una casa en ese lugar. Juntos hicimos posible esa realidad y al final nos decidimos a comprar y remodelar una casita en Yountville. Pasamos muchos fines de semana felices en ese lugar.

Max llenó nuestras casas de Yountville y Sacramento de libros. No los consideraba parte de la decoración. Había leído todos los volúmenes de su biblioteca. Le encantaba el ensayo y leía muchos libros sobre la guerra civil norteamericana, así como sobre las guerras mundiales. También le encantaba la filosofía. Sentía un interés especial por las crónicas históricas de figuras religiosas. Y también sentía cierta curiosidad intelectual por la vida de Jesús, aunque no era practicante de ninguna religión. Cuando empezamos a salir en 1999, Gary Willis, el prolífico autor y ganador de un Premio Pulitzer, acababa de publicar un libro sobre san Agustín. En ese momento, yo me encontraba en Nueva York en un viaje de negocios y le pregunté a Max si quería que le llevara algo de recuerdo. Lo único que quería era ese libro. Ese mismo año, recuerdo haberlo visto leer *El deseo de las colinas eternas* de Thomas Cahill, un libro sobre la vida de Jesús y su impacto en la historia.

A menudo hablábamos sobre religión y espiritualidad. Max me decía que admiraba mi fe y que incluso la envidiaba. Pero no podía seguirme en esto. Aunque eligió no practicar una religión, su código de conducta y sus virtudes eran coherentes con los de muchos creyentes. Max siguió el sendero con el que se sentía cómodo: la investigación intelectual y académica de la religión y la espiritualidad.

Y en el momento álgido de su vida, Max cayó víctima del cáncer doce días antes de nuestro cuarto aniversario de bodas. Pasaron seis meses escasos desde el momento en que le diagnosticaron la enfermedad hasta su muerte.

Nuestra querida amiga la doctora Viva Ettin describió una conversación que había mantenido con Max durante su sesión de quimioterapia. Seguía aceptando lo que la vida tenía que ofrecerle y le dijo a la doctora: «Tengo unos vinos que llevan veinte años en la bodega y no los beberé. No me apetece comer ni beber, pero el otro día tomé una copa de vino. Tenía un sabor tan fresco, vivo y chispeante... Fue un enorme placer. El otro día me senté con Janis a la mesa de la cocina y nos quedamos mirando la luz del sol. Fue muy agradable».

Viva me contó lo que Max le había dicho el día en que descubrió que su cáncer había metastatizado a los pulmones y que el tiempo que le quedaba en la tierra sería breve. Le dijo: «Quiero pasar hasta el último momento con Janis y Tanner».

Luego se echó a llorar.

La semana antes de morir, hablamos como nunca habíamos hablado antes. No se quejó de su enfermedad ni de su muerte inminente. Max dijo: «Lo que me ha ayudado a seguir adelante en estos meses tan difíciles ha sido nuestro amor y mi profunda creencia en nuestro matrimonio y familia». Cerca del final me reveló que «solo nuestro amor me infunde el valor para enfrentarme a la muerte. Es fácil para mí porque me marcho. Será más duro para ti porque te quedas».

Pero uno de los comentarios más sorprendentes que hizo durante la última semana fue: «Encontrarás a otra persona y volverás a casarte. Y será incluso mejor de lo que tenemos nosotros». Le contesté que eso era imposible. No había forma de convencerme de que volvería a encontrar esa clase de amor.

—No, no es así —insistió—. Porque yo estaré ahí. Mi amor nunca morirá. Es inmutable.

Por eso hice grabar la siguiente inscripción en su lápida del cementerio de Yountville, donde pidió ser enterrado.

Max Besler

1948-2004

Nuestro amor inmutable

Janis y Tanner

En sus últimos dos meses, Max pasó buena parte de su tiempo con nuestra amiga y empleada del hogar Helen. Max insistió en que siguiera trabajando, de modo que marqué una rutina de ir a la oficina a diario y cuando era posible, en días determinados, regresaba a casa durante un rato para visitarlo. Creo que no quería que viera lo que él estaba pasando. Gracias a Dios, Helen estuvo con Max durante mi ausencia. Helen, que es creyente, me dijo que sus conversaciones con Max, el escéptico, fueron reveladoras. Me dijo que ella y Max estaban sentados a la mesa de la cocina en un día soleado cuando de repente empezó a llover a cántaros. «Los dos nos quedamos mirando —recordó Helen—. Le dije: "Sé que tienes tus dudas sobre Dios, pero él ha creado esto para nosotros hoy".» Helen también le dijo a Max: «Cuando te hayas ido, si encuentras una forma de hacerlo, haznos saber que hay algo ahí fuera, que no termina todo».

Él accedió a encontrar el modo de hacérnoslo saber a las dos, según Helen. «Pero será responsabilidad vuestra verlo», añadió él.

Un día o dos antes de fallecer, Max me dijo:

—Necesito una caja. Las instrucciones están en una caja. Necesito ciertas indicaciones para llegar al lugar al que me dirijo. ¿Puedes acompañarme? Vaya, había olvidado que no puedes.

Por muy doloroso que me resultara ese comentario debido a nuestra inminente separación, creo que estaba buscando un sendero hacia el otro lado. Y lo que le había comentado a Helen anticipó los sucesos que se producirían después.

«Será responsabilidad vuestra verlo.»

4

EL VALLE TENEBROSO DE LA MUERTE

Max falleció a las 12.44 p.m. del sábado 8 de mayo de 2004. Mientras exhalaba su último aliento, siete personas, entre sus amigos y familiares, nos reunimos a su alrededor. Estábamos en la sala de estar de nuestro hogar de Sacramento. Max, que había quedado reducido a un saco de huesos de sesenta y dos kilos comparado con su constitución corpulenta de noventa y dos, yacía tranquilamente en la estrecha cama de hospital que habían traído de la unidad de enfermos terminales días atrás. Tanner y yo habíamos colocado la cama en medio de la estancia, junto a la chimenea, de modo que él quedara en el centro y en primer plano, rodeado por sus seres queridos.

Quería que Max estuviera en casa, no en el hospital, cuando muriera. También quería que su familia y amigos pudieran despedirse de él. Mientras lo vi quedarse dormido bajo los poderosos efectos de la morfina, me sentía tan triste que me entraron ganas de gritar de agonía. Pero contuve mi dolor para proteger a mi hijo. De algún modo, hallé las fuerzas para comportarme de forma razonable, aunque sabía que estaba peligrosamente a punto de perder la cabeza.

Llegamos al momento en el que supimos que la muerte de Max era inminente y que sería un alivio para él. Había sufrido mucho. Contuve la respiración mientras esperaba a que él exhalara su último aliento. El tiempo se detuvo. Yo estaba sentada en una silla a la derecha de Max, y Tanner estaba situado a su izquierda. Sostuve la mano delgada e inerte de Max por un lado y extendí el brazo por encima de la cama para asir la mano cálida y rellenita de Tanner con la otra. Tanner hizo lo mismo, creando así un vínculo inquebrantable entre los tres. Nada en la vida me había preparado para esto. No había leído ningún libro sobre cómo ayudar a morir. Nunca le había pedido consejo a nadie acerca de cómo lidiar con este momento tan trascendental e importante. Pero ahí estaba. Max se estaba muriendo y no tardaría en dejarnos. Para siempre. Pasaría el resto de mi vida sin él. Y la familia que Tanner, Max y yo habíamos creado dejaría de existir. ¿Cómo se suponía que tenía que salir adelante?

Había dejado mi biblia sobre una mesita a primera hora de la mañana. Al verla con el rabillo del ojo, extendí el brazo para acercármela y la abrí por el punto de libro colocado en el Salmo 23. Pedí a los demás que nos dieran la mano a Tanner y a mí, y recité las siguientes palabras: «El Señor es mi pastor, nada me falta».

Max y yo habíamos colgado dos carrillones en el techo del porche años atrás. Eran bastante grandes. Uno era de madera, con unos gruesos y relucientes tubos de metal que producían un sonido muy musical. El otro, en cambio, tenía forma de triángulo y me recordaba al gong de una boya. Consideré apropiado el hecho de que ambos sonaran en el preciso instante en que Max murió, llenando así la casa con sus tonos ricos y melódicos. Todos nos detuvimos a escuchar. Alguien dijo que el repicar de los carrillones le recordó al sonido de un órgano en una catedral. Mientras volvíamos nuestras cabezas al unísono para presenciar la armonía de las campanillas, nos dimos cuenta de algo muy particular. No soplaba viento.

Cuando pienso en ese momento, me sorprende cuán frágil y delgado es el velo que separa el mundo de los vivos del de los muertos. Un suspiro, un momento de pausa y luego el silencio. Entonces esa persona a la que conoces y amas se marcha y nunca más vuelves a sentirla de nuevo.

La muerte nos plantea una paradoja a los vivos. Si creemos en el cielo o en una vida después de la muerte o en la supervivencia de algún tipo de conciencia, ¿por qué sufrimos tanto con el fallecimiento de un ser querido? Creo que se debe a que, a pesar de todo el poder del amor, es mediante la constante interacción física y mental como expresamos ese afecto. De modo que, cuando perdemos esa interacción, ¿cómo abordamos el dolor? Aprendí una lección importante de un querido amigo, el reverendo Jesse Vaughan.

Jesse es un verdadero hombre de Dios, un ministro episcopal recientemente jubilado de su puesto de director de la Escuela Episcopal St. Michael, en Sacramento. Lo conocí en un consejo local. Cuando a Max le diagnosticaron la enfermedad, Jesse fue una de las primeras visitas que recibió. De algún modo se las arregló para venir enseguida, y siempre recordaré ver su rostro en la puerta principal. He descubierto que aunque puedes olvidar muchas cosas de tu vida, nunca olvidas a las personas que han estado a tu lado en momentos difíciles. Siempre le estaré agradecida a Jesse por esa visita.

Al cabo de unos meses le pregunté:

—¿Cómo se aborda algo así, la irrevocabilidad de una pérdida? ¿Cómo se acostumbra una a ello?

Me contestó rápidamente, como suele hacer él.

—Nunca te olvidas de su esencia. Perdura en tu interior.

Me sentí aliviada por la observación de Jesse y a menudo he pensado en ella en los momentos más difíciles.

Nuestros amigos se marcharon a primera hora de la tarde, llevándose a Tanner con ellos, y la funeraria vino a llevarse el cuerpo de Max. Me dirigí a nuestra habitación para cambiarme de ropa antes de ir a casa de una amiga a descansar. Fue entonces cuando me di cuenta de que la bombilla que colgaba del lavamanos del cuarto de baño se había fundido. Reparé en ello porque nunca se había fundido antes. Tanner y yo habíamos vivido en esa casa desde 1998 y jamás habíamos cambiado esa bombilla. Ahora, en el día de la muerte de Max, la luz se apagó. Me pareció extraño, pero también es cierto que no es insólito que las bombillas se fundan. En cualquier caso, en esos momentos no tenía la energía ni la agudeza mental para pensar en algo con claridad. Apenas podía colocar un pie delante del otro.

Celebramos el funeral de Max en la Iglesia Catedralicia de Trinity en el centro de Sacramento. Jesse ofició la misa, y varios centenares de personas llenaron el templo para despedir a Max, que era un hombre querido y respetado en Sacramento. La misa empezó con la entrada del féretro de Max a hombros de los portadores, quienes lo colocaron en la parte delantera del santuario después de recorrer el pasillo central. Tanner era uno de los que cargaron con el féretro y desfilaba delante de mí. Yo tenía que seguirlos junto a mi hermano y mi cuñada, Kurt y Marky Olson, que me acompañaban. Pero cuando estábamos a punto de entrar en el pasillo, me quedé paralizada. Me dirigí a Marky y le dije: «No creo que pueda con esto».

En ese momento ocurrió algo inesperado. Una puerta de la antesala de la parte delantera de la iglesia se cerró con un estruendo. No era una puerta delgada, sino bastante gruesa. Estábamos bastante lejos de ella, y no soplaba viento. Se cerró sin que nadie la tocara, algo que parecía poco probable. Los tres nos llevamos un susto. Al cabo de unos segundos, Marky dijo: «Creo que Max quiere que lo hagas, y sé que puedes hacerlo». Tenía razón. Mientras caminábamos asidos de los brazos por el pasillo central hasta la parte delantera del santuario, sentía que me movía un impulso. También me sentí arropada por el amor y el apoyo de todos los presentes. Los familiares y amigos del mundo de Max, del de Tanner y del mío estaban allí. La calidez de su presencia colmó mi vacío corazón y me infundió valor.

Al cabo de unos días, cuando tuve tiempo de reflexionar sobre lo ocurrido, pensé en los sucesos que en ese momento parecían seguir un patrón. Los carrillones pesados que suenan cuando no sopla viento. Una bombilla que se funde en el día de la muerte de Max. Luego una puerta pesada que se cierra sola. ¿Qué estaba pasando, si es que pasaba algo? Tal vez estaba confundida, o aturdida por el efecto del dolor. Quizá me lo estaba imaginando todo. O tal vez se tratara de un cúmulo de coincidencias.

Decidí centrarme en Tanner y pasar tiempo con familiares y amigos. Fueron los días más difíciles de mi vida, y no estaba preparada para ello en absoluto. Jamás había perdido a nadie y ese día tuve la sensación de estar hundiéndome en arenas movedizas. Necesitaba la seguridad y el consuelo de mis seres queridos; apenas podía funcionar. Pensar en esas rarezas tendría que esperar.

En ese momento estaba consumida por el dolor e intentaba asimilar una experiencia totalmente nueva. Empecé a darme cuenta de que cuando los rituales de despedida se terminan, la empatía de los demás empieza a disiparse. Pero la pena se queda. Es la emoción más íntima que haya experimentado jamás. Cualquier persona que haya perdido a un ser querido entiende ese dolor. Resulta simplemente insoportable, y te preguntas si serás capaz de salir adelante. De algún modo, lo consigues.

5

ACONTECIMIENTOS EXTRAÑOS

Una semana después de la muerte de Max, saqué a *Casey*, nuestro labrador color crema, a dar un largo paseo por el sendero que discurre junto al río de los Americanos para hacer ejercicio y despejar la cabeza. Era un sábado por la mañana, a las 7, y Tanner estaba durmiendo en su habitación. Regresé al cabo de una hora y, mientras me disponía a quitarle la correa a *Casey*, levanté la vista para fijarme en el enorme reloj redondo Ethan Alley que estaba sobre la repisa de la chimenea del comedor, la habitación en la que Max había fallecido. Entonces vi algo extraño. El reloj se había detenido a las 12.44, justo en la hora de la muerte de Max. Al principio no me di cuenta. Pensé que era hora de que Tanner se levantase a desayunar. Luego caí en la cuenta. ¿Cómo podía mostrar ese reloj la hora de la muerte de Max en vez de marcar la hora correcta, es decir, las ocho de la mañana? Me di media vuelta y entré en el cuarto de Tanner para despertarlo. Albergaba la esperanza de que, al regresar, el reloj mostraría la hora correcta.

—Despierta. Despierta. No vas a creerte lo que acabo de ver —le comenté a Tanner.

Como cualquier adolescente, Tanner apartó las sábanas y echó a andar pesadamente por el pasillo detrás de mí.

El día en que Max murió, los que lo acompañábamos habíamos anotado la hora de las 12.44. Yo también había apuntado la hora de la muerte en un pequeño cuadernillo negro para poder mostrársela a las autoridades pertinentes. No era un cálculo al azar ni una aproximación. Era la hora exacta. Tanner lo sabía perfectamente, igual que yo.

—Mira, Tanner —le dije, señalando el enorme reloj.

Levantó la mirada. Sus ojos se abrieron de par en par, y se quedó boquiabierto como si quisiera decir algo, pero no le salieron las palabras. Se quedó mirando fijamente hasta que al final retrocedió unos pasos para mirarme.

Pronunció un par de palabras:

—Es imposible.

Volvimos a mirar fijamente al reloj hasta que *Casey* empezó a corretear entre nuestros pies. No parecía haber ninguna explicación. La noche anterior, cuando me acosté después de que Tanner ya se hubiera ido a dormir, el reloj funcionaba bien. No había nadie más en casa. Además, el reloj era demasiado pesado y poco accesible como para que alguien lo levantara de la repisa de la chimenea para cambiar la hora. Ni Tanner ni yo podíamos haberlo hecho.

—No entiendo cómo ha podido pasar —reconocí.

Sentía una enorme curiosidad, más que cualquier otra cosa. ¿Formaba parte de una secuencia de sucesos conectados o se trataba de otra coincidencia aislada? ¿Entrañaba algún significado? Los carrillones habían sonado sin que soplara el viento, y la bombilla se había fundido el día de la muerte de Max; la puerta de la iglesia se había cerrado sola, y ahora esto.

—Mamá, tal vez haya que cambiarle las pilas. No podemos hacerlo nosotros, pero podemos llamar a alguien para que lo levante. —Tanner ofreció la solución, interrumpiendo por fortuna mis pensamientos—. Y probablemente sea una coincidencia que el reloj se haya detenido a las 12.44.

—Sí, probablemente sea eso —respondí.

En el fondo de mi corazón sabía que no era así de sencillo, pero tampoco estaba dispuesta a considerar que fuera otra cosa. Quería una respuesta simple y clara. Tenía demasiadas cosas en la cabeza. El impacto del diagnóstico de Max, su batalla agónica con el cáncer y su desgarradora muerte seis meses después me habían pasado factura. Hacía siete días que había muerto. Apenas podía funcionar.

—Creo que voy a volver a la cama —anunció Tanner.

Por muy misterioso que fuese el suceso del reloj y por mucho dolor que sintiera en mi interior, fue Tanner quien me mantuvo con los pies en la tierra sobre lo que era importante. Tenía que mantenerme fuerte y racional para él.

El reloj marcó las 12.44 hasta el miércoles, cuando Helen vino a casa. Cuando llegué por la noche encontré una nota suya. Decía que las luces habían parpadeado y que el reloj había empezado a funcionar al mismo tiempo. No había tocado el reloj ni cambiado la pila.

—Creo que Max puede habernos visitado —escribió Helen en su nota.

Al cabo de dos semanas, estaba sentada en el sillón de nuestra sala de estar con *Casey* a mis pies. Estaba viendo «Ley y orden» y escribiendo notas de agradecimiento a las numerosas personas que habían enviado el pésame tras la muerte de Max. Tanner estaba en casa de su padre. De repente, empecé a oír lo que en un principio parecía un tintineo procedente de la zona del dormitorio de invitados, donde Max había pasado su último mes. «¿Qué demonios es eso?», me pregunté. Apagué el televisor para poder escuchar con atención. *Casey* no parecía oír ese ruido, lo cual también era curioso.

Me levanté del sillón y eché a andar directamente hacia el origen del sonido. Venía del cuarto de baño de la habitación de invitados. A medida que me acercaba, el ruido se parecía más al de alguien que estuviera hundiendo un clavo en la pared. Entré en el cuarto de baño y me quedé helada. Al costado izquierdo del espejo, unos cinco centímetros por encima de una cómoda, la pared ondeaba. Tal cual. Estaba literalmente palpitando. En vez de encontrarme con una pared plana normal, vi que se movía haciendo una onda. Pero resultaba igual de confuso que las olas no estuvieran en sintonía con el ruido, que seguía un ritmo *staccato*. El movimiento de la pared se parecía más a una onda en *legato*, erigiéndose y alejándose suavemente debajo del yeso de la pared. Me quedé inmóvil, convenciéndome a mí misma de que, aunque sabía lo que había visto y oído, la idea de que eso hubiera ocurrido resultaba absurda. «No puede estar pasando», me dije.

«De acuerdo —pensé— he de encontrar la respuesta pragmática y racional a este misterio.» En otras palabras, la «verdadera razón». No había encendido la lavadora, que estaba justo detrás de la pared del baño. Pero parecía como si algo estuviera impactando en la pared, así que me dirigí hacia el cuarto de la lavadora. Tal vez hubiera arrancado sola. Nada. De acuerdo. Tal vez se había puesto a llover o se había levantado viento. Quizá se había soltado un cable de alta tensión y estaba golpeando sobre el tejado. Eché a andar rápidamente hacia la puerta delantera. No llovía, no había tormenta. No soplaba el viento. No se había soltado ningún cable. Nada. Entré de nuevo en casa y regresé al cuarto de baño lo más rápido que pude. Había terminado.

Creo que el ruido y las pulsaciones apenas duraron cinco minutos. Fue tan extraño que creí haberlo imaginado. Yo estaba demasiado agotada. Necesitaba calmarme. Pero había una vocecilla en mi mente que me decía que no me lo había inventado, porque no habría sabido ni por dónde empezar. El intenso deseo de hallar una respuesta racional que refrendara una sensación de normalidad se enfrentaba con la sospecha incipiente de que estaba ocurriendo algo sumamente fuera de lo común. Llamaría a un fontanero y a una empresa de control de plagas. Seguro que ellos podrían proporcionarme una explicación.

El fontanero llegó al cabo de dos días para hacer una inspección de los tubos de la pared de encima de la cómoda, junto al espejo. No le había contado nada de lo ocurrido, solo le pregunté si las cañerías podían producir ruidos o vibraciones. El especialista comprobó las cañerías y dijo que solo llegaban hasta la altura del retrete, así que eso no podía haber causado el problema. La empresa de control de plagas vino poco después. Quería saber si un roedor u otro tipo de animal pudo haber sido el causante de tantos ruidos procedentes de la pared. Los operarios subieron al desván para buscar con sus linternas cualquier indicio de roedores, pero no hallaron nada.

Tenía un problema entre manos. Pero mi voluntad de poner el mayor orden posible en mi vida era más fuerte que este dilema. Descarté no solo este fenómeno inexplicable, sino también otros parecidos. Me dije a mí misma que no solo era un pensamiento irracional, sino que también resultaba perjudicial para mi salud, para la educación de Tanner y para mi trabajo. Conviviría con el misterio porque era la única manera de sobrevivir a mi dolor.

En el Día del Padre de 2004 había pasado poco más de un mes desde que Max falleciera y mi herida seguía abierta, y me sentía especialmente melancólica. No podía dejar de pensar en lo mucho que Max y Tanner se querían. Max no tenía lazos de sangre con Tanner y nunca sustituiría a su verdadero padre, pero había constituido una figura paterna en todos los aspectos. Tenían una química especial desde el principio, y Max enseñó a Tanner historia, política y cultura. A ambos les agradaba la compañía del otro, y el amor que se profesaban mutuamente saltaba a la vista.

En ese domingo, me encontraba de nuevo sentada en el sillón del salón, esta vez balanceándome adelante y atrás mientras escuchaba la canción *Because You Loved Me*, de Celine Dion, la que habíamos elegido para el funeral de Max. Estaba reviviendo esos momentos de la ceremonia y ahogándome en mi dolor. Sin previo aviso, empecé a sentir cierta agitación, como si tuviera que levantarme del sillón y hacer algo. Me dirigí a la biblioteca, donde Max pasaba las horas leyendo y escuchando música clásica. Esa habitación era su favorita. Era una estancia acogedora con techos altos y abovedados y estanterías empotradas que llegaban hasta el techo, todas repletas de libros. El único espacio libre era el ventanal que daba a nuestro jardín de la parte delantera de la casa. Nunca conté los libros porque la mayoría eran de Max, pero como mínimo habría unos mil.

Después de dar varias vueltas por la biblioteca, al final me detuve y saqué de la estantería un libro al azar. Empecé a hojearlo y entonces vi que una carta se había caído al suelo. El sobre iba dirigido a Max, en lo que parecía ser la caligrafía de una mujer. Me avergüenza decir que mi primer pensamiento fue: «Oh, no, por favor, no quiero descubrir que Max tenía una aventura». Abrí rápidamente el sobre y descubrí que era de su madre, Margaret Besler, quien se la había escrito a Max el Día del Padre el año anterior. En la carta leí: «Nunca te he visto así de feliz en tu vida. Y eso se debe a que tienes una familia».

No daba crédito a mis ojos. ¿Cómo era posible que esa tarjeta acabara en mis manos en el Día del Padre un año después? ¿Cómo pude haber elegido ese libro entre los miles que había en las estanterías? ¿Cuántas probabilidades había de que fuera así?

¿Quién o qué estaba intentando reconfortarme? ¿Cómo era posible que llegara hasta ese libro en ese día festivo en concreto y que descubriera un mensaje que me había proporcionado el consuelo que tanto necesitaba?

Durante el verano, cuando estaba en casa, dejaba la mosquitera cerrada pero abría la pesada puerta delantera para refrescar. En varias ocasiones oí como si alguien llamara fuertemente a la puerta, aunque no había nadie allí. Y si alguna vez me olvidaba de cerrar el pestillo de la mosquitera, se abría y se cerraba sola. Aunque me parecían sucesos extraños, no les prestaba atención. No obstante, una semilla empezó a germinar en mí. Hice un listado secreto de sucesos extraños. No podía resistirme. Me resultaba muy difícil hacer caso omiso de estos fenómenos. ¿Qué significado entrañaban, si es que tenían alguno? ¿Debería hacer algo al respecto?

Me llevó mucho tiempo desprenderme de efectos personales. Me parecía un acto de deslealtad, como si estuviera dejando a Max cuando me desprendía de sus posesiones, las cosas que se ponía, atesoraba o guardaba. Por un lado estaban las prendas de carácter práctico, como trajes, pantalones, camisas o americanas. Por otro, sus efectos más personales: su trompeta del instituto, sus discos preferidos de los sesenta y las medallas con las que su padre fue condecorado en la segunda guerra mundial. También estaba su nutrida colección de CD de música clásica y sus queridos libros. Pero de todos esos efectos personales, sus zapatos eran lo que más me conmovía. Había algo en ellos que me impedía tocarlos. Creo que se debe a que a él le gustaban mucho y los cuidaba con mimo. Siempre los mantenía limpios y relucientes, y los tenía ordenados por colores en su armario. Eran una «colección» para Max. Además, los lucía con orgullo. A menudo me quedaba mirándolos frente al armario con la idea de dárselos a alguien que pudiera usarlos, pero cuando me agachaba para elegir un par me sentía incapaz. Ni siquiera podía tocarlos, y menos aún sacarlos de nuestra casa. Pero con el paso del tiempo me di cuenta de que tenía que hacerlo. Así que un sábado por la noche recogí su ropa y sus zapatos para donarlos a la beneficencia, aunque guardé algunas de sus corbatas y camisas favoritas para Tanner y un jersey que Marky me había pedido. Luego, en una pequeña caja, guardé los efectos más íntimos de los que no me podía desprender: sus gafas de carey de montura redondeada, su cartera negra gastada con un montón de fotografías de Tanner cuando era pequeño, la bandera americana de su servicio militar en la Fuerza Aérea, un peine pequeño de color borgoña que utilizaba cada mañana después de ducharse y algunas de sus fotografías preferidas. Al día siguiente empaqueté la mayor parte de sus libros para que la biblioteca municipal los aprovechara. Esa noche, las luces parpadearon varias veces en la cocina.

Abordaba mi pena centrándome en Tanner y en el trabajo. Tenía muchos asuntos con los que mantenerme ocupada. Sacramento no es una de las ciudades más grandes del país, pero es la capital de California, que es la octava potencia económica más grande del mundo. Así que teníamos mucho trabajo en el periódico.

A principios de 2005 organizamos un retiro para el equipo directivo del *Bee* en Yountville, California. Mis compañeros se hospedaron en un hotel de la zona, pero yo preferí quedarme en nuestra casa. Solo había ido allí en una ocasión desde la muerte de Max, y aunque había donado algunos de los libros de nuestra casa de Sacramento, la de Yountville seguía conservándolos todos en las estanterías. Tenía el mismo aspecto que la última vez que Max había estado allí.

Siempre me ha gustado caminar, así que decidí dar un paseo de una hora antes de la reunión de la mañana. Salí sobre las seis para caminar por mi ruta preferida, de unos cinco kilómetros. Cuando regresé, me dirigí a la cocina para prepararme una taza de café. Me sorprendió ver que el reloj digital del horno marcaba las 12.44. El reloj digital del microondas, que estaba junto al horno, marcaba la hora correcta, las 7.15, con lo cual no tenía sentido pensar en que se hubiera ido la luz. Ahora sabía que estos fenómenos extraños no eran algo exclusivo de nuestra casa de Sacramento.

Poco después, de vuelta en Sacramento, experimenté algo que me pareció que tomaba una nueva e inesperada dirección. A diferencia de los relojes que se detienen, las luces que parpadean, los ruidos de las cañerías y las puertas que se abren y se cierran solas, este fenómeno resultaba provocador de un modo totalmente distinto. Una tarde llegué a casa después del trabajo y decidí darme un baño. Me estaba relajando en la bañera del cuarto de baño principal y llevaba puestas mis gafas gruesas porque estaba leyendo un libro. En ese momento percibí algo que no había visto antes. Unos hermosos hilos dorados estaban flotando a poca distancia de mis ojos. Al principio pensé que se trataba de mi imaginación y que incluso podía estar sufriendo una alucinación. Parpadeé. Me quedé mirándolos fijamente. Poco a poco, me dejé cautivar por la elegancia y por la gracia de esas imágenes.

Era un puñado de hermosísimos hilos de seda dorados que se movían horizontalmente delante de mí. Cada uno mediría unos veinte centímetros. Se parecían a los pelos de las mazorcas de maíz. Los hilos no estaban conectados con la pared ni unidos entre sí. Flotaban en el aire y resplandecían. La experiencia resultaba poética, como si estuviera siendo transportada a un lugar etéreo. Me recordaba a los momentos en los que uno contempla un arcoíris perfecto que atraviesa las montañas, o a la nieve cuando resplandece en las copas de los árboles por efecto de la refracción de la luz. No conocía la procedencia de esos hilos, pero su presencia me resultaba muy placentera.

Al volver a la realidad, al cabo de unos minutos, me quité las gafas para comprobar que no estuvieran manchadas y que no se tratara de una ilusión. Las coloqué sobre el borde de la bañera y miré de nuevo hacia delante. Allí estaban. Continuaba viendo los hilos luminosos. Me froté los ojos. Volví a abrirlos. Seguían en el mismo sitio. Extendí lentamente un brazo para tocar uno de los hilos. Se disipó bajo el peso de mi dedo. Me senté tranquila y me quedé mirándolos fijamente, tan absorta en ese momento que ni siquiera me cuestionaba lo que estaba ocurriendo.

Los libros seguían recordándome a Max en ciertos momentos cruciales. Meses después de que aparecieran los hilos dorados, regresé a Yountville para pasar un fin de semana. Uno de nuestros lugares preferidos para cenar era Bistro Jeanty, donde

Max y yo nos sentábamos a la barra, uno al lado del otro. En esta visita en concreto, entré en el restaurante y me senté en nuestro sitio preferido, sosteniendo una novela para pasar el tiempo y reducir la sensación de inseguridad por el hecho de estar comiendo sola. Después de la cena, volví a casa y continué leyendo en la pequeña biblioteca, la estancia preferida de Max en nuestra casa de Napa, al igual que en la de Sacramento. Alcé la vista y reparé en la imagen de un libro con una sencilla cubierta en blanco y negro. Por alguna razón, me vi obligada a levantarme y sacar el libro, tal como había sucedido en Sacramento cuando encontré la reconfortante tarjeta del Día del Padre escrita por la madre de Max. Una vez más, algo cayó del interior del libro. Era un pequeño trozo de papel, y al agacharme para cogerlo me di cuenta de que era un recibo de un pago con tarjeta de crédito.

Acerqué el papel para leerlo y me quedé paralizada. Era el recibo de una cena que Max y yo habíamos celebrado en Bistro Jeanty. Y no se trataba de una fecha cualquiera, sino exactamente ese mismo día pero dos años atrás. Que caiga un recibo de tarjeta de un libro puede ser algo más o menos frecuente, ya que además íbamos a Bistro Jeanty bastante a menudo. Pero ¿no era extraño que el recibo fuera del mismo día y que cayera al suelo de un libro elegido al azar entre centenares de ellos, justo en la noche en la que había vuelto a cenar en ese local? Ignoro la razón por la cual elegí esa obra entre toda una pared forrada de ellas. Al sacarla me fijé en que se trataba de un libro sobre las obras de Marco Aurelio, el emperador romano cuyo título más conocido son las *Meditaciones*. Había varias páginas marcadas.

Abrí la primera página señalada. Había dos citas subrayadas. La primera era: «No desprecies la muerte, antes bien recíbela con gusto, como que esta es una de aquellas cosas que quería la naturaleza».

La segunda rezaba: «Siempre hay que mirar al universo como un solo ser vivo, compuesto de una sustancia y con un alma; y observar que todas las cosas dependen de una sola percepción [...]. Es necesario observar también cómo se teje constantemente el hilo sin perder de vista la trama de la red».

Me quedé sin habla. ¿Acaso estaba Max leyendo este libro

antes de morir? Fuimos con frecuencia a Yountville en sus últimos meses, antes de que le resultara imposible seguir viajando. ¿Estaba intentando comprender su dolor? ¿O estaba viviendo esta experiencia independientemente de su situación? Y lo que era aún más misterioso, ¿guardaba este hecho alguna relación con los hilos que había visto en el cuarto de baño? ¿Eran símbolos de este «tejer constantemente el hilo sin perder de vista la trama de la red»? ¿Por qué había elegido este libro entre los centenares que descansaban en las estanterías? ¿Alguien me estaba enviando un mensaje?

6

EMPIEZA EL VIAJE

A medida que las coincidencias y los sucesos misteriosos se iban acumulando en el primer año tras la muerte de Max, yo seguía adoptando una actitud de negación. Observaba o experimentaba lo que ocurría, pero lo borraba de mi mente con mi lógica habitual de concentrarme en las prioridades de la vida cotidiana. Evitaba hablar de este tema por miedo a que me juzgaran y pensaran que había perdido la cabeza.

Pero la mano en el espejo en mayo de 2005, en el primer aniversario de la muerte de Max, lo cambió todo. Me ancló a tierra de un modo que los sucesos anteriores no habían conseguido hacerlo. No solo estaba absolutamente segura de que no me lo había imaginado, puesto que Tanner la vio igual que yo, sino que la imponente naturaleza de esa huella polvorienta resultaba demasiado llamativa como para ignorarla. Necesitaba una respuesta. Ya no podía banalizarlo como cuando racionalicé que el reloj se hubiera parado o que salieran unos ruidos de la pared con unas explicaciones prácticas que no podía confirmar.

La huella de la mano me obligó a enfrentarme a la realidad. Tendría que dejar de ser tan circunspecta y encontrar a alguien en quien confiar. La opción más lógica era Helen, ya que ella había sido testigo de algunos de esos sucesos y había hablado con Max sobre el hecho de que él esperaba entablar una comunicación con nosotros desde el otro lado. Me acerqué a ella con cautela, no quería parecer vulnerable, ya que trabajaba para mí. Y tampoco me parecía justo volcar sobre ella toda esa carga, aunque era evidente que tenía la mente abierta. Por supuesto también estaba Tanner. Había sido testigo de que los carrillones sonaron sin que soplara el viento y de que el reloj se detuvo a las 12.44 y, lo que es más importante, había visto la huella de la mano. Pero mi instinto de protección maternal superaba a todo lo demás. No quería distraerlo de sus tareas escolares ni darle motivos para preocuparse. A fin de cuentas, solo era un jovencito de quince años.

Al final decidí hablar con mi hermana, Signe Feldman, y con mi cuñada, Marky. Confío en ellas, las adoro y estamos muy unidas. Signe vive en Dallas, y Marky, en Seattle, así que hablamos por teléfono. Se mostraron pacientes y comprensivas en todo momento, pero creo que solo conseguí preocuparlas. Seguramente pensaron que, fuera lo que fuese lo que estaba experimentando, estaba relacionado con mi dolor.

También hablé con algunas amistades cercanas que sabía que se mostrarían muy discretas. Me escucharon con atención, pero creo que lo único que conseguí fue que se preocuparan más por mí. Sin duda se mostraron amables, educadas y de gran ayuda. Pero, a decir verdad, seguramente pensaron que estaba un poco loca. Debió de ser muy difícil de asimilar para ellos, y no es de extrañar que relacionaran esas experiencias con mi dolor.

Por aquel entonces ocurrió un suceso casual. Max, Tanner y yo habíamos planeado un viaje a Italia antes de que a Max le diagnosticaran la enfermedad en el otoño de 2003. Max estaba muy emocionado con ese viaje porque estaba familiarizado con los pintores, escultores, poetas y músicos italianos más famosos y además le gustaban mucho los museos y las colecciones de arte. Tenía la esperanza de visitar las ruinas, puesto que también sentía curiosidad por la arquitectura. Pero, más que cualquier otra cosa, de Italia le encantaban el vino y la comida.

Se me ocurrió una idea que pensé que sería útil. Le comenté a Tanner que haríamos el viaje en honor a Max. Estuvimos de acuerdo en que le agradaría ver que celebrábamos su vida de este modo. Lo consideré no solo una oportunidad para pasar un tiempo muy valioso con Tanner, que nos permitiría reflexionar juntos, sino también un momento para pensar en todo lo que había ocurrido desde la muerte de Max. Asimismo, el viaje me permitiría alejarme de las distracciones y de las limitaciones de la vida cotidiana para poder aclarar las ideas. Tal vez hallara algunas respuestas. Al menos empezaría a formularme preguntas más adecuadas.

Nuestros queridos amigos Carolyn y Mike Valenti y su hijo Bryan, que era buen amigo de Tanner, también estaban planeando ir a Italia, así que decidimos encontrarnos allí. Viajamos juntos por Roma y Florencia, y me esforcé por relajarme y seguir a mis acompañantes. Pero también pasé momentos dolorosos cuando pensaba en Max y añoraba su presencia. El dolor viene y se va, y cuando crees que ya estás bien, todavía no lo estás. Pero al menos estaba progresando.

Mientras visitábamos la Galería de los Oficios, subíamos las gradas del Coliseo, merodeábamos por el Panteón y paseábamos tranquilamente por la basílica de San Pedro, empecé a ceder poco a poco. Todavía no estaba segura del significado de la huella y de los otros episodios misteriosos. No podía explicármelos, y menos aún podían hacerlo otras personas. Pero estaba empezando a reconocer que tenían validez por sí mismos. En vez de negar lo que había sucedido, me di cuenta de que estaba comenzando a abrirme. La curiosidad estaba reemplazando al temor. Quería saber lo que estaba ocurriendo.

Después de pasar una semana en Roma y Florencia, nos despedimos de nuestros amigos y Tanner y yo nos dirigimos a la Riviera italiana por nuestra cuenta. Un día, justo antes del atardecer, estábamos paseando por el hermoso pueblo de Portofino, admirando las casas de tonos pastel a orillas del puerto y conversando sobre la ecléctica variedad de embarcaciones, pues había lujosos yates anclados al lado de humildes barquitas. El sol de la tarde proyectaba un destello especial sobre las aguas turquesas, y supe que era un momento mágico. Pero nunca me imaginé lo sorprendente que llegaría a ser.

Me había comprado una cámara Kodak desechable (no tenía un móvil con cámara en 2005) al llegar a Italia porque aplasté la cámara compacta en el avión y no funcionaba bien. Saqué la desechable y le propuse a Tanner que alguien nos hiciera una fotografía. Un amable paseante nos ayudó en un santiamén a inmortalizar el momento en que posábamos junto a la orilla. Cuando regresamos a Sacramento, fui a revelar el carrete y recogí las fotos al cabo de unos días. Fui mirándolas todas hasta encontrar la que me había hecho con Tanner en el puerto. El paseante había tomado una fotografía muy hermosa.

Cuando la miré de cerca, me di cuenta de algo extraordinario. Detrás de nosotros se veía la popa de una humilde barca de pesca que estaba flotando en su amarre a unos treinta metros de distancia de donde nos encontrábamos. El nombre de la barca, pintado en la popa, podía leerse perfectamente entre mi hombro y el de Tanner, justo en el espacio en el que Max se habría situado si él nos hubiera acompañado en este viaje y salido en la foto. Entorné los ojos para leer ese nombre y vi tres sencillas letras: «MAX».

No podía ser. Me quedé mirando fijamente esa fotografía. ¿Acaso sería otra curiosa coincidencia? Las probabilidades de que algo así ocurriera parecían ínfimas: que solo esas tres letras de la embarcación pudieran leerse y que además estuvieran colocadas entre nosotros formando el nombre de Max, mientras un perfecto desconocido captaba ese ángulo en concreto sin tener ni idea de la historia que había detrás.

En ese momento supe que el viaje que había empezado en Italia tenía que continuar en casa. Pero no sabía por dónde empezar. Mientras hablaba con franqueza a una amiga muy cercana, le dije que quería saber más sobre el reino espiritual. Esta amiga me aconsejó algo muy obvio. ¿Por qué no hacía lo que había estado haciendo durante más de treinta años en los periódicos? Es decir, investigar. Fue un momento de revelación y me sirvió de punto de partida de lo que sería un viaje de crecimiento y comprensión espiritual que me transformaría por completo. Me di cuenta de que tenía que dejar de reaccionar como si esos sucesos no tuvieran nada que ver conmigo. Decidí documentarme sobre los incidentes (no sabía qué nombre ponerles) leyendo y hablando con expertos. Mi viaje duraría ocho años y me llevaría por todo el país para entrevistarme con científicos, profesores de universidad, físicos y especialistas en prácticas espirituales. Pero en ese momento apenas estaba empezando.

Mi primera parada fue en la librería East West Books, que no quedaba muy lejos de mi casa de Sacramento, donde busqué libros de la corriente *new age*. Decidí ir de incógnito. Aunque la región de Sacramento se compone de siete condados y tiene una población de casi dos millones y medio de personas, en muchos sentidos sigue siendo una comunidad pequeña. Como editora de un periódico local era relativamente conocida. No me parecía buena idea que la gente en general ni los empleados del *Bee* me vieran en ese lugar. A fin de cuentas, el misterioso y abstracto universo metafísico está a miles de kilómetros del mundo analítico del periodismo, que se basa únicamente en hechos. Me veía obligada a proteger la imagen del periódico. Así que me puse una gorra de béisbol poco llamativa y me escondí los ojos tras unas enormes gafas de sol. Me puse unos pantalones de chándal y una sudadera para complementar el efecto. Es decir, que tenía un aspecto ridículo. No miré a nadie a los ojos y recorrí los pasillos de la librería como si supiera exactamente adónde iba, aunque en realidad no tenía ni idea.

Afortunadamente, en las estanterías había unos letreros muy útiles que orientaban al cliente sobre los distintos temas, igual que en las librerías convencionales, así que decidí fijarme en ellos. Había muchos libros sobre astrología, espiritualidad, el reino metafísico, salud y bienestar, yoga, meditación, religión y psicología, entre otros temas. Pude reconocer algunos de los libros y autores, como Eckhart Tolle, Deepak Chopra, Caroline Myss, James Redfield, Paulo Coelho, Miguel Ruiz y Brian Weiss. Pero en general iba de un lado a otro. Empecé a preguntarme qué estaba haciendo en ese lugar cuando me di cuenta de que sonaba una agradable música *new age* de fondo que creaba un ambiente parecido al del spa cuando me dan un masaje. Supuse que sería un CD de Enya o Yanni. Eso me relajó un poco.

Me armé de valor, elegí unos cuantos libros y me acerqué al mostrador para pagar. Mientras esperaba en la cola, tratando de pasar desapercibida, reparé en que la mayoría de los clientes eran mujeres. Curiosamente, todas tenían un estilo muy parecido. Era muy natural. Hermosas cabelleras largas y naturales, nada de maquillaje —algo que envidiaba, porque podían permitirse prescindir de él— y lucían sandalias Birkenstock. Yo tengo un par, y por eso las reconocí de inmediato. ¿Qué calzado llevaba yo? Zapatillas de tenis. Unas enormes y gruesas zapatillas de tenis. Mi «disfraz» resultaba más llamativo que las luces de un semáforo.

De vuelta en casa y despojada de aquel atuendo, comencé a leer los libros que acababa de comprar. Al cabo de un mes, no habían hecho más que abrirme el apetito.

Luego me acordé de Robin. En 1998, poco después de empezar mi trabajo en el *Bee*, llamé a un asesor que trabajaba con grandes periódicos para que nos ayudara a desarrollar una estrategia de crecimiento que sirviera a los lectores y a la empresa. El asesor nos aportó sus conocimientos y experiencia mientras trazábamos nuestros planes. Pero lo más interesante de esa persona era su insólita mezcla de agudeza para los negocios y sincero interés en la dimensión humana de la vida empresarial. Cuando estábamos a punto de acabar el encargo, me recomendó que contactara con la doctora Robin Van Doren, que vivía en Sacramento. Me dijo que la encontraría muy útil a nivel personal.

Hice caso de ese consejo y me reuní con Robin por primera vez en 1998, sin saber exactamente qué esperar de esa reunión. Ella vivía cerca del centro de Sacramento en un encantador bungaló de estilo californiano y atesoraba hermosas obras de arte procedentes de sus múltiples viajes por todo el mundo. Me sentí cómoda con ella de inmediato. Los ojos de Robin centelleaban, y su amplia sonrisa parecía emanar rayos de sol. Me saludó con un firme apretón de manos. «Esta mujer de sesenta y pico años se conoce bien y se siente cómoda consigo misma», pensé.

Al sentarme en el sofá, empecé a preguntarme por qué estaba allí. La doctora me caía bien, pero la vida me iba bien en ese momento. Charlamos un poco de temas triviales, y al final solté:

—Bueno, no estoy segura de lo que estoy haciendo en este lugar, así que mejor me voy. —Me sentía ridícula.

Robin me contestó sin titubear:

—No hay ningún problema. Cuando estés lista lo sabrás, y entonces volverás.

Me encantó conocerla, pero me marché con la duda de si volveríamos a encontrarnos. Mi vida iba sobre ruedas, y no tenía razón alguna para estar allí.

Pero esta vez las cosas eran distintas. Max había muerto, y mi vida estaba patas arriba. Ocurrían cosas raras. Necesitaba orientación. Pero ¿cómo describes estos sucesos a alguien a quien apenas conoces y mantienes un mínimo de credibilidad? Llamé a Robin a pesar de mis reticencias. No habíamos hablado en siete años, pero algo en lo más profundo de mi interior me decía que estaría a salvo con ella y que me daría consejo sin juzgarme ni mostrarse escéptica. Y lo que era aún más importante, tenía reputación de ser una persona de confianza. Me reuní con ella en varias ocasiones y también hablamos por teléfono.

Durante los últimos treinta y cinco años, Robin ha dirigido seminarios y grupos de trabajo para reforzar la confianza en la sabiduría interior y la práctica de ver a las personas más queridas en todos los seres. Una premisa básica de este trabajo es que la existencia tiene múltiples capas.

Robin es una mujer con un talento extraordinario y con mucha experiencia. Recuerda que de niña se comunicaba con su abuela fallecida. Su madre no lo veía bien y desalentó esa práctica. Pero años más tarde, cuando Robin estaba cursando sus estudios universitarios en Radcliffe, tuvo otra experiencia que la convenció de que había mucho más de lo que la mayoría de las personas creían. Un día, en un examen oral, le preguntaron acerca de un tema sobre el que sabía muy poco. Sin embargo, sus respuestas fueron calificadas de excelentes. Robin llegó a la conclusión de que tuvo que haber leído la mente del profesor o utilizado la telepatía. Hoy bromea sobre la anécdota: «Si le lees la mente a alguien, este creerá que eres brillante».

Después de sus estudios en Radcliffe, Robin se casó y tuvo hijos. Se mudó a Nueva York y enseñó en un colegio de Harlem. Su interés por la educación la llevó a estudiar el cerebro. Asistió a las reuniones de la Sociedad Orton (en la actualidad, Asociación Internacional de la Dislexia) y siguió trabajando con niños para estudiar el aprendizaje infantil. Fue aceptada en la Universidad de Columbia para obtener el doctorado en educación. Después le pidieron que abandonara el programa porque, tal como le comentó su supervisora, que era la directora del departamento, «una de las dos tiene que irse».

Esta diferencia de opiniones empezó en un seminario que impartió Robin. Repartió unos papeles al público y les pidió que hicieran una escultura con esa hoja. Fue, según explica ella misma, un ejercicio en la exploración de la libertad. La respuesta de Columbia fue que les parecía interesante, pero no para ellos. Se marchó con la sensación de que el mundo académico no aprobaba el aprendizaje empírico. «Enseñamos del mismo modo que nos enseñaron a nosotros, por eso no avanzamos», explicó Robin.

Como no encontraba el modo de reconciliarse con Columbia, continuó sus estudios en la Universidad Fairleigh Dickinson, donde terminó su doctorado en educación y empezó a dar clases sobre las bases neurológicas del aprendizaje. Su madre dirigía un centro en la New School de Nueva York, donde Robin conoció a la destacada conferenciante, escritora e investigadora Jean Houston, fundadora del movimiento del potencial humano, que explora las posibilidades ilimitadas de la mente. Houston trabajó en la mecánica de la excelencia con el psicoanalista Carl Jung, el inventor Buckminster Fuller, el escritor Aldous Huxley y varios astronautas estadounidenses. Robin y Jean entablaron una larga amistad y colaboraron durante diez años en la organización de conferencias y seminarios.

Robin vivió en Nueva York hasta que cumplió los cuarenta años. Un taxi la atropelló al cruzar la calle en una noche lluviosa. Recuerda las características clásicas de una experiencia cercana a la muerte: se vio a sí misma abandonando su cuerpo y flotando por encima de él, al tiempo que observaba el desarrollo de los acontecimientos. Dice que vio a Dios, aunque ella nunca había ido a la iglesia. En los seis meses siguientes vivió en un estado que describe como «mar de amor». Vinieron a ayudarla personas de todo el país porque no se podía mover. Al final se recuperó, y día de hoy está convencida de que podemos conocer a Dios y que al mismo tiempo es inescrutable. Él es la fuente de todo lo que existe.

Cuando tenía cuarenta y pocos años, durante su beca postdoctoral en la Universidad de Alabama, Robin fue ayudante de Joseph Campbell, el famoso mitólogo y autor de *El poder del mito* y *El héroe de las mil caras*, en un seminario celebrado en el sur de California. Se enamoró de la ciudad de Ojai. Allí fundó un centro espiritual y educativo al que llamó Hamsayeh, que en persa significa «la sombra compartida de la pared».

Robin decidió explorar los lugares en los que las cosas que definimos como magia ocurren sin que nadie se sorprenda. Vivió cinco años en la India e Indonesia. Allí aprendió mucho, pero se dio cuenta de que siempre sería una invitada, y los invitados no deben cambiar las cosas. Así que volvió a California, esta vez a Sacramento.

Las experiencias y el conocimiento espiritual de Robin distaban mucho de los míos. Mi comprensión de la vida después de la muerte no solo estaba condicionada por mi educación presbiteriana, sino que además yo trabajaba en una industria que fomentaba el escepticismo sobre cualquier tema. El negocio de la publicidad requería una práctica profesional y un estilo de vida convencional (de ahí que intentara pasar desapercibida en una librería *new age*). Los periodistas pueden ser excéntricos, pero la parte comercial de la gestión de un periódico no.

No obstante, había conocido distintas perspectivas espirituales y esotéricas en mis cuatro décadas de vida adulta, especialmente durante los años que había pasado en California. Gracias a la educación abierta de miras de mis padres y a mi carrera, sentía que la curiosidad, los conceptos nuevos y el crecimiento personal añadían valor al trabajo y a la vida. Estaba abierta a escuchar lo que Robin tenía que decirme.

Me ha enseñado que las fronteras entre la vida y la muerte son más porosas de lo que nos han hecho creer. Ella cree que la otra dimensión está aquí; lo que pasa es que no podemos verla. Robin dice: «Puedes hablar sobre el cerebro todo lo que quieras, pero es como hablar sobre una radio. Se trata de un aparato receptor, no se ocupa de la programación original».

Un maestro le enseñó en una ocasión que si alguien te da una piedra, esta tiene energía. No la aceptes si no quieres la energía.

Todas las cosas contienen energía. ¿Qué es la energía? Lo es todo. Cuando está concentrada, se produce la forma.

Robin corroboró mi sensación de que no tenía que temer los sucesos acontecidos después de la muerte de Max. Ella creía que lo que había visto era un aspecto concreto de Max. Creía que parte de él estaba estancada o perdida y que no podía hallar su camino.

Describió las percepciones que tiene como «una sensación parecida a estar recibiendo una ayuda muy valiosa». Sus percepciones corporales vienen dadas por una especie de cosquilleo. Se siente guiada, pero no por un guía. Es un conocimiento. Las fronteras entre distintos niveles se vuelven transparentes. La última vez que vi a Robin me recordó que, a medida que nos vamos haciendo mayores, acumulamos filtros que dificultan o impiden nuestra capacidad para escuchar al mundo espiritual que coexiste con nosotros. El consejo que me dio cuando nos despedíamos fue: «Presta atención».

Yo era nueva en todo esto y me sentía increíblemente afortunada de haber conocido a alguien del nivel de Robin como primera referencia en el campo de la práctica espiritual. No solo estaba bien formada; era una persona honesta y de buenas intenciones. Confié en ella y la respeté de inmediato. Nunca me decepcionó.

Pero como ocurre en otros muchos ámbitos de la vida, no todos los expertos en este campo están a la altura. Cualquiera puede alegar que tiene facultades y capacidades, pero eso no significa que las tenga. Algunos pueden fingir tener buenas intenciones, pero tampoco implica que sea así. Al inicio de mi viaje no me daba cuenta de que podía conocer a unos cuantos impostores y eso fue lo que ocurrió. Afortunadamente, fueron pocos.

Un ejemplo es la sesión que mantuve con un «sanador energético» de San Francisco. Oí hablar de esta persona a través del «amigo de un amigo» y pedí cita con él. Le expliqué que quería hablar sobre su trabajo y probablemente mantener una sesión con él, según viera en ese momento. No tenía intención alguna de explicarle mis experiencias personales. Solo quería formarme y descubrir las distintas ofertas que había en este nuevo y curioso mundo que estaba investigando. Al igual que ocurrió en la librería *new age*, me sentía intimidada por mi falta de conocimiento del medio.

Concerté una cita para un sábado por la mañana, y no fue fácil encontrar su despacho. Conducía desde Sacramento, y llovía a cántaros. Evidentemente me perdí (algo que me ocurre con frecuencia) y llegué diez minutos tarde. Llamé con decisión a la puerta de lo que parecía ser un piso de tres plantas, y me recibió un hombre corpulento vestido de la cabeza a los pies de color marrón: camisa marrón, pantalones marrones y mocasines marrones. Su indumentaria se parecía a los uniformes que se ven en los hospitales, más parecida a un pijama que a ropa de calle. Solo que en vez de verde, era marrón. Esbozó una amplia sonrisa detrás de una barba descuidada y abrió la puerta de par en par para dejarme pasar. Nos presentamos, y me condujo por el pasillo hasta otra estancia. Me di cuenta de que no había nadie más en el vestíbulo, pero supuse que eso se debía a que era sábado.

Cuando entramos en la sala, percibí de inmediato el olor almizcleño del incienso. Sobre una mesita de mimbre ardía la varita sobre un bol de cristal, lo que se percibía fácilmente porque la habitación estaba casi a oscuras. Las persianas estaba cerradas y solo había una lamparita situada junto al incienso de la mesa. Parecía una lámpara Tiffany de imitación. Dos sillones diminutos flanqueaban la mesa. Solo había otro mueble: una camilla de masaje en medio de la estancia. Nos sentamos en las sillas, y el «sanador» empezó a describirme sus capacidades.

—Soy capaz de invocar un poder intangible —me contó—. Piense en ello como una fuerza vital.

Me explicó que él era un conducto para reactivar energía sanadora y canalizarla hasta mí. Mientras hablaba, me di cuenta de que yo había empezado a sudar, y no era porque hiciera calor. Me sentía incómoda.

—Puedo restablecer el equilibrio y la armonía del sistema energético de tu cuerpo pasando mi mano sobre tu piel en determinadas vías de energía —explicó.

Me advirtió que si uno de mis chacras estaba bloqueado, podía incidir en mis órganos, por lo que empezaría por comprobar el estado de mis chacras.

Se levantó y dijo que tenía que tumbarme en la camilla para empezar una sesión. Yo me había puesto unos *leggings* y una camiseta de manga larga, considerando la posibilidad de tener que postrarme en una camilla de masaje si completábamos la sesión. Me levanté de la silla cuando lo oí decir: «Bueno, tiene que desnudarse para poder hacer este trabajo».

De repente me sentí como *Toto* en *El mago de Oz* cuando Dorothy grita: «Corre, *Toto*, corre».

Salí de allí en un santiamén.

El otro incidente en el que creí estar tratando con un charlatán ocurrió cerca de La Jolla, California, al inicio de mi viaje. Asistí a una boda planificada para la tarde de un sábado, y el hotel en el que se hospedaban los invitados estaba cerca de la playa. Recuerdo que, ese día, por la mañana temprano di un paseo rápido por la arena y al volver me adentré por unas callejuelas del centro. Mientras caminaba por esas calles tan pintorescas, pude leer un cartel, que en realidad era una tablilla, que decía «LECTURA Y ASESORAMIENTO: TAROT Y QUIROMANCIA». Como tenía tiempo, pensé: «Será una experiencia formativa». Seguí el sendero que me llevó hasta una casita de estuco y llamé a la puerta. Me recibió una mujer agradable, vestida con un atuendo sencillo, que lucía una cabellera morena y rizada. Me invitó a entrar a lo que parecía ser su sala de estar. En la parte delantera de esa estancia se erigía una enorme ventana saledіza que iba desde el suelo hasta el techo y proporcionaba vistas a la calle, así que tuve la sensación de poder relajarme. Nos sentamos frente a frente, ella en un canapé y yo en una cómoda silla de comedor. Empezó por informarme sobre las tarifas que cobraba para las lecturas del tarot y de las manos. Le dije que quería una lectura de tarot y le pagué veinticinco dólares. En realidad no estaba interesada en la lectura. Sentía curiosidad por el modo en que dirigía su negocio, por cómo se presentaba ante el público. Echó las cartas, y nada de lo que dijo tenía que ver conmigo. Nada de nada. Ni siquiera me acuerdo de lo que me contó. Lo que sí recuerdo es que, cuando terminamos la sesión de media hora, añadió: «Puedo contarle más [sobre lo que me había dicho, que no tenía ningún sentido] si me paga más». Y ese extra era el doble de la tarifa de media hora. Me marché de allí lo antes posible.

Decidí que, a partir de ese momento, solo trabajaría con gente que viniera recomendada por algún conocido y, más importante todavía, alguien en quien confiara y respetara.

Así fue como conocí a Stephen Barr, un profesional de la misma categoría que Robin. Me lo presentó una amiga cuyo juicio e intelecto admiro y que demostró, más que cualquier otra amistad cercana, una agudísima percepción. Le conté algunas de mis experiencias, aunque evité dar demasiados detalles. Quería ser cautelosa para que ella pudiera abstenerse de hablar de algo que la hiciera sentir incómoda. Por suerte lo comprendió de inmediato. Me recomendó que concertara una cita con Stephen, que había sido de gran ayuda para ella y para su marido.

Conduje hasta Tahoe City para reunirme con Stephen en su Centro de Artes Curativas en el verano de 2005. Sería la primera de las cinco veces que lo visité a lo largo de siete años. Stephen es un hombre atractivo, esbelto, alto, con un pelo grueso y gris que refleja su sabiduría más que su edad (sesenta y pocos años). Tiene unos ojos claros de color azul verdoso, y se nota que goza de perfecta salud. Pero aparte de su presencia física, su aura indica que se trata de un alma antigua. Habla con voz pausada, y me sentí segura y tranquila de inmediato.

Stephen parece desafiar la clásica división entre la parte analítica del lóbulo izquierdo del cerebro y la creatividad del derecho: es un sanador espiritual con una sólida formación en ciencias exactas. Nació en Cincinnati en 1948 y de pequeño siempre le decían que era muy serio y sensible. Parecía saber lo que sentían los demás, pero lo regañaban cuando lo decía, así que se lo callaba todo.

En busca de un entorno menos conservador, se marchó de la ciudad para estudiar en el Instituto Tecnológico de Massachusetts, donde se licenció en Ingeniería Eléctrica en 1970.

Se apuntó al Cuerpo de Paz y enseñó matemáticas y ciencia en Nepal. Era el único occidental en un pueblo que no tenía carreteras ni lavabos ni agua potable. Lo sorprendió darse cuenta de que esas personas eran pobres pero felices. Durante su segundo año allí, su novia, quien posteriormente sería su esposa, llegó con una furgoneta Volkswagen que había llevado desde Alemania. Juntos recorrieron Nepal, la India, Pakistán, Afganistán y Europa. Todo un viaje por carretera que sería imposible de emprender hoy.

Durante las largas horas de viaje, Stephen empezó a leer literatura oriental y a trazar planes de futuro. El pragmatismo se impuso. A su regreso a Estados Unidos, aceptó un trabajo en una empresa que fabricaba mecanismos de biorretroalimentación para el público en general. Era una empresa pequeña, así que tuvo que hacer de todo, hasta diseñar y probar circuitos. La persona más accesible para poner a prueba esos sistemas era él mismo, por supuesto. Puesto que el producto medía las ondas cerebrales, se encontraba a medio camino entre la ingeniería eléctrica y la meditación.

El interés por la meditación superó al que tenía por el diseño de circuitos, de modo que él y su esposa se apuntaron a la Arica School, que, a diferencia de algunas de las escuelas más antiguas de meditación y conocimiento, utiliza métodos contemporáneos del campo de la biología, de la psicología y de la física para esclarecer la conciencia humana. En Arica, Stephen aprendió distintos tipos de meditación, masaje y trabajo espiritual relacionado con el karma. Se sacó el título y luego impartió clase allí durante varios años.

Más adelante, una amiga de Stephen decidió viajar a Inglaterra para aprender acupuntura, y él decidió irse con ella. Fue allí, bajo las instrucciones del profesor clarividente J. R. Worsley, donde aprendió la vertiente mental y espiritual de la acupuntura.

Al final se trasladó al lago Tahoe, en California, para empezar una residencia con Jeffrey Kauffman, un médico que incorpora enfoques holísticos en su consulta. No tardó mucho en descubrir que en esa época el lago Tahoe quedaba muy lejos de Boston y que eso no satisfacía sus necesidades de cultura y comunidad espiritual. Así que se trasladó al condado de Marin y tuvo que hacer frente a más frustraciones. Nada parecía ir bien.

Luego, una amiga que no tenía coche le pidió que la llevase al lago Tahoe. Durante el viaje, oyó la voz interior por primera vez, un «sí» alto y claro. Esta vez decidió quedarse en el lago Tahoe, y ha permanecido en este lugar durante más de treinta y cinco años. Dice que no se marchará de aquí hasta que esa voz le indique que debe hacerlo.

Un curso de milagros, de Helen Schucman y William Thetford, ofrece lecciones aplicadas a la práctica del perdón y tuvo una profunda influencia en Stephen. Lo describe como un sendero mental. El libro de ejercicios es extenso, tiene más de quinientas páginas, y Stephen lo ha completado varias veces. Escuchó la voz interior una segunda vez, y él y su esposa fundaron y dirigieron un grupo dedicado a ese libro durante más de cuatro años. Una de las cosas que *Un curso de milagros* le enseñó es que la verdad es indiscutible. Él lo define de la siguiente manera: «Cuando algo es verdadero, acalla todos los argumentos».

Oyó esa voz interior mientras estaba tratando a una clienta que estaba a punto de marcharse a la India para unirse a su gurú, convertirse al hinduismo y afeitarse la cabeza para ser aceptada en los templos. La voz le dijo: «Dale algo de dinero». Solo llevaba diez dólares en la cartera, pero se los dio para que hiciera una ofrenda en su nombre. Stephen y su esposa estaban intentando tener un hijo y concibieron a su hija el día 21 de enero. Cuando la clienta regresó de la India, él le preguntó dónde había estado en aquella fecha. Ella le contó que ese día había hecho su ofrenda en el primer templo que visitó, erigido en honor a Shakti, la consorte de Shiva, una deidad hindú.

Al igual que Robin, Stephen cree que el mundo espiritual coexiste con este mundo. Cree que los espíritus me visitaron del mismo modo que acuden a muchas personas que tienen la mente abierta y son receptivas. Stephen no cree necesariamente que la huella del espejo sea la de Max, pero sí que procede de otra dimensión. También me contó que en una vida anterior dejé un tema sin resolver al no haberme despedido de un marido antes de que muriera.

—Tal vez eso haya provocado estas actividades —razonó Stephen.

En mi primera visita descubrió que mi aura —un campo luminoso que rodea a cada persona y que algunos pueden ver— medía más del metro y medio estándar. El proceso que utiliza Stephen para ayudar a alguien en esta situación es invocar a los Poderes Divinos, o guías, para que lo ayuden a limpiar el espacio espiritual y los niveles emocionales de sus clientes. Eso es lo que hizo por mí y por muchos de sus clientes. Es normal tener que hacer esta limpieza durante un proceso de duelo.

En otra visita, Stephen me enseñó un mantra que podía utilizar cuando lo viera necesario. Se trata de un mantra tibetano llamado Vajra Guru Mantra: *om ah hum vajra guru padma siddhi hum.* Recitarlo purifica el cuerpo y su entorno, retira los obstáculos como la mala salud y apoya las aspiraciones positivas como la prosperidad o una larga vida, me explicó. También alienta la práctica espiritual. Nunca había recitado un mantra en mi vida y me sentía un poco incómoda pronunciándolo en voz alta. Pero cuando superé mi timidez lo encontré verdaderamente tranquilizador.

Le pedí a Stephen que me contara más sobre los guías y su trabajo.

—¿Son siempre los mismos guías? —le pregunté.

—No —respondió—. Al parecer se nos asignan varios guías a cada uno de nosotros. Es como un comité, aunque sus miembros van rotando a medida que aprendemos las lecciones de la vida. Pero por lo general hay entre cinco y ocho guías.

Le pregunté si los guías tienen género.

—No —respondió Stephen—. Por lo general son andróginos.

—¿Dónde están?

—Estamos atrapados en tres dimensiones más el tiempo. Los guías no se encuentran dentro de esa caja. Están más allá del tiempo y del espacio.

Le pedí que me contara lo más importante sobre los guías. Curiosamente, contestó:

—Los guías me dicen que a ellos les gustaría darnos más ayuda de la que pedimos. Pero no pueden intervenir ni imponer sus deseos sin nuestras peticiones porque tenemos libre albedrío.

No dudes en pedir ayuda. No hay nada demasiado grande ni demasiado pequeño, y tenemos que solicitar esa ayuda. Los guías no intervendrán a menos que se los invite.

Stephen, al igual que Robin, fue de gran ayuda para ampliar mi forma de pensar y para estimular mi crecimiento. Les estoy agradecida a ambos.

7

SURGE UN PATRÓN

Me fui a trabajar con el corazón encogido el lunes 8 de mayo de 2006, el segundo aniversario de la muerte de Max. Gracias a Dios que trabajaba en el *Sacramento Bee*. Fue un regalo caído del cielo en todos los sentidos de la palabra. Me encantaba mi trabajo y especialmente los empleados del periódico. Supe que serían veinticuatro horas tristes y muy difíciles, pero me centré en la rutina y quedé absorbida por las tareas de la oficina a lo largo de la jornada.

A eso de las siete de la tarde regresé a casa. Tanner estaba con su padre esa tarde. Entré en la vivienda por el garaje, como era habitual. Este acceso me obligaba a pasar por delante del baño que Max había utilizado, el mismo en el que Tanner y yo habíamos visto la huella hacía exactamente un año. No pude evitar echar un vistazo. Me dije a mí misma que no podía volver a ocurrir. «No pasará una segunda vez. Es imposible.»

Miré en el interior del cuarto de baño. Me quedé boquiabierta.

El espejo volvía a mostrar unas imágenes, que esta vez habían adoptado formas indefinidas. Tenían la misma textura polvorienta que la anterior. Fui a buscar la cámara de fotos inmediatamente. Al fijarme en el espejo, la imagen más grande, que estaba a mi derecha, se parecía a un ángel como los que se utilizan de adorno en el árbol de Navidad, con unas alas perfectamente formadas a los lados. Tenía una apariencia elegante y hermosa. En el centro del espejo, ligeramente más arriba, podía apreciarse una pequeña imagen en forma de «bebé ángel» con las alas extendidas como si quisiera emprender el vuelo. En la parte superior izquierda había una tercera imagen parecida a un pájaro con el pico pequeño y redondo.

Sabía que esas imágenes polvorientas eran auténticas aunque ignorara su procedencia. También me di cuenta de que estaban formando un patrón. En ambos casos, las imágenes habían aparecido en el aniversario de la muerte de Max. No sabía qué hacer. Una parte de mí quería mantenerlas en el espejo. A fin de cuentas, ¿cómo podía ignorarlas si eran de Max? Pero también sabía que habían pasado dos años desde su fallecimiento, y había hecho algunos avances en mis esfuerzos por salir adelante.

Dejé esas imágenes allí el lunes y el martes. Se las enseñé a Helen el miércoles por la mañana, y su percepción era distinta. Creía que se parecían a una persona ahuecando las manos en forma de C como si quisiera protegerse los ojos al acercar el rostro al espejo, tal vez desde el otro lado. Pero también reconoció que dos de las imágenes tenían forma de ángel. Antes de salir de casa esa mañana, yo misma las retiré con limpiacristales. Supe que algo milagroso estaba ocurriendo, pero no sabía qué tenía que hacer con ello.

No tardaría en conocer a una persona que me ayudaría a avanzar en muchos sentidos.

En el verano posterior a la aparición del segundo grupo de imágenes empecé a pensar que me gustaría volver a comenzar una relación. Creo que cualquier mujer que trate de conseguir una cita a los cincuenta años estará de acuerdo conmigo: no es fácil ni divertido. En absoluto. Da miedo y es complicado. Pero echaba en falta la compañía de un hombre, e ir sola a los sitios era un recordatorio de que, efectivamente, estaba sola. Así que decidí lanzarme a la piscina y pregunté a algunas de mis amistades si conocían a alguien a quien presentarme. ¿Y sabéis qué? Lo hicieron.

En uno de esos casos me presentaron de manera informal a un posible candidato a través del amigo de una amiga.

—Mira a ver qué te parece —dijo mi amiga—. Y si te gusta lo que ves, concertaré una cita.

Así que nos dirigimos a una cena informal en San Francisco, en la que me dediqué a «observar al candidato». El hombre en cuestión se parecía a una patata cocida montada sobre dos rebanadas de pan. No es que yo sea ninguna maravilla, y el físico no es lo más importante, pero tiene que darse una chispa de atracción, supongo.

Después de esa experiencia me retraje un poco, hasta que una de mis amigas sacó a relucir el nombre de Jim Durham, un hombre a quien yo ya conocía. Varias de mis amistades me habían comentado que Jim y su esposa se habían separado y que estaban tramitando el divorcio. Me comentaron que era un tipo impresionante. Es listo y triunfador, le encanta leer, tiene dos hijos muy majos y es muy extrovertido, según me comentaron mis amigos.

Ah, y es guapo, añadieron. De ese detalle sí que me acordaba. Max y yo habíamos conocido a Jim y a su esposa de pasada. A menudo nos topábamos con ellos en distintos eventos comunitarios de Sacramento. De vez en cuando, Max, Tanner y yo nos los encontrábamos en algún restaurante y charlábamos durante un rato.

Mis amigos me animaron a entablar contacto con Jim, así que lo llamé. Le comenté que Tanner, que cursaba el penúltimo año de secundaria, estaba considerando varias universidades de la costa Este y de California. Sabía que los dos hijos de Jim habían estudiado en la costa Este y le pregunté si podía darme algún consejo sobre cuál podría ser la mejor opción para Tanner. Hablamos durante una media hora, y se mostró muy amable y generoso. Tomé apuntes. Pero no fue hasta el final de nuestra conversación cuando me reveló la información más importante. Me dijo que se estaba divorciando.

Esa era mi oportunidad. Posteriormente, Jim me contó que me consideraba una de las mejores «pescadoras» que había conocido, pues coloqué con esmero el cebo (yo) delante de una incauta trucha (él) para que mordiera el anzuelo.

En el transcurso de nuestra conversación telefónica, le pregunté si se acordaba de Tanner, que tendría unos diez años cuando Jim lo había conocido.

—¿Te gustaría ver una fotografía del hombrecito en el que se ha convertido? —le pregunté.

—Por supuesto que sí —respondió.

Hacía varias semanas que uno de los fotógrafos del *Bee* nos había hecho una foto a Tanner y a mí en el partido de baloncesto de los Sacramento Kings. Tanner, que estaba a punto de cumplir dieciséis años, se había convertido en un jovencito muy atractivo. Yo estaba sentada junto a él. A ninguna mujer le gusta verse de cerca después de los cincuenta y cinco años de edad, pero como por arte de magia esa fotografía resaltaba los mejores rasgos que aún conservaba. (Resulta asombroso lo que pueden hacer los fotógrafos profesionales con un buen equipo.)

Le envié la foto a Jim. Al cabo de dos semanas, me llamó para cenar. Fue un lanzamiento perfecto, la trucha había picado.

Jamás pensé que volvería a encontrar el amor verdadero. Pero Max no solo había predicho que volvería a enamorarme; me comentó que sería más feliz que nunca porque, tal como dijo: «yo estaré allí contigo». Entendí que nuestro amor perduraría, incluso después de su muerte. No me di cuenta de que tal vez quería decir que lo que compartimos me cambiaría y que me abriría a volver a amar.

Cuando me encontré con Jim en nuestra primera cita para cenar en el restaurante Piatti, cerca de mi casa de Sacramento, en el verano de 2006, sentí desde el principio una fuerte atracción por él. La química que existía entre ambos era eléctrica. Y fue todo un regalo. Creo que este sentimiento o existe o no, pero no puedes crearlo a voluntad.

Me enamoré de Jim de forma fácil y natural, y hemos seguido así desde entonces. Varias amistades me preguntan a menudo cómo he conciliado el amor que sentía por Max con el que descubrí con Jim. Me preguntan si he tenido que renunciar al sentimiento que compartí con Max para poder enamorarme de Jim. «¿Qué dice sobre ti el hecho de que te enamoraras de Jim cuando querías a Max, que hacía solo dos años que había muerto?» La pregunta tiene sentido.

Durante los primeros meses tras la muerte de Max, busqué el asesoramiento de un psicólogo que me ayudó en la etapa de duelo. Me dijo que, según la sabiduría popular, «las mujeres lloran, y los hombres sustituyen» tras la muerte de un cónyuge. No sé lo que se suponía que tenía que hacer o lo que la sociedad dictaba como norma. Solo sé lo que mi corazón me dictó entonces y sigue dictándome ahora. Creo que el amor es infinito e ilimitado. Tu corazón no divide. Multiplica. Y si eres lo suficientemente afortunada como para hallar de nuevo el amor, no hay otra opción más que apostar por él. ¿Acaso no es esa la razón por la que vivimos?

Desde nuestra primera cena, nos veíamos siempre que podíamos. Jim repartía su tiempo entre Sun Valley, Idaho y Dallas, donde era consejero delegado de una empresa que había fundado tres años atrás. Yo tenía mucho trabajo y responsabilidades en el *Bee*. Jim también viajaba de Idaho a California cada dos semanas, a veces más a menudo. Pasábamos el tiempo en Sacramento y Yountville disfrutando de la compañía de familiares y amigos.

Lo mejor era que Jim me había hecho volver a reír como no recordaba haber reído en los últimos dos años. Tal como le dijo el reverendo Jesse Vaughan cuando se conocieron: «Has vuelto a iluminar los ojos de Janis». Y así había sido.

A medida que las perspectivas de nuestra nueva vida empezaban a cobrar forma, esos sucesos extraordinarios continuaron. Jim y yo hablábamos por teléfono con regularidad. Una noche, contesté la llamada desde el teléfono del dormitorio, pero este se quedó mudo al cabo de un minuto. Jim volvió a llamar, y contesté con el mismo aparato. Poco después volvió a quedar en silencio. Por suerte Jim llamó de nuevo, y esta vez contesté desde el de la cocina. La conexión volvió a fallar. A la mañana siguiente, Jim me telefoneó a la oficina diciendo que no tenía problemas con su línea y que quizá los tenía yo. Llamé a la empresa Pacific Bell para que vinieran a comprobar la instalación. Volví a casa para recibir a los operarios y comprobaron todo el cableado. Me confirmaron que estaba correcto.

Una de las muchas cosas que Jim y yo compartimos es nuestra pasión por el valle de Napa. En un espectacular fin de semana otoñal, me propuso ir hasta Napa para pasear y relajarnos. Nos dirigíamos hacia el norte por la autopista 29 en dirección a St. Helena desde Yountville. Me di cuenta de que había un hotel a la izquierda al entrar en el pueblo y le comenté a Jim que ese era el sitio en el que Max solía hospedarse antes de conocerme. A Max le encantaba por su sencillez y ubicación. Al pasar junto a él, la radio del coche de Jim empezó a sonar más fuerte sin razón aparente. Él se sorprendió y toqueteó el aparato en un intento de hallar la causa. Al final lo apagó. Nos miramos como si quisiéramos decir: «Vaya, qué raro».

De regreso a Yountville, pasamos por el mismo hotel. La radio volvió a sonar. Esta vez expresamos en voz alta nuestros pensamientos. «¿Por qué ha pasado esto? ¿Qué probabilidades hay de que suceda algo así?» Cuando Jim regresó a Sun Valley, llevó su coche al taller para que revisaran la radio. El mecánico le dijo que nunca había oído nada igual y que todo estaba perfectamente.

Cuando le conté a Jim lo que había sucedido tras la muerte de Max, estaba muy nerviosa. Evidentemente, me preocupaba que pensara que la mujer con la que había estado saliendo esos últimos seis meses estaba como una cabra. Era lógico pensar así. Jim es licenciado en Ingeniería por la Universidad de Florida (¡arriba, Gators!) y tiene un MBA en Finanzas por la UCLA (¡arriba, Bruins!). También tiene el título de contable público (CPA) y es consejero delegado de una empresa. En definitiva, es la persona menos propensa a creer algo que no sea objetivo o cuantificable. Cuando le conté esas anécdotas y le mostré algunas de las fotografías, no me decepcionó.

Su reacción fue decir: «Da un poco de miedo», pero al menos no dejó de llamarme.

Él sabía que me preocupaba que pensara que estaba loca. Jim nunca había experimentado algo así de inusual, pero «estoy abierto a ello», me dijo más tarde.

Creo que ayudó el hecho de que Jim hubiera conocido a Max y que sintiera un gran respeto por él. Él nunca había mantenido una conversación larga con Max, pero lo conocía lo suficiente como para saber que le caía bien.

De hecho, eran muy parecidos. Jim, al igual que Max, es una persona inteligente, amable, considerada, apasionada y amorosa. Es el hombre más fuerte que he conocido jamás. Nunca lo he visto asustarse por algo (bueno, tal vez le den miedo mis habilidades culinarias).

A Jim le encanta la música clásica y me dio a conocer una de sus pasiones: la Sinfónica de Verano de Sun Valley. Es aficionado a la ópera y en una ocasión tuvo un papel como figurante en una producción de *Aida* para la Ópera de San Francisco. También le encanta el vino y ha reunido una impresionante colección en su bodega de Sun Valley. Y lee libros, muchos, todo el tiempo. Prácticamente se centra en la no ficción, especialmente de temas religiosos. Pero no es del todo como Max. Jim es cinturón negro de taekwondo, es un ávido pescador, cazador y marino, y además le encanta salir de excursión por las montañas de Sun Valley.

En octubre de 2007, Jim me invitó a Sun Valley para celebrar mi cumpleaños y organizó una fiesta sorpresa en la que conocí a algunos de sus mejores amigos. No tardé mucho en enamorarme de Sun Valley. Un hermoso día de otoño, mientras paseábamos por el sendero del lago Baker y disfrutábamos de los magníficos cañones, de los serpenteantes riachuelos y de los paisajes sobrecogedores, Jim me sorprendió con una pregunta que jamás se me había pasado por la cabeza.

—¿Has pensado en jubilarte? —soltó.

Me detuve de inmediato. Soplaba un viento que agitaba las hojas de los álamos y los pinos, y pude sentir cómo mi corazón latía fuerte contra el pecho. Me quedé mirando las zapatillas deportivas durante un minuto antes de levantar la mirada para fijarme en los ojos de Jim.

—¿Cómo podría dejar mi trabajo? Trabajar es lo que hago. Es lo que siempre he hecho —contesté a la defensiva.

Era evidente que me estaba aferrando a mi trabajo porque era de uno de los pocos aspectos que no tuve que cambiar cuando Max murió y me esforzaba para permanecer a flote. Pero me equivocaba. El cambio era el sendero de mi crecimiento espiritual, y evitarlo resultaba imposible.

8

¿INTENTA MAX CONTACTAR CONMIGO?

Dirigir un periódico en 2007 planteaba ciertos retos sin precedentes, debido a la deceleración de la economía y a que la competencia electrónica estaba erosionando nuestra cuota de publicidad. Aplicamos una política de reducción de costes y con ella llegaron los inevitables despidos, lo cual incide de manera dolorosa en la vida de las personas.

Afortunadamente, la McClatchy Company y, por extensión, el *Sacramento Bee*, fueron considerados y cuidadosos con el proceso. McClatchy era conocida por su reputación a la hora de cuidar de sus empleados y tratarlos con justicia. Me sentía agradecida por trabajar en una cultura en la que el carácter y los valores importan. Estaba segura de que tomaríamos decisiones difíciles con compasión y generosidad.

El 21 de febrero, un día antes del cumpleaños de Jim, mi padre murió a la edad de ochenta y nueve años. Hacía años que tenía cáncer de próstata y se lo habían detectado tarde, ya había metastatizado a todo el cuerpo. Sufría horribles dolores. Sabíamos que no le quedaba mucho tiempo de vida, así que mi hermano Kurt y yo cogimos un avión hasta McCook, Nebraska, para estar con nuestros padres y despedirnos de él. Mi hermano Brian y mi hermana Signe también llegaron poco después para presentar sus respetos. Sería la última vez que lo veríamos. Murió a los pocos días de nuestra visita.

Cuando Kurt y yo llegamos a la residencia en la que vivían nuestros padres, empecé a preocuparme por ambos. Eso era poco frecuente en mí. Siempre pensaba primero en mi padre. ¿A qué se debía esta preocupación por mamá? Tal vez se tratara de auténtica empatía. Por primera vez sabía exactamente cómo se sentía. Supe por lo que estaba pasando al verlo morir lentamente, lo que tendría que soportar el día en que falleciera y cómo pasaría los siguientes meses y años. Tal vez en esta ocasión podría ayudarla.

Mamá abrió la puerta y se sintió aliviada al vernos. Derramó unas lágrimas y luego nos abrazó. Me di cuenta de que estaba aturdida y abatida. Estábamos ansiosos por ver a papá, así que nos dirigimos de inmediato a su dormitorio. Ahí estaba, frágil y debilitado, a punto de partir, y dormía plácidamente. El contorno de su cuerpo encogido debajo de las sábanas me hizo contener la respiración. Se parecía mucho a Max en sus últimos días. No soportaba ver a mi padre en ese estado, como tampoco me agradó ver a Max en su momento. Pero al menos papá había gozado de una vida plena en vez de verla interrumpida a los cincuenta y seis años. Por muy doloroso que sea, cabe esperar que seamos testigos de la muerte de nuestros padres. Eso es lo natural. La muerte prematura no lo es.

Kurt y yo decidimos dejar dormir a papá y nos dirigimos de puntillas hasta la sala de estar para hablar con mamá. Mientras mi madre y Kurt ultimaban los detalles del hospital de cuidados paliativos, di una vuelta por su pequeño apartamento. Tenía un aspecto caótico. Había cajas de libros abiertas junto a montones de papeles y recortes de periódicos apilados sin orden aparente. Las fotos de familia estaban en cajas, pequeñas y grandes, sobre mesas y mostradores, sin dejar hueco para poner otras cosas. El apartamento era prácticamente claustrofóbico.

Mirando con el rabillo del ojo, algo captó mi atención. Era una caja de cartón mediana que estaba en el suelo del comedor, junto a la mesa. Había algo verde y rojo que sobresalía por la tapa. Me acerqué a ella y me senté en una silla para echar un vistazo. Fue entonces cuando lo vi. Eran los espantosos adornos navideños que teníamos cuando éramos niños, en los cincuenta. Creo que mis padres compraron esas figuras en un mercadillo de la parroquia. Era un conjunto de doce tazas de plástico de diez centímetros que imitaban las piezas de una lámpara de araña y colgaban de una fina cuerda de esparto. Las tazas iban entrelazadas con dos tiras de luces navideñas, una verde y otra roja, según la moda de aquel momento. Las tazas unidas a las cuerdas tintineaban y las luces sobresalían sin orden ni concierto. «¿Qué está haciendo todo esto en el comedor?», pensé. Me recliné en la silla y respiré hondo. «No se está aferrando a los adornos navideños de plástico, sino a los recuerdos de Navidad.» Sentí que se me encogía el corazón.

Pero esa reacción no duró mucho. El hechizo se rompió cuando oí a mamá, con su voz alta y chillona, nerviosa. Hablaba animadamente con Kurt, pero no se daba cuenta ni le importaba que él intentara decir algo, un rasgo típico de ella. Estaba criticando el peso excesivo de una corpulenta trabajadora de la residencia que la había visitado el día anterior.

—No entiendo de dónde sacan a esas personas —comentó—. ¿Cómo pueden dejar que trabaje aquí con lo que pesa? ¿Cómo va a ayudarnos si no puede ni moverse por el apartamento?

No importaba que Twiggy tuviera problemas al moverse por este diminuto apartamento lleno de recuerdos. Era un obstáculo, desde luego. «¿Por qué será siempre tan crítica? ¿Por qué no podrá apreciar los maravillosos servicios que ofrece el personal de la residencia?»

No podía evitarlo. Volvía a caer en mi vieja costumbre de sentirme decepcionada con mi madre en vez de ayudarla cuando más me necesitaba. Me dije que tenía que sobreponerme. Sabía que ese momento era importante —muy importante— porque yo había pasado por ello y era consciente de que no habría superado esa experiencia sin el apoyo de mis seres queridos.

Mamá estaba más histérica que nunca. ¿Quién no lo estaría en su lugar? Sentía una enorme presión por gestionar no solo la inminente muerte de papá, sino también los cuidados que necesitaba mientras seguía con vida. Me senté en el sillón y me uní a la conversación. Sí, había una parte de mí que deseaba llevar tapones en los oídos, pero mi lado más maduro se sentía comprometido, y los tres juntos empezamos a trazar un plan.

Esa misma noche, papá se despertó y pudo unirse a nosotros en el comedor. Entró lentamente en la habitación en pijama y zapatillas. Me quedé mirando su cabeza calva y su espalda encorvada. Estaba muy delgado y débil. Había empalidecido, y su mirada parecía ausente. Pude reconocer perfectamente esos síntomas. El cáncer y los sedantes lo habían deteriorado del mismo modo que a Max. Solo una parte de su auténtico ser estaba allí. En ese preciso instante, supe que ya no volvería a mantener una conversación profunda con él.

Mientras se acomodaba en su asiento, supe que nunca podría contarle el incidente de la mano en el espejo. Cometí un error. Había esperado demasiado. En los últimos cinco años había prestado más atención a superar el dolor y a negar esos incidentes que a contar lo sucedido. Luego papá enfermó, y no quise causarle ninguna preocupación. Ahora su cáncer estaba en un estado avanzado y era demasiado tarde.

Esa noche hablamos sobre los detalles prácticos relacionados con su inminente muerte. Papá insistía en darnos dinero de su pensión, aunque ese tema ya se había zanjado. Expresó su preocupación por acerca de dónde viviría mi madre, aunque ya estaba decidido. Lo preocupaban las cajas (sí, más cajas) que se encontraban en un almacén y cómo se las haríamos llegar a mamá.

No pude evitar sentirme decepcionada. El padre al que había conocido no era con el que estábamos conversando esa noche. Me di cuenta de que había ocurrido algo parecido con Max. Apenas era él mismo los días previos a su muerte. Al igual que papá, parecía ausente. Pero Tanner y yo lo tratamos como si hubiera estado entre nosotros hasta el final. Ahora Kurt, mamá y yo necesitábamos comportarnos de la misma manera con papá. Y así lo hicimos. Le dejamos tratar cualquier tema que le viniera en gana. Le prometimos que nos ocuparíamos de todo lo que mamá necesitara, y parecía aliviado.

Durante los días siguientes, papá se pasó la mayor parte del tiempo durmiendo. Mamá, no. Cuanto más relajado estaba él, más se acentuaba la personalidad de ella. Y no precisamente de un modo positivo. Esta dinámica seguía un patrón que había durado sesenta años. Pero empecé a detectar una pequeña fractura en el molde cuando me di cuenta de que estaba haciendo frente a la situación. En vez de alterarme y defender mi punto de vista sobre cualquier tema, me retraje para dejarle espacio. No importaba que las cajas estuvieran desperdigadas y apenas se pudiera caminar. ¿A quién le importaba? Eran sus cajas. Era su hogar. Estaba perdiendo a su marido. «Aparqué un autobús en mis labios», como recomendó uno de mis alumnos de doce años a su compañero de lecturas en Seven Mile, Ohio. Las observaciones seguían en mi cabeza, pero en vez de soltarlas, las mantuve a raya. No era el momento de iniciar una discusión. En absoluto. Conocía perfectamente la agonía, el miedo y la angustia que estaba experimentando mi madre.

El día en que nos marchamos, Kurt y yo entramos sin hacer ruido en el dormitorio de papá para despedirnos y supimos que esa sería la última vez que lo veríamos con vida. Me quedé detrás de Kurt mientras él se inclinaba para besar a papá en la mejilla, y me di cuenta de que sus manos eran idénticas. Kurt, que tiene un enorme corazón, estaba luchando con sus sentimientos; su dolor era evidente. Le dijo a papá que lo quería y se apartó lentamente. Me coloqué en el espacio que dejó y me arrodillé para despedirme. Me di cuenta de que mamá estaba llorando en un rincón. Me sorprendió que su acostumbrado despliegue de emociones quedara en un segundo plano y diera paso a una actitud más reservada. Volví a prestar atención a papá, le di un beso y le dije que lo quería. ¿Qué otra cosa se puede hacer cuando un ser querido está a punto de morir? Es lo único que se puede decir y hacer. Es un privilegio. Y se acaba en un instante.

A última hora de la mañana, Kurt y yo regresamos a nuestras respectivas casas. Él se marchó a Seattle, y yo volví a Sacramento. El vuelo me concedió el tiempo necesario para reflexionar sobre lo que acababa de suceder. Pensé en papá no solo como lo había visto en ese viaje, enfermo y ausente, sino tal y como lo había conocido a lo largo de mi vida. Me acordé de nuestras conversaciones, de la conexión que teníamos y del ejemplo que había sido. Supe que el amor que sentía por su familia había constituido los cimientos de nuestras vidas adultas. Eso es lo que legamos a nuestros hijos. ¿Cómo se puede cuantificar? Lo es todo.

Me invadió un sentimiento de gratitud, no de tristeza. Me pareció un poco extraño no sentir más pena. Tal vez se debía a que papá tenía ochenta y nueve años y había gozado de una vida larga y plena. O tal vez las experiencias vividas con Max me habían preparado para abordar la muerte de mi padre con un enfoque más positivo. Mis convicciones sobre la muerte estaban cambiando. Me di cuenta (una vez más) del poder del amor. Un amor tan intenso solo podía sobrevivir. ¿Es posible que la red de amor incondicional que experimentamos en vida se amplíe más allá del reino humano y que el espíritu o el alma sea una manifestación de ese amor? Cada vez estaba más segura de que el amor es la clave de lo que ocurre en casi todos los aspectos de la vida.

Un mes después de la muerte de papá tuve un sueño vívido, o tal vez fuera una visita. No estoy segura. Me desperté en plena noche, y él estaba sentado a una mesa plegable de metal a los pies de mi cama con las piernas cruzadas. Tenía un aspecto atractivo y fuerte, como cuando yo era niña. Lucía un traje negro con una camisa blanca impoluta y una corbata clara. No dijo nada. Solo me miró y sonrió. No parpadeamos. Lo que escuché, aunque no podría definirlo como una voz, era «Estoy bien». Luego desapareció.

Del mismo modo que Max había agradecido a su familia y a sus seres queridos por haberlo ayudado en los momentos más difíciles de su vida, también yo quiero mencionar que fueron mi familia y mis amigos quienes me ayudaron a superar los obstáculos de 2007. Los puntos más brillantes de mi vida eran Tanner y Jim. No sé lo que habría hecho sin ellos. Jim y yo nos veíamos a menudo y hablábamos por teléfono cada noche cuando no estábamos juntos.

Estábamos empezando a considerar comprometernos más seriamente en nuestra relación. Al menos así lo planteé yo. Jim dice que me estaba preparando para anunciar nuestra boda. Pensé que un plan de cinco años sería lo correcto. Se lo presenté una noche en el bar Campton Place de San Francisco. Se quedó sin palabras. Pero eso es otra historia.

No obstante, Max seguía estando en mi vida. ¿Era posible que estuviera atrapado y no pudiera seguir avanzando? Había oído decir que, a veces, un amor muy intenso puede impedirle a un espíritu abandonar a la persona que ama para avanzar hacia la luz. El teléfono de casa (que la empresa Pacific Bell aseguró que funcionaba perfectamente) seguía fallando cuando hablaba con Jim. Cuando estábamos juntos, las luces seguían parpadeando. No era difícil llegar a la conclusión de que se trataba de Max.

Ahora Jim estaba siendo testigo de todos estos fenómenos. Un fin de semana, cuando estábamos en Yountville, recibí una llamada de la empresa de seguridad para informarme de que el sensor de movimiento de mi casa de Sacramento se había activado. Nadie había forzado las puertas ni las ventanas. La empresa de seguridad me aseguró que nadie había entrado, pero que algo del vestíbulo había activado la alarma. Supe que no había nadie en casa, puesto que Tanner estaba fuera de la ciudad con el equipo de rugby para jugar un partido. Tal vez se tratara de un fallo del sistema (aunque la empresa de seguridad no halló nada fuera de lo común en las comprobaciones que llevó a cabo). Pero fue extraño porque el sensor de movimiento estaba en el pasillo de entrada a mi dormitorio. Y lo que es aún más importante, ese incidente ocurrió en el séptimo aniversario de mi boda con Max.

Los hilos dorados volvieron a visitarme. Una mañana, al entrar en mi coche, en el garaje, lista para dirigirme al trabajo, el parabrisas estaba cubierto de los mismos hilos dorados que había visto en el cuarto de baño. Solo que esta vez estaban por todas partes. Habría unos cincuenta. Y al igual que en aquella otra ocasión, cuando los tocaba, desaparecían.

Ahora podía contarle estos sucesos a Jim, y estaba aprendiendo que las cosas que antes me parecían inverosímiles ahora eran creíbles porque eran reales. No estaba asustada, y Jim tampoco. De vez en cuando encontraba frustrantes esos episodios, pero la mayoría de las veces sentía fascinación y curiosidad por ellos.

El sábado 5 de mayo de 2007, una buena amiga mía y su marido nos invitaron a Tanner y a mí a una cena informal en su casa. Sabían que se estaba acercando el tercer aniversario de la muerte de Max y que Jim no estaba en la ciudad, así que su invitación fue muy considerada.

Había lucido la alianza de Max colgada del cuello en una cadena de plata desde el día posterior a su fallecimiento. En el primer aniversario de su muerte, me pareció adecuado quitármela y guardarla en el joyero. Pero, por la razón que fuera, esa noche en concreto volví a ponérmela. Cuando llegamos a casa después de la cena me olvidé de quitarme la cadena y dormí con ella. A la mañana siguiente, mientras preparaba el desayuno para Tanner, fui al cuarto de baño de invitados (sí, ese cuarto de baño) porque estaba más cerca de la cocina.

¡Increíble! ¡Había vuelto a pasar!

Esta vez, la huella era de la mano izquierda, mientras que la que Tanner y yo habíamos visto en el primer aniversario de la muerte de Max era la derecha. Era incluso más grande que la que habíamos visto en 2005. La palma era más recia, aunque los dedos tenían un aspecto amorfo y no estaban tan definidos como en la imagen parecida a una radiografía que habíamos visto años atrás.

Los dedos eran mucho más largos de lo normal. Tuve la sensación de que de las yemas de los dedos emanaba una especie de energía. Esta huella parecía más diáfana, con una pérdida gradual de la forma, al compararla con la primera. Tal vez, si de verdad era de Max, significara que estaba cambiando. Junto a la mano había unas formas parecidas a fragmentos de alas, como en las imágenes de los ángeles que había visto en 2006. Parecían tener la misma textura polvorienta de siempre.

Del mismo modo que ocurrió cuando descubrí la primera mano en 2005 y los ángeles en 2006, me quedé muy sorprendida. Pero el impacto fue menor porque este era el tercer incidente de la misma índole. Estaba menos asustada, sentía más curiosidad y aceptaba los hechos. En vez de llamar a Tanner como una histérica para que viniera al cuarto de baño, volví tranquilamente a la cocina, donde mi hijo estaba sentado en la mesa leyendo la sección de deportes del *Bee*, para contarle los hechos.

—No vas a creer lo que he visto, Tanner.

—¿Qué pasa, mamá? —me preguntó sin levantar la mirada. (En ese momento tenía diecisiete años, ya no era el quinceañero que vio la primera mano.)

—Ha vuelto. La mano en el espejo ha vuelto. Pero es más grande y...

Tanner no me dejó acabar. Se levantó de la silla y caminó hacia el cuarto de baño dando grandes zancadas. Al principio no pude ver la expresión de su rostro. Luego se dio media vuelta para mirarme. Era evidente que estaba tan sorprendido como yo.

—Mamá, esto no es posible. No lo entiendo. ¿Crees que se trata de Max, ya que quedan apenas dos días para el ocho de mayo? ¿Qué crees que intenta decirnos? ¿Se ha perdido?

—Desearía tener una respuesta, pero no la tengo. Sospecho que se trata de él y que quiere que sepamos que sigue entre nosotros. ¿Qué piensas de esta mano en comparación con la primera que vimos?

—Pues que es muy distinta. La palma es mucho más grande. Y los dedos parecen como las velas de una tarta de cumpleaños. La otra parecía más auténtica.

—Sí, y en esta ocasión se trata de la mano izquierda —añadí.

—Me pregunto cómo es capaz Max de crear este polvillo, mamá. Si lo hace desde el cielo, ¿cómo los prepara?

—No lo sé, Tanner. Yo también estoy desconcertada. Pero vamos a desayunar y luego hablaremos más del tema.

Desayunamos magdalenas, fruta y huevos, y seguimos charlando sobre lo ocurrido. Ni Tanner ni yo teníamos miedo; yo diría que sentíamos una gran curiosidad. Hablamos sobre que era la tercera vez que aparecían estas imágenes en el aniversario de la muerte de Max o en los días anteriores. Obviar que se estuviera produciendo un patrón era negar la realidad. Algo estaba ocurriendo de verdad, y sabíamos que era así porque estábamos siendo testigos de ello. Le expliqué a Tanner que teníamos que seguir con nuestras vidas y que a veces vivir con esa sensación de ambigüedad es necesario en un mundo que puede ser muy complicado. Estuvimos de acuerdo en que ambos confiábamos en Max y en que algún día comprenderíamos esos hechos. Pero por ahora solo cabía esperar.

Después del desayuno, Tanner y yo examinamos la huella una vez más. Saqué unas fotografías y decidí dejar las marcas en el espejo cuando me fui a trabajar y Tanner, al colegio la mañana del lunes siguiente. Cuando llegué a casa esa tarde, las imágenes seguían allí. Saqué más fotografías. El martes 8 de mayo, en el aniversario de la muerte de Max, las imágenes no se habían ido a ninguna parte.

Al cabo de uno o dos días borré las huellas del espejo. ¿Cómo podía ser casualidad que algo así volviera a ocurrir cerca del aniversario de la muerte de Max? Decidí llamar a Robin.

Ella seguía creyendo que era Max quien dejaba las huellas allí y que no estaba avanzando hacia su destino. Me sugirió que probara un ritual que consiste en quemar salvia en el lugar en el que estaba viendo esas imágenes. La idea se basa en unas antiguas prácticas espirituales de los indios americanos. También me recomendó que recorriera el perímetro de mi casa haciendo sonar una campanilla e invitando a Max a ir hacia la luz, que era el lugar al que pertenecía. Así que llamé a una amiga conocedora de temas espirituales y le pregunté si estaría dispuesta a ayudarme. No tenía ni idea de cómo hacer algo así.

Mi amiga me dijo que saliera a comprar salvia, que ella vendría enseguida. Cuando llegó, se echó a reír.

—No es esta clase de salvia —me dijo.

Había ido a la sección de especias culinarias del supermercado y había elegido un frasco de salvia seca. Por lo visto, tenía que haber ido a una tienda *new age* y haber comprado varillas de salvia. ¿Cómo podía saberlo?

Recorrimos el perímetro de la casa haciendo sonar una campanilla e indicándole a Max que estaría más feliz cuando se instalara en el cielo o en el mundo espiritual. Menuda pinta. Yo intenté mantener el tipo, pero me preocupaba la idea de que alguien me reconociera. Por suerte, los vecinos no estaban en casa.

Robin también me recomendó que Jim hablara con Max y le dijera que debía seguir avanzando hacia el mundo espiritual. Puesto que yo estaba comprometida con ayudar a Max de todas las maneras posibles, le pregunté a Jim si estaba dispuesto a ayudarme. Debo decir que aceptó sin reservas y que lo hizo maravillosamente bien. Me comentó que se sentía un poco ridículo, pero que también estaba empezando a creer en que hay algo más aparte de nuestros cuerpos físicos, así que se mostró receptivo a intentar contactar con esa otra dimensión.

—Ha llegado el momento de avanzar hasta el siguiente nivel,

Max. Ese es tu destino. No tienes que preocuparte por Janis. Yo cuidaré de ella —dijo delante del espejo del cuarto de baño en el que habían aparecido las huellas.

A pesar de mis treinta años de carrera, que invocaban mi escepticismo natural, de mi padre había aprendido a mantener una mente abierta a todas las posibilidades. Y me alegro de que fuera así. Las recomendaciones de Robin parecieron funcionar. Después del verano de 2007, no aparecieron más imágenes ni volvieron a parpadear las luces. Nunca más se detuvieron los relojes en mi casa de Sacramento. Todo había terminado, al menos en ese lugar.

Afortunadamente, el año 2007 trajo consigo experiencias felices y emocionantes que ayudaron a paliar los quebraderos de cabeza de esos sucesos extraños. A finales de mayo tuve el honor y el privilegio de ir a la Universidad de Columbia en Nueva York junto con Renée Byer y otros empleados del *Sacramento Bee*, para presenciar cómo esta recibía el Premio Pulitzer de fotografía por su reportaje titulado *A Mother's Journey* [El viaje de una madre]. Se trataba de una crónica de los últimos días de un niño enfermo de cáncer. La última vez que había estado en Columbia había sido en 2005 para ver al articulista de opinión del *Bee*, Tom Philp, recibir el Pulitzer por sus editoriales sobre la apertura del valle Hetch Hetchy en el parque nacional Yosemite. Al fijarme en nuestro plantel de periodistas del *Bee* no pude evitar recordar a esas personas que ya no estaban con nosotros. Les debíamos un rico legado periodístico que era claramente dinámico, no estático. Es decir, aunque nuestros predecesores de décadas anteriores se habían marchado, su esencia perduraba y era una fuente de inspiración.

Jim, que era un lector voraz, se puso muy contento cuando lo invité a la ceremonia de entrega de premios en Columbia. Se sentó junto a mí en la recepción y pasó una agradable velada hablando con los demás invitados. Yo estaba muy contenta de tenerlo conmigo y de compartir juntos ese momento.

Su afán por la lectura se relaciona con el hecho de que es un hombre muy inteligente. Pero también es cierto que es un varón y, por tanto, vulnerable a ciertos puntos ciegos. Un domingo por la mañana, después de regresar de Nueva York, disfrutábamos de nuestro desayuno habitual, compuesto de unos batidos y café, que tomábamos en la cocina de Sacramento mientras leíamos el *Bee*. Los dos estábamos de buen humor. Pensé que sería un momento oportuno para dejar caer una pregunta sobre nuestro futuro, ya que él se mostraba relajado y un poco distraído.

—¿Cómo ves el futuro de nuestra relación? —le pregunté del mismo modo que uno pregunta sobre el tiempo—. ¿Tienes algún plan al respecto? —Yo me refería a determinar una fecha de compromiso, hacer planes de boda y preparar los papeles.

Era como si estuviera hablando con un extraterrestre del espacio exterior. Levantó la vista del periódico, sin comprender exactamente lo que estaba ocurriendo, y respondió.

—Pues estaba pensando que tal vez podríamos irnos a vivir juntos, y luego, al cabo de unos años, hablamos y decidimos qué hacer después.

Se produjo una pausa larga, durante la cual me di cuenta de que se estaba preguntando si debió de haber meditado un poco más su respuesta. Al final repliqué:

—¿Esos son tus planes?

Debido a su experiencia como marino, Jim se estaba dando cuenta de que se había adentrado en aguas turbulentas, pero no podía hacer virar el barco.

Se produjo otra larga pausa, y añadió.

—Pues sí...

Yo tardé un nanosegundo en responder lo que cualquier mujer en su sano juicio habría respondido.

—Pues tu plan es un desastre. —Pero lo dije con una amplia sonrisa.

Nos echamos a reír y todavía nos reímos hoy en día. Y lo que es mejor, cambió de planes. En otoño, Jim recobró el sentido común y me propuso que nos casáramos.

9

HITOS

En abril de 2008, me jubilé del *Sacramento Bee*. La sugerencia que me hizo Jim durante nuestra excursión por el lago Baker en otoño de 2007 me había parecido fuera de lugar. Pero en realidad no lo estaba. Era una idea brillante. Podría dedicarme a tratar de comprender los incidentes que habían sucedido desde la muerte de Max. Lo mejor era que tendría a Jim a mi lado a diario, un compañero de verdad, para poder comentarle mis pensamientos y para que me ayudase a pensar en una estrategia. Mi deseo de aprender, crecer y arraigarme en lo espiritual tendría lo que se merecía: mi plena atención.

Desde un punto de vista práctico, el momento no podía ser más oportuno. Tenía cincuenta y siete años. Aparte de los fines de semana y de las vacaciones, había trabajado cada día durante treinta y dos años. Había ahorrado una buena suma de dinero y tenía una pensión de la McClatchy Company, así que podía permitírmelo. Y lo que era aún más importante, Tanner estaba en su último año de secundaria y se marcharía a estudiar a la Universidad de California en Los Ángeles (UCLA). Estaba a punto de empezar un nuevo capítulo de su vida. Jim y yo nos íbamos a casar en julio. Decidimos vivir en Sun Valley porque a ambos nos gustaba ese lugar por su belleza y por su estilo de vida. Podríamos salir de excursión en verano e ir a esquiar en invierno.

La relación que tenía con el periódico no terminaría. Echaba de menos a mis compañeros y amigos de ese mundo, y los años que pasamos juntos fueron de los mejores de mi vida.

Apreciaba mucho esas relaciones y el trabajo en sí, pero no pasé mucho tiempo mirando atrás cuando me fui. Mis amigos más cercanos creían que me aburriría siendo una jubilada y que tendría poco que hacer. Pero poco después, esos mismos amigos me comentaron lo sorprendidos que estaban por lo rápido que me había acostumbrado a mi nueva vida. Para ser sincera, muy pocas personas conocían mis verdaderas intenciones de estudiar la existencia después de la muerte.

Era simplemente una cuestión de perspectiva. Consideré mi jubilación no como dejar de hacer algo con lo que disfrutaba (aunque era cierto), sino como un regalo del tiempo que me permitiría explorar el reino espiritual. Jim me comentó en una ocasión que en realidad uno no se jubila, sino que le da una nueva dirección a su carrera. Estaba cambiando mis intereses y pasiones de lo concreto, del mundo verificable de los periódicos, al mundo espiritual intangible que no se puede probar. Era el momento perfecto para efectuar ese cambio. Había mucho que investigar.

En junio vendí nuestra casa de Sacramento. Aunque tenía ganas de mudarme a Sun Valley, me resultó muy difícil tomar la decisión de deshacerme de ella. A Tanner y a mí nos encantaba. No era solo una casa. Había sido testigo de toda la historia y los recuerdos que habíamos vivido en la última década. A fin de cuentas, Tanner había dejado de ser un niño para convertirse en un joven bajo ese techo. Mientras yo me apresuraba a empaquetar nuestras pertenencias y a ayudar a Tanner con sus preparativos para la universidad, fue inevitable recordar algunos episodios.

Divertidas fiestas de cumpleaños junto a la piscina. Niños con los ojos abiertos de par en par chapoteando y pellizcándose bajo el cálido sol veraniego de Sacramento. *Casey* moviendo la cola, zampándose un enorme bocadillo de varios pisos y llenándolo todo de mostaza.

Las cenas del día de Acción de Gracias. El aroma del pavo asado que Max preparaba mientras su diminuta y excéntrica madre nos divertía con su sentido del humor.

Los adornos de Navidad. Bing Crosby como música de fondo con su *Do You Hear What I Hear?*, Max decidido y dispuesto a desenredar las luces navideñas para que Tanner aprendiera a colocarlas.

Las noches de rutina escolar. Tanner concentrándose en sus deberes, sentado a la mesa del comedor, levantándose de la silla con preguntas sobre las lecciones de historia o de español. Max escuchando a Mahler y leyendo *El nombre de la rosa* de Umberto Eco.

Nuestro banquete de boda. Una carpa enorme iluminada con luces diminutas. Habíamos reunido a todas las personas que nos importaban. Bailé *When I Fall in Love* de Nat King Cole con Tanner y Max juntos, abrazados. Luego un montón de invitados se unieron formando una cola de baile. La explosión del *Y.M.C.A.* de The Village People.

La noticia de que Max estaba enfermo. Max enfrentándose al cáncer. Max perdiendo la batalla. Max despidiéndose de Tanner y de mí. La muerte de Max. En nuestra sala de estar.

Crié a mi hijo y perdí a mi marido en este lugar. Mi perspectiva de la vida y de la muerte estaba cambiando como resultado del fallecimiento de Max y de los sucesos extraordinarios que ocurrieron después. ¿Cómo no iba a doler marcharse? Me sentía emocionalmente unida, a un nivel muy profundo, a todo lo que había sucedido en esa casa. Tanner tampoco se libró de la tristeza. Fue doloroso para los dos. Lo hablamos, y él reconoció que no quería marcharse, pero entendía que quisiera empezar una nueva vida con Jim en Sun Valley. Afortunadamente, Tanner estaba centrado en su futuro en la universidad. Y estoy segura de que lo entusiasmaba la perspectiva de acompañarnos a esquiar en inverno y a pescar en verano.

Me preguntaba si los sucesos del mundo espiritual continuarían en Sun Valley. No había pasado nada extraño en Sacramento desde la aparición de la huella polvorienta en el tercer aniversario de la muerte de Max en mayo de 2007, pero habían ocurrido otras cosas en Napa. Parecía que tenía que ver conmigo, no con la casa.

Envié todas nuestras pertenencias de Sacramento a Sun Valley, y Jim y yo nos mudamos a una casa de alquiler mientras terminaban las obras de la nueva, que él había encargado construir.

Encontrar el amor en ese momento de madurez no siempre es fácil. Y cuando estás en una nueva relación, no es exactamente como la viviste cuando eras más joven. Jim y yo teníamos nuestras manías, así que vivir bajo el mismo techo quería decir aprender a acostumbrarnos a los hábitos y las tendencias del otro. Eso es especialmente difícil cuando estás tratando no solo con un hombre de sesenta y un años, sino con un ingeniero y contable. Las cosas tienen que hacerse de una manera determinada. No de cualquier manera. (Yo, en cambio, soy muy flexible.)

Poco después de mudarme a Sun Valley no era de extrañar que un día Jim acabara preguntándome, con un tono de voz algo molesto: «¿Por qué siempre mueves la alfombra de nuestro dormitorio?».

Se estaba refiriendo a una antigua alfombra persa que había traído de mi casa de Sacramento. La habíamos puesto a los pies de la cama sobre la moqueta que cubría todo el dormitorio principal. La alfombra era pesada, mediría unos dos metros de largo y metro y medio de ancho, y los dos tuvimos que levantarla para poder colocarla en su sitio. No estaba hecha para desplegarse sobre un suelo de moqueta, pero le añadía un toque de color a un tono monocromático. Además, encajaba perfectamente, quedaba como enmarcada por la moqueta. La habíamos colocado ente los pies de la cama y la chimenea. Quedaba un pequeño espacio entre el final de la cama y la punta de la alfombra, y también al otro lado.

Como es una persona muy precisa, y con experiencia en la mar, a Jim le gusta que las cosas cuadren. Al parecer estaba cansado de tener que agacharse cada día y arrastrar la alfombra.

No tenía ni idea de lo que estaba diciendo.

—Yo no la he movido —respondí.

—Pues entonces no entiendo lo que está pasando —reconoció.

Le propuse que dejara de ajustar la alfombra cada día, y juntos descubriríamos lo que estaba ocurriendo. Comprobamos su posición por la mañana y de nuevo por la tarde. La alfombra se había movido unos veinte centímetros hacia la chimenea. Así es.

Se había movido sola. Nadie la había tocado. Al final, la punta de la alfombra chocó contra el borde de la chimenea. Supusimos que eso pondría fin a esos corrimientos. Pero no fue así. La alfombra prosiguió su avance hasta que empezó a enrollarse. Casi doce centímetros de alfombra a lo largo de un perímetro de dos metros formaban un ángulo perpendicular con el suelo.

Todo el incidente fue muy raro. Ridículo. Pero lo vimos con nuestros propios ojos. Nos quedamos sorprendidos y asombrados, una vez más.

—Esto no tiene ningún sentido —dijo Jim, mirando de refilón la posición en la que había quedado la alfombra—. Las alfombras no se mueven solas. Son objetos inanimados. Y en esta casa solo estamos nosotros.

—Lo sé, lo sé. Tienes razón —respondí de inmediato.

Me senté en un canapé junto a la ventana para respirar hondo. Al mirar por la ventana, dejé que mi mente funcionara mientras observaba el paisaje de las montañas. Era igual que la primera vez que vi la huella en 2005. Sentía varias emociones al mismo tiempo. Conmoción, escepticismo, aprensión, asombro. Luego, poco a poco, algo que no había existido antes empezó a resonar en mi interior. Era una nueva aceptación de los hechos. Estaba adquiriendo confianza y no tenía miedo ni me mostraba tan escéptica como antes. A fin de cuentas, había llovido mucho desde entonces. Las reservas que tenía seguían en mi interior, pero se estaban disipando. Y esas dudas estaban siendo reemplazadas por confianza y aceptación.

Me levanté y me dirigí lentamente hacia Jim para darle la mano. Quería la tranquilidad y la seguridad que infundía su fortaleza. También quería transmitirle parte de la mía.

—Sabemos lo que ha ocurrido y lo hemos vivido juntos. Tratemos de olvidar este incidente por ahora y llevemos la alfombra al despacho.

Supe que volveríamos a sacar el tema cuando tuviéramos tiempo después de la boda. La alfombra se quedó quieta en su nueva estancia. Pero resultó ser que aunque esa fue la última alfombra móvil de Sun Valley, no habíamos visto todavía la de Napa.

Por fin llegó el día de nuestra boda. Tuvimos una hermosa ceremonia a mediados de julio en el jardín de la casa de una amiga en Big Wood River, en Sun Valley. Al otro lado del río se erigía una esbelta cordillera. Nuestros familiares y amigos habían venido de todo el país para estar con nosotros, y el reverendo Jesse Vaughan, el ministro episcopal que había oficiado el funeral de Max, vino de Sacramento para oficiar la ceremonia. No pudo haber ido mejor. Después de la cena estuvimos encantados de recibir la visita de un osezno negro procedente de las montañas del otro lado del río para ver qué estábamos tramando. Los osos son poco frecuentes en esta zona, así que ver uno fue todo un regalo para los invitados. Y nuestros amigos más íntimos saben que mi apodo para Jim es *Bear* [Oso].

Partimos para pasar nuestra luna de miel en el lago Louise y Banff, en Canadá, haciendo una parada en el Triple Creek Ranch, en Montana. En el día del Trabajo nos mudamos a nuestro nuevo hogar de Sun Valley. Estábamos muy contentos por iniciar nuestra vida de casados. Y yo tenía muchas ganas de continuar mi viaje de exploración espiritual con Jim a mi lado.

10

LECCIONES DE UN CIENTÍFICO ESPACIAL

Jim se estaba acostumbrando poco a poco a estos sucesos inauditos, pero su aceptación fue lenta. Su actitud escéptica se atenuó al empezar a ser testigo de los incidentes.

Jim se describe a sí mismo como agnóstico. No se identifica con ninguna religión en particular y asegura que no concibe a Dios como un hombre «sentado en el cielo». Cree que existe una forma superior de energía en el mundo. «Tal vez algo como la gravedad —dice—, invisible pero sin duda alguna presente.» La siente con gran intensidad cuando está en contacto con la naturaleza. Cada vez que algo inexplicable ocurría, su enfoque interpretativo era más clínico, más técnico que el mío. Siempre sacaba el tema de los campos de energía. Al querer entender estos incidentes desde una perspectiva científica, sentía una gran curiosidad por saber qué tipo de energía intervenía en estos casos. Evidentemente, lo estaba analizando como ingeniero y contable.

Aunque yo estaba enfocando mi investigación desde una perspectiva más espiritual, me resultaba cómoda la idea de explorar el papel que podría desempeñar la ciencia en ello. Así que, después de tomar la decisión de incluir a científicos junto a los expertos en terapias espirituales, empecé a preguntarme cómo lo haría.

Un fin de semana en Sun Valley vi un folleto en un bar de zumos naturales. (Del mismo modo que estaba adoptando la costumbre de visitar librerías esotéricas, también empecé a frecuentar los bares de zumos y las tiendas de productos naturales.) El folleto en cuestión era del Festival de Cine Espiritual de Sun

Valley, que explora las tradiciones espirituales y las celebra a través del cine. El folleto prometía sesiones de cine, presentaciones y conferencias. Pensé que alguno de esos ponentes podría aportar sus conocimientos científicos aplicados a los sucesos sobrenaturales. El hecho de que el festival se celebrara en el campus de Sun Valley le añadía atractivo a la propuesta.

Después de una sesión cinematográfica especialmente interesante en la antigua casa de la ópera del campus, me acerqué a uno de los ponentes. Su empresa había formado una alianza con instituciones académicas de primer orden para estudiar la conciencia y el campo de energía humano. Había muchas personas pululando por los alrededores, así que tuve que esperar mi turno. Le expliqué que me estaban pasando cosas extraordinarias y que buscaba orientación sobre cómo entenderlas. Me pareció que me estaba escuchando a medias hasta que le mencioné el tema de la huella de la mano.

Levantó la vista de su cuaderno de apuntes y me preguntó:

—¿Qué es lo que acaba de decir?

—Que una huella apareció en el espejo del cuarto de baño exactamente un año después de la muerte de mi marido, que falleció en nuestra casa.

—Hay una persona a la que debería conocer —dijo con genuino interés—. Este hombre no es solo un científico brillante, sino un ser humano avanzado a nivel espiritual.

Me dio la información de contacto del doctor Paul Wendland, que vive en el sur de California. Decidí que volaría hasta Los Ángeles para encontrarme con él si estaba dispuesto a verme. Abrí las puertas dobles de la casa de la ópera y la luz del sol me dio en la cara, sorprendida por la inmensa belleza del día y la majestuosidad de las montañas que acunaban el campus de Sun Valley.

El doctor Wendland accedió a reunirse conmigo, y fue muy amable al invitarme a su casa. Partí de inmediato con mi equipo de grabación y con un listado de preguntas. Después volví a visitarlo con Jim. Conocimos a su esposa y a su hija, dos personas encantadoras. En la primera visita, cuando él me abrió la puerta para invitarme a entrar, me sorprendí al ver que era un hombre corpulento y cálido al trato. Por alguna razón, me recordó al oso Baloo, de la película de Disney *El libro de la selva*, que Tanner veía de niño. Creo que fue su sonrisa fácil, su espíritu generoso y su enorme presencia lo que suscitó esa semejanza.

Caminé detrás de su amplia espalda y sus enormes manos, y luego se apartó para dejarme entrar y me invitó a sentarme en su acogedora cocina. Vivía en Ventura, cerca del océano, y la luz del sol proyectaba unos rayos brillantes entre las cortinas mientras tomábamos café y unos bollos. Me sentí cómoda y relajada en su presencia. Era una persona contemplativa, y hablaba con voz pausada. Mi impresión de que el doctor Wendland se parecía a Baloo se estaba desvaneciendo por momentos. No solo era un hombre amable y cálido; era una persona sabia y considerada con una ternura y gracia únicas.

Le pedí permiso para grabar nuestra sesión, y empecé a explicarle los hechos.

—Tal como le indiqué por teléfono, estoy intentando comprender una serie de sucesos extraños que he experimentado desde la muerte de mi marido. Espero que pueda ayudarme. No estoy muy segura de por dónde debo empezar, pero antes de contarle mi historia, espero que usted pueda contarme la suya. —expliqué.

Paul Wendland es físico experimental con un doctorado por la UCLA. Ha experimentado una transformación personal como resultado de sus investigaciones en el plano espiritual después de una carrera estelar, literalmente, en el campo de la física. Su empresa construyó los sensores de navegación estelar para la nave *Voyager*. Es decir, que estaba manteniendo la primera conversación de mi vida con un auténtico científico espacial.

A diferencia de algunas personas que he conocido que se consideran genios, el doctor Wendland es en realidad una persona muy modesta.

—Medir y comprender la luz ha sido el objetivo de mi vida —reveló—. He llegado a la conclusión de que no la entiendo. También me he pasado toda la vida estudiando la física cuántica. Y tampoco la entiendo.

La tesis doctoral del doctor Wendland versaba sobre la electroabsorción en la silicona (no tengo ni idea de lo que es). Enseñó física en el Departamento de Ingeniería de la UCLA durante dos años antes de dejar el mundo académico y fundar su propia empresa, United Detector Technology, que construyó los sensores para el *Voyager*. Los negocios le fueron muy bien, y fundó o cofundó varias empresas más; la última la vendió a 3M.

Creció en una familia de fundamentalistas luteranos que se contentaban con saber que existía un cielo y un infierno, y que él estaba destinado a ir al cielo porque pertenecía al grupo de los «salvados». Pero a los doce o trece años empezó a cuestionarse esa idea. Estudió física en el instituto y se dio cuenta de que le resultaba fascinante y fácil. Continuó sus estudios en la UCLA y empezó a concebir la vida como quarks y electrones que formaban el ADN, que a su vez formaba a humanos. La noción de Dios ya no era necesaria, me contó. Me dijo que le encantaba el poema de Algernon Charles Swinburne que describía la muerte como un sueño eterno, un cese de todos los sonidos y efectos visuales. Le resultaba muy tranquilizador. Las semillas de otro cambio en su perspectiva espiritual las plantó su compañero de habitación en la universidad, que le planteó una pregunta:

—Ya has descubierto en qué consisten la vida y la muerte. ¿Pero qué puedes decirme del amor?

El amor no encajaba tan bien en su perspectiva de las cosas. Pero el doctor Wendland siguió avanzando por su camino.

—Yo estaba centrado en ganar dinero y estaba contento con mi ateísmo.

Mucho después, tras haber vendido su segunda empresa, se sentía «libre y sin ataduras», entonces empezó a meditar y a hacer sus propias lecturas sobre temas espirituales. La pregunta que quería investigar era: «¿Cuál es la esencia de la conciencia?».

«Eso está bien», pensé. Si podía empezar a comprender la esencia de la conciencia, entonces podría comenzar a entender si esta tenía la capacidad de existir más allá del ámbito de nuestras vidas humanas. Y eso podría ser una ventana a la aparición de la huella en el espejo.

—Mientras exploraba la conciencia —prosiguió el doctor Wendland— llegué a creer que cuestionarse la validez de la ciencia o la verdad de la religión era perder el tiempo. Nos tendríamos que centrar en dar respuesta a si existe algo más que la realidad física en la que todos nosotros habitamos. Me sentía atraído hacia un nuevo sendero, un viaje místico en el que pudiera explorar realidades extrafísicas.

Las realidades extrafísicas eran exactamente lo que había venido a estudiar. Me pareció que su historia era fascinante. Este hombre brillante de setenta y pocos años había lidiado con las mismas preguntas que ahora abordaba yo en calidad de novata. Él venía de un mundo analítico y basado en hechos científicos, mientras que mi procedencia era el mundo blanco y negro (sin ánimo de hacer un juego de palabras) de los periódicos. Él sentía curiosidad por si existían otros ámbitos aparte del físico y quería saber en qué consistía exactamente la conciencia. Su historia me cautivó.

En un grupo de estudio espiritual entró en contacto con un libro de Robert Monroe titulado *Viajes fuera del cuerpo* y asistió a un seminario en el Instituto Monroe de Faber, Virginia. Este curso le cambió la vida de muchas maneras. El doctor Wendland ya había tenido experiencias con vidas anteriores y allí conoció a Shelley, quien ahora es su esposa (y fue su esposa en una vida anterior, según dice). Luego tuvo numerosas experiencias extracorporales y visitas a múltiples vidas pasadas. Gracias a estas, está convencido de que hay «algo más».

Me di cuenta de que su viaje había durado toda una vida. No se contentaba con seguir el flujo de la cotidianidad. No afirmaba tener todas las respuestas. Al contrario. Estaba más interesado en formular las preguntas correctas. Su trasfondo científico le otorgaba una curiosidad natural por las cosas. Pero se diferenciaba de otros científicos por su pasión por ir más allá del estudio de las propiedades físicas. Y también era genuinamente espiritual.

—La tradición espiritual que encaja conmigo es el cristianismo, y siento una conexión muy profunda y permanente con Cristo —explicó.

También cree que existen muchos senderos espirituales válidos que conducen a «todo lo que es».

Los dos nos identificamos como cristianos y como personas que creen en el mundo espiritual. Divergíamos en sus conocimientos como físico, por no mencionar sus increíbles capacidades cerebrales. Yo quería explorar su perspectiva, como científico, de todo lo que había experimentado.

—¿Cómo reaccionaría un científico a la huella que vi? —le pregunté.

—La perspectiva de la mayoría de los científicos es que toda la realidad tiene una base física, solo electrones y quarks y sus parientes. Creen que no hay más —explicó—. Es decir, que incluso nuestra conciencia se reduce a estos elementos. Ningún aspecto de la conciencia existe por separado de las funciones cerebrales. Cuando cesa la función cerebral, dejas de existir. Esa es la creencia tradicional.

»Pero si solo somos un manojo de neuronas y no hay nada más —señaló el doctor Wendland—, entonces ¿cómo se explica que tengamos libre albedrío, una cualidad que convierte a los seres humanos en una especie única? Nuestras decisiones deliberadas e individuales significan que operamos a un nivel superior al del instinto y reacciones al entorno. El libre albedrío que ejercitamos en la vida nos permite aprender, que es lo que hace que la condición humana sea tan relevante.

Luego me di cuenta de que era posible que yo tuviera que esforzarme para encontrar el significado de estos episodios porque, tal como el doctor Wendland señaló, es la única manera de aprender. A menudo Jim se sentía frustrado y me preguntaba por qué las comunicaciones del otro lado eran tan difíciles de dilucidar. Yo entendía sus frustraciones. También yo quería una respuesta fácil de procesar. Le planteé esa misma pregunta al doctor Wendland y se quedó pensativo unos instantes.

—Si el mundo espiritual o Max están intentando decirme algo, ¿por qué no se comunican de un modo que pueda comprender e interpretar con facilidad? Si quieren nuestra ayuda, ¿por qué no son más accesibles? —pregunté.

El doctor Wendland respondió:

—Una razón por la cual esa otra realidad no termina de comunicarse con la nuestra es que cruzar estos dos mundos requiere un gran esfuerzo. Pero lo que es aún más importante, si los espíritus compartieran toda la información que tienen, y nosotros, como resultado, conociéramos todas las consecuencias de nuestras acciones en esta vida antes de emprenderlas, se nos negaría la oportunidad de crecer a partir del descubrimiento —explicó—. Si lo supiéramos todo, no aprenderíamos. El objetivo de cada vida es aprender y experimentar distintos atributos de lo que significa ser humano. Somos parte del aprendizaje del universo entero. Cada una de nuestras experiencias contribuye a la totalidad, por tanto necesitamos que sean completamente libres.

Entendí que sin libre albedrío ni capacidad de aprender apenas existiríamos. «Eso sería un desastre», pensé. No puedo imaginarme una vida sin libertad personal, sin poder ejercer nuestras acciones individuales basadas en nuestro razonamiento. Lo prescriptivo negaría la capacidad para elegir y sin ella, ¿qué satisfacciones trae la vida?

Tenía muchas ganas de compartir todo esto con Jim. Su reacción fue muy interesante:

—Para mí el libre albedrío es la capacidad de actuar a discreción sin una determinación previa ni intervención divina (espiritual) —dijo—. Sin libre albedrío en nuestras vidas, estaríamos simplemente desempeñando un papel en una función. La obra ya está escrita, ya hemos visto los actos hasta el momento y avanzamos inexorablemente hacia su resolución. Sin libre albedrío, ¿qué sentido tiene vivir la vida? Sin duda alguna, los actores no están tan comprometidos cuando no pueden influir en el final de la función. De hecho, incluso podríamos afirmar que el dramaturgo lo encontraría aburrido.

Jim y yo estábamos de acuerdo en nuestra creencia en el libre albedrío y en el poder que atesora. Esto también significa que debo aceptar que jamás conoceré todas las respuestas. Los misterios que intento resolver puede que sean irresolubles. Tal vez solo necesito esforzarme un poco más en aprender a vivir con la ambigüedad.

Le pedí al doctor Wendland que me diera su opinión acerca de la conciencia.

—Nuestra conciencia está separada del cerebro. Es nuestra

esencia, nuestra alma. En niveles inferiores, la conciencia tiene una forma (el cuerpo), pero a medida que avanzamos, se reduce nuestro interés por la forma y se desvía la atención hacia el pensamiento. No obstante, a un nivel superior no existe la forma: solo la luz.

Además, el doctor Wendland cree que la conciencia es la base de todas las cosas y lleva lo físico a la realidad en todo momento. Pero también es realista; sabe que llevará tiempo demostrarlo a nivel científico. Continuó con una hipótesis sobre cómo nosotros, como pueblo, desempeñamos un papel activo en crear resultados a partir de nuestra conciencia.

—Puesto que la conciencia es más que la materia física, cada individuo tiene la capacidad de incidir en el resultado —explicó—. Podríamos afirmar que existe una fuerza que surge del cerebro físico y que se dirige a la materia exterior, pero creo que el efecto es mucho más sutil. La comprensión de cómo interactúa el mecanismo de la conciencia con el mundo físico constituirá la línea principal de avance científico en los próximos siglos y nos llevará a una comprensión más completa de nosotros mismos. En la actualidad carecemos de una teoría de este tipo o de suficientes datos experimentales como para formarla.

»El experimento es la piedra angular de todo estudio del mundo físico —continuó—. Es la verdadera base de la ciencia. Yo respeto esta perspectiva en mis estudios. La teoría resulta útil como factor unificador, pero el experimento es la verdadera base de la ciencia.

Al abordar la hipótesis de que nosotros, los humanos, podemos incidir en los resultados, el doctor Wendland trabajó recientemente con el doctor Dean Radin, un veterano científico del Instituto de Ciencias Noéticas dedicado al estudio de la conciencia. El doctor Wendland y el doctor Radin llevaron a cabo un experimento, y los resultados fueron publicados en un artículo de *Physics Essays* titulado «La conciencia y la pauta de interferencia de la doble rendija».

Se trata de un artículo complicado que no se dirige al público general (como yo). Pero, en lo fundamental, se trata de un estudio de psicocinética, es decir, la capacidad de la mente de incidir en la materia. La cuestión que el doctor Wendland y el doctor Radin abordaron era si la meditación profunda y la intención podían incidir en la conducta de la luz que pasa por dos ranuras. El experimento proponía que la conciencia rompía con la función de onda cuántica de la luz de un modo predecible. Los resultados demostraban que lo hacía a un nivel reducido pero importante.

El experimento en cuestión se basaba en un concepto sencillo. Se abren dos pequeñas ranuras muy juntas en una pieza de metal. Cuando proyectas un haz de luz por estas ranuras, cabe esperar un patrón de imagen, explicó el doctor Wendland. De hecho, se obtienen dos patrones de luz y regiones oscuras que van hasta el infinito en ambas direcciones.

—Es el experimento cuántico por excelencia —explicó.

El doctor Wendland y el doctor Radin querían probar si la intención consciente de una persona podría hacer cambiar el patrón de luz. Si una persona quería que la luz atravesara una ranura en vez de las dos, ¿cambiaría el patrón resultante?

¿Sabes qué pasó? Que cambió. El efecto fue muy reducido, solo detectable con equipamiento de alta potencia.

—Probablemente sea bueno que el efecto fuera minúsculo y que no todos los individuos puedan incidir en la materia de la misma forma —añadió—. Si tuviéramos una gran capacidad psicocinética, el resultado sería caótico.

Esta idea de que la observación humana puede cambiar la realidad física no es nueva. Supe por el doctor Wendland que forma parte de una teoría llamada «interpretación de Copenhague». Me contó que esta fue formulada en 1924 por Niels Bohr y Werner Heisenberg, dos de los fundadores de la física cuántica. Lo que descubrieron «les hizo tirarse de los pelos», me contó.

Yo no quería seguir interrumpiendo al doctor Wendland pidiéndole detalles sobre todos estos conceptos, debido a la brecha entre su conocimiento científico y el mío. Lo que hice fue apuntar una nota rápida en mi cuaderno: «deberes: física cuántica». Sería como decir: «Ve al Himalaya, escala el monte Everest, de ocho mil metros de altura».

Posteriormente, sentada en casa una noche leyendo un libro sobre física cuántica, mi mente empezó a divagar (lo que no es de extrañar). Me di cuenta de que en realidad me acordaba de lo que había aprendido sobre los fotones (partículas de luz) cuarenta años atrás. Era el año 1969 y yo estaba en el último curso en el instituto Taft de Hamilton, Ohio. Tuve un problema el día que estudiamos las partículas subatómicas (protones, neutrones y electrones). Estaba sentada en un taburete de madera junto a la mesa de laboratorio, al igual que el resto de los estudiantes, pero me costaba atender a la lección porque me colgaban los pies y no tenía dónde apoyarlos. Esto, a su vez, hizo que prestara atención a mis zapatos, y me puse a reflexionar acerca de si necesitaba unos nuevos y a considerar salir de compras. Como no podía entender lo que la profesora nos estaba explicando, cuando levanté la mirada para fijarme en la pizarra (en aquella época no había presentaciones de PowerPoint), traté de concentrarme en no resbalar del taburete. Ahora me estaba acercando a los sesenta años, así que debería haber avanzado y madurado un poco, ¿no?

Pero me estoy desviando del tema que nos ocupa. Lo que descubrí a raíz de mis lecturas es que la física cuántica estudia la conducta de la energía y la materia a una escala muy pequeña. Esta rama de la física se rige por un conjunto de normas distinto al de la disciplina tradicional. Por ejemplo, los físicos cuánticos sostienen que la posición de partículas muy pequeñas solo viene determinada cuando se observan. Por lo tanto, tal vez podamos influir en ellas con la intención, tal como indica el experimento del doctor Radin y del doctor Wendland.

Lo que resulta sorprendente de la interpretación de Copenhague es que, según esta teoría, no existe descripción alguna de la realidad física.

—Más bien diría que existen probabilidades de observar o medir algo. Solo cuando un fenómeno se observa puede pasar de un estado indeterminado a uno real —explicó el doctor Wendland—. Entiendo que eso significa que se necesita la observación consciente para que cualquier cosa pueda existir.

Pensé que si estaba en lo cierto, entonces nada existe físicamente hasta que lo observamos. Es una afirmación sorprendente que despertaba mi curiosidad. ¿Significaba eso que la huella de la mano no estaba allí hasta que la observé? ¿Tenía yo, de algún modo, una intención inconsciente de crear esa imagen polvorienta? ¿O es posible que Max plantara la huella en el espejo con toda la intención, una intención que procedía de otra dimensión?

Había otra cosa que despertaba mi curiosidad. Le pregunté lo siguiente al doctor Wendland:

—Si la interpretación de Copenhague es correcta, entonces ¿cómo es posible que algo existiera en la creación del universo antes de que pudiéramos observarlo?

Su respuesta juguetona pero reveladora vino en forma de poema:

Antaño había un hombre que dijo: Dios
debe de creer que es sumamente extraño
que este árbol
siga existiendo
cuando no hay nadie en el barrio.

Y la respuesta:

Querido señor, su asombro es extraño.
Yo siempre estoy en el barrio.
y por eso el árbol
seguirá existiendo
puesto que es observado, atentamente, por Dios.

—Es decir, que Dios es la conciencia eterna e infinita, el observador y el creador de todo lo que existe. Si estamos hechos a imagen y semejanza de Dios, nuestras almas también han de tener una conciencia que observa y crea la realidad.

Le pregunté al doctor Wendland cómo han incidido en él sus conocimientos y experiencias.

—Gracias a ellos me he dado cuenta de que lo que tienes no importa —dijo—. Es lo que haces por los demás lo que cuenta. De hecho, esa es la manera de construir el poder espiritual: dar. Cuanto más das, más recibes. Si ofreces miedo, obtienes miedo. Si ofreces amor, recibes amor.

Ahora estábamos hablando de algo que no tenía que investigar: el amor. La idea del poder del amor ha evolucionado a lo largo de mi vida. Pero hasta que perdí a Max no tuve que enfrentarme a la magnitud de lo que significa el amor. Max me está enseñando que el amor trasciende este mundo y el otro. Aunque la parte física de la vida ya no está a su alcance, el amor sigue siendo una constante en mi corazón. Creo que se llevó este mismo amor en su corazón al otro lado, al cielo o a cualquier dimensión no física en la que exista. Y creo que es ese amor lo que impulsó su capacidad para traspasar las fronteras entre el mundo espiritual y el físico.

El doctor Wendland corroboró lo que yo estaba experimentando. Sus «estados alterados y planos no físicos» le enseñaron que hay algo más que la existencia física y que los humanos apenas están empezando a explorar y comprender estas realidades adicionales.

—Estamos en los albores de la búsqueda del conocimiento y de la comprensión —me explicó—. Y no, como postulan algunos de los más destacados científicos, cerca del final.

11

¿PODEMOS VIAJAR FUERA DE NUESTROS CUERPOS?

Cuando conocemos a alguien y nos enamoramos en la madurez, por ejemplo cuando tenemos alrededor de sesenta años, el equipaje que guardamos en nuestros bancos de memoria no es tan reducido como el que teníamos en la veintena. Ahora vamos arrastrando una pesada maleta. Es muy probable que dentro de esa maleta haya algunos objetos bien guardados en sus compartimentos. De ese tipo era un recuerdo sobre un sueño que tuve poco después de la muerte de Max. En esos momentos me venía a la cabeza, probablemente porque me acordaba de la visión que tuve de papá poco después de su propia muerte en febrero de 2007. Tenía ganas de compartir mi primer sueño con Jim, quien me escuchó con atención y se mostró receptivo, como siempre.

Una noche, dos o tres semanas después de que Max muriera, yo seguía con mi rutina de acostarme a eso de las diez de la noche. A menudo leía durante al menos media hora antes de quedarme dormida. A lo largo de los años he ido arraigando el hábito de dormir ocho horas al día, pero desde la muerte de Max el tiempo de descanso se vio perturbado, especialmente al principio. A menudo me despertaba en mitad de la noche, me giraba hacia su lado de la cama y extendía el brazo para tocarlo como acto instintivo. Experimentaba ese momento tierno en el que creía que seguía vivo. Luego mis manos tocaban las sábanas frías y vacías, y ese gesto actuaba de duro recordatorio de que Max ya no estaba entre nosotros. Era algo que me ponía muy nerviosa. Por mucho que lo repetía, no aprendía. Y esta rutina me dificultaba el sueño.

Esa noche en particular, algo fuera de lo común interrumpió la rutina. Solo puedo describir la experiencia como un sueño o como un estado onírico. Me despertaba en plena noche y empezaba a recorrer el pasillo desde mi dormitorio hasta la fachada de la casa. Pero recorría esa distancia, no la caminaba. Estaba como flotando o volando en horizontal, supuestamente desvinculada de mi cuerpo. Era imposible. Por alguna razón que no alcanzo a comprender, me parecía algo normal, incluso divertido. Tenía la sensación de estar volando en paralelo al techo y relativamente cerca pero sin chocar contra él. Podía ver el suelo desde arriba. Me sentía ligera y volátil, planeaba despacio por los aires como una embarcación en aguas calmadas. Me di cuenta de que las paredes eran las de nuestra casa, pintadas de un cálido amarillo trigo con molduras blancas y abundantes fotos familiares. Vi nuestro antiguo botiquín de pino apoyado contra la pared y nuestra alfombra persa sobre el suelo de madera.

Nada parecía distorsionado como suele ocurrir en los sueños. Todo estaba en orden, a excepción, desde luego, del hecho de que yo estaba flotando. Me sentía como Mary Martin en *Peter Pan*, aunque sin camisola y sin mallas. Pero a diferencia de Peter Pan, no estaba segura de mí misma. Mientras navegaba por el pasillo, llegué a una esquina y giré a la izquierda en dirección a la cocina y al comedor. Miré hacia la derecha en dirección a la biblioteca y me fijé en los libros de las estanterías. Tras observar el exterior por el enorme ventanal, vi la luz del porche delantero de los vecinos de enfrente, que proyectaba un suave rayo dorado sobre el césped. Del mismo modo que el vestíbulo era el nuestro de verdad, estas estancias y el porche delantero de la casa de los vecinos conservaban el mismo aspecto de siempre.

Al apartar la mirada de la biblioteca y dirigirla hacia el comedor y hacia la cocina, vi a Max. Sí, era Max, sin lugar a dudas, y con todo el esplendor de cuando aún estaba sano. Lucía un jersey gris, pantalones de pana verde oliva y mocasines marrones; llevaba el pelo plateado bien peinado. El contorno de su pecho musculoso era el mismo que en vida antes de caer enfermo. Estaba de pie al lado de la nevera y de la pequeña mesita de la cocina que utilizábamos para apuntar notas y hacer la lista de la compra. Me daba la espalda.

¡No podía creerlo! Exclamé para mis adentros: «He debido de estar equivocada sobre la muerte de Max, ya que está aquí. A fin de cuentas, no se ha marchado. Ha permanecido con vida todo este tiempo».

Extendí el brazo con esa idea en la cabeza, y mi mano tocó su hombro derecho. Pero en vez de reposar sobre un músculo fuerte, pareció atravesarlo hasta llegar al otro costado. El cuerpo que me parecía sólido era en realidad una especie de vapor. No se dio media vuelta. Nunca vi su rostro. Luego desapareció, desvaneciéndose en el aire. Se fue sin más.

Sorprendida y aturdida, recobré el sentido y me dije que no era posible que estuviera allí en persona. Max había muerto el 8 de mayo.

Entonces, ¿qué fue lo que pasó? ¿Había visto su espíritu? ¿Se trataba de un fantasma? ¿Me lo había imaginado todo? Aparte de la aparición, no olvidemos que yo avanzaba suspendida por los aires. Sé que todo esto suena muy extraño. Tal vez se tratara solo de un sueño. Pero no creo que fuera un sueño en el sentido clásico de la palabra, puesto que era muy preciso, en concreto las partes físicas de nuestra casa. Ese recorrido por el pasillo y algunas estancias fue muy fiel a la realidad. No noté ningún tipo de distorsión ni alteración.

Fuera lo que fuese, no me cabía la menor duda de que me había dejado llevar por el dolor. Estaba abierta de un modo completamente nuevo para mí. Y ahora, al compartirlo con Jim y al ser testigo de su respuesta sin prejuicios, adquirí la confianza y la fuerza de voluntad para dar el siguiente paso.

Decidí investigar las experiencias extracorporales y el significado de los estados alterados de conciencia. Me acordé de lo que el doctor Wendland me había contado. Ese término se extendió hace más de treinta años al aparecer en un libro de Robert Monroe. Monroe era un empresario de la radio que quiso poner a prueba las barreras de la conciencia. Su legado, el Instituto Monroe (TMI son sus siglas en inglés), lleva a cabo investigaciones sobre la conciencia y organiza un retiro en el que sus huéspedes pueden aprender a utilizar técnicas para llevar su conciencia a distintos niveles. En este estado profundo entre la meditación y el sueño, los visitantes experimentan otros estados, que a veces incluyen el recuerdo de vidas pasadas, tal como Paul Wendland me había comentado.

Pensé que sería útil visitar el Instituto Monroe como parte de mi viaje, con la esperanza de conocer en qué consiste ese estado de conciencia alterada. ¿Sería capaz de hallar pruebas de que la conciencia existe fuera del cuerpo? Le pedí a Jim que me acompañara. Juntos viajamos al TMI, situado al pie de la Cordillera Azul, para reunirnos con la doctora Carol de la Herran, directora ejecutiva y presidenta del TMI. Se mostró muy amable al organizar una visita privada por las instalaciones.

El emplazamiento es muy tranquilo y hermoso. Está dotado de áreas de meditación, un riachuelo espectacular y senderos para dar paseos que llegan hasta un bosque. Por la noche puedes disfrutar de las vistas panorámicas de las montañas y de las estrellas desde el ático. Recorrimos las dos instalaciones del TMI, que abarcan varios centenares de hectáreas. Después de la visita, la doctora De la Herran, que tiene sendos doctorados en Psicología y Medicina Energética, así como una licenciatura en Derecho y un MBA en Marketing Internacional, nos recibió y charlamos un rato en su despacho.

La doctora De la Herran me explicó que la fascinación del señor Monroe por la conciencia empezó cuando descubrió la existencia de unos experimentos rusos para acelerar la adquisición de conocimiento a través de lo que se conoce como «hipnopedia». Durante los años de la guerra fría, comenzó a estudiar este concepto por su cuenta. Como estaba familiarizado con los métodos de producción radiofónica por su trabajo en la industria de la radio, se dio cuenta de que él era un perfecto objeto de estudio. Me acordé de Stephen Barr, que probó en sí mismo los mecanismos de biorretroalimentación que diseñó en su primer trabajo, una decisión que lo llevó a cambiar de carrera. Le pasó lo mismo a Robert Monroe.

En 1958, durante sus experimentos con la hipnopedia, comenzó a mostrar sensaciones que venían acompañadas por una luz muy potente. Seis semanas después, tuvo su primera experiencia extracorporal.

Se dio cuenta de que empezaba a flotar por su dormitorio y de que chocaba contra el techo. Era exactamente lo mismo que me había pasado a mí, salvo que yo no llegué a colisionar contra el techo. No sabía lo que le estaba ocurriendo. ¿Era su espíritu o su alma? Y ¿quién era ese hombre (él) que estaba en la cama con su mujer? Logró volver a tientas a su cama y a su cuerpo. Fue a la consulta de algunos médicos y psiquiatras, pero no encontraron nada fuera de lo común. A mí me sucedió solo en una ocasión, pero al señor Monroe esto le pasó varias veces, lo cual despertó en él un deseo natural de comprenderlo. Así que decidió documentar sus experiencias.

Al ver que su empresa y su investigación evolucionaban, fundó el Instituto Monroe. Murió en 1995, pero especialistas en psicología, bioquímica, psiquiatría, ingeniería eléctrica y física han continuado con la labor del TMI. Hoy en día, el Instituto Monroe es una organización educativa y de investigación que se dedica al estudio de la conciencia humana y a tratar de responder la pregunta de si podemos existir independientemente de nuestros cuerpos.

La pedí a la doctora De la Herran que me hablara de Robert Monroe, a quien ella había conocido personalmente.

—Bob no era una persona especialmente religiosa y nunca quiso que se lo viera como a un gurú. No quería decirle a la gente lo que debía creer. Le interesaba utilizar la ciencia para crear herramientas que pudieran ayudar a otras personas a descubrir sus propias verdades. El único dogma que tenemos aquí es que cuando llegan los huéspedes les pedimos que consideren la posibilidad de que seamos algo más que un cuerpo físico, al menos mientras se hospedan aquí.

Durante los experimentos del señor Monroe consigo mismo y «siendo el hombre de negocios que era, tomó numerosas notas», nos explicó la doctora De la Herran.

También nos contó que al principio era muy reacio a publicar un libro. Le había dicho: «No, por supuesto que no. Esto es un asunto relativo a mi vida privada. ¿Qué dirían mis compañeros de la radio si leyeran un libro así? Creerían que estoy loco». (Lo entiendo perfectamente.) Pero luego lo pensó dos veces y se dio cuenta de que sus compañeros de la radio jamás leerían un libro sobre esos temas. Así que ¿por qué no?

—Bob se dedicó a escribir su primer libro, y así empezó todo, como por casualidad. El doctor Charles Tart desempeñó un papel muy importante en todo este asunto —nos contó.

El doctor Tart, investigador desde hace más de cincuenta años, es toda una leyenda en el campo de la parapsicología. Cuando posteriormente contacté con él, me contó su historia.

—En otoño de 1965 me trasladé con mi familia a Charlottesville, puesto que había aceptado un trabajo como profesor en el Departamento de Psiquiatría de la Facultad de Medicina en la Universidad de Virginia, lo cual me permitiría dedicar una parte de mi tiempo a la investigación en percepción extrasensorial (ESP son sus siglas en inglés) —me explicó el doctor Tart—. Mi esposa y yo conocimos a Bob Monroe casi de inmediato a través de unas amistades en común.

»Bob me dio una copia del manuscrito entero de *Viajes fuera del cuerpo*. Lo leí y me gustó mucho. Cuando le pregunté acerca de sus planes de publicación, me dijo que se lo había enviado a su agente de Nueva York hacía un año y que aún no había obtenido respuesta alguna. Eso me hizo pensar en que su agente se había asustado al leer el material y que no había ni intentado buscar un editor.

Así que el doctor Tart envió una copia del manuscrito al difunto Bill Whitehead, uno de los editores de Doubleday, que había publicado la edición de bolsillo de su libro *Estados alterados de conciencia*. El señor Whitehead se llevó el manuscrito a casa después del trabajo porque el doctor Tart se lo había recomendado. El editor comenzó a leerlo a última hora de la tarde y «quedó tan fascinado por el tema que no pudo dejarlo durante toda la noche —explicó el doctor Tart—. De este modo, Doubleday se convirtió en la editorial del libro de Bob».

A pesar de su convicción de que ninguno de sus compañeros de la radio leería su obra, una semana después de la publicación de *Viajes fuera del cuerpo*, el doctor Monroe se encontraba en un yate con el presidente de la emisora NBC cuando la esposa de este salió de la cabina con un libro en mano y le pidió al señor Monroe que lo firmara. «Mi esposa es vidente», le dijo el presidente a Monroe.

Se acabó el anonimato.

El señor Monroe creía a pies juntillas que la conciencia es algo más que el cerebro. Las técnicas que desarrolló para ayudar a llegar a otros estados de conciencia son el resultado de la misma actitud abierta que ha posibilitado a numerosos científicos a ver implicaciones mucho más amplias para sus datos experimentales o para sus teorías. Durante nuestra visita al TMI, vimos pequeñas habitaciones con cascos, conocidas como unidades CHEC (cámara de entorno holístico controlado), que son «estancias semiaisladas», explicó la doctora De la Herran.

El señor Monroe no inventó la tecnología que constituye el núcleo de estos cascos y unidades. Nos comentaron que la tecnología fue descubierta en 1865 y que se utilizó por primera vez para hacer pruebas de audición. Se basa en lo que ocurre cuando alguien oye dos sonidos distintos al mismo tiempo, cada uno en un oído distinto. El cerebro se esfuerza para que ambos suenen idénticos mediante la creación de ondas que son iguales a la diferencia entre los dos sonidos. Por ejemplo, si alguien recibe un sonido de 100 ciclos por segundo en un oído y un sonido de 104 ciclos por segundo en el otro, el cerebro creará hondas de 4 ciclos por segundo, que está justo en el umbral entre las ondas cerebrales theta y delta. (Las ondas theta son meditativas o creativas, mientras que las delta son lo que experimentamos en el sueño profundo.) El señor Monroe describió su descubrimiento de este «borde» o umbral como «una ventana a la conciencia».

La tecnología que diseñó hace que los cascos emitan hasta treinta y cinco capas de sonido, permitiendo así que los hemisferios del cerebro se muevan en patrones sincronizados.

—Como la parte analítica y la intuitiva trabajan al unísono, se obtiene un estado óptimo de funcionamiento cerebral. Las combinaciones de sonido ayudan a entrar en un estado alterado y a mantenerse en él. Bob asignó una numeración a estos estados alterados. Foco 12, por ejemplo, se concentra en la intuición y en la orientación —explicó la doctora De la Herran.

—¿Significa esto que tienes que llevar cascos para disfrutar de los beneficios de esta tecnología? —pregunté.

—No, puedes aprender a hacerlo por tu cuenta, por lo general tras completar un programa de una semana de duración en el que el cerebro aprende a crear nuevos senderos neuronales —continuó la doctora—. Los alumnos del TMI entienden que esos cascos son accesorios de aprendizaje —aclaró.

El contenido de esas sesiones puede variar. A veces, los participantes se adentran en un espacio atemporal. Otro de los programas se dedica a los viajes en el tiempo. Puedes regresar a las primeras etapas de tu vida, o incluso a vidas pasadas, para superar creencias o emociones que han limitado tu avance en esta vida. Eso te permite valorar una situación actual y obtener una perspectiva más acertada de ella. También puedes viajar hacia adelante para ver tu potencial futuro y llegar a tu propósito más elevado.

Le pregunté cómo continuarían con la filosofía del señor Monroe, y su respuesta fue la siguiente:

—Él no tenía una filosofía. Creía que lo que nosotros llamamos espíritu tiene numerosas manifestaciones. Curiosamente, nunca utilizó la palabra «reencarnación», porque implicaba una sucesión de vidas. Él creía que, en otros reinos, el tiempo no existe.

Acabó diciendo que el mensaje principal de Robert Monroe era explorar. «Siempre nos enseñó a buscar nuestras respuestas.» Eso era algo que resonaba en mí, especialmente desde que la doctora De la Herran falleció en julio de 2013 tras una corta enfermedad. Es un honor para mí incluir algunas de sus percepciones en este libro.

Mi sueño sobre una experiencia extracorporal fue asombroso y además único. Pero no sería la última vez que experimentara un sueño vívido con Max. En otra ocasión, unos seis meses después de su muerte, yo dormía en nuestra cama de Napa y me desperté en plena noche con la sensación de no estar sola. Al echar un vistazo a mi izquierda, vi a Max sentado al extremo de la cama. Estaba perfectamente quieto y me miraba fijamente. Pude ver que era fuerte y robusto, llenaba su indumentaria con todo el peso de sus más de ochenta kilos, como ocurría antes de que le diagnosticaran el cáncer. Nos cruzamos la mirada y permanecimos conectados durante un período indeterminado, como si el tiempo no existiera. No intercambiamos ni una sola palabra. Todo lo que sentía que estaba comunicando, como había ocurrido con la visita de mi padre, fue percibido, no oído. El mensaje que recibí fue que Max me amaba y que ya no estaba sufriendo. Si hubiera estado hablando por un altavoz, no lo habría oído mejor.

El tiempo que pasamos conectados fue íntimo y nos unió una vez más. Después recuerdo que la luz de sus ojos empezó a desvanecerse. Era la misma que vi que perdía cuando murió. Su alma pareció retraerse hasta que finalmente solo pude observar su cuerpo. Se quedó delante de mí, pero él no estaba en su interior. Al menos, así lo percibí en el sueño. Su verdadera esencia había desaparecido. Poco después, la visión de su ser físico desapareció, evaporándose en la nada.

Me dejó con una extraña amalgama emocional de alivio y tristeza.

12

FANTASMAS: ¿REALES O IMAGINARIOS?

¿Eran esos sueños que tuve, al igual que la mayoría de los sueños, un producto de mi imaginación? ¿O había recibido visitas de Max y de mi padre desde el mundo espiritual? Si vinieron a verme, ¿significa que lo hicieron en calidad de fantasmas? ¿O eran espíritus? ¿Cuál es la diferencia?

A pesar de que esta cuestión seguía avergonzándome un poco, quería ver si Jim me acompañaría a investigar esos fantasmas. No había escatimado detalles en mi relato sobre la aparición de Max y de mi padre, y Jim sentía curiosidad. Pero tenía la impresión de que aceptar el siguiente paso de salir en busca de unos fantasmas era forzar demasiado. Decidí ir con cuidado. Supuse que mis rarezas tenían un límite que, si lo traspasaba, pondría en peligro mi credibilidad ante él. Además, sabía que Jim estaba mucho más interesado en el ámbito científico de la investigación que en el etéreo.

Decidí emplear una táctica que un amigo psicólogo me había enseñado años atrás. Me comentó que si quieres iniciar una conversación que puede ser difícil, es mejor hacerlo dando un paseo, montando en bicicleta o en el coche. En vez de sentarse a una mesa y mirarse a los ojos, cuando las dos personas miran hacia la misma dirección se pierde intimidad y, por tanto, resulta menos intimidador si quieres abordar un tema delicado. Así que le propuse a Jim que diéramos un paseo. Hablamos de nuestros planes para el fin de semana y de recados que había que atender. Cuando me di cuenta de que la conversación había alcanzado el punto álgido de lo mundano, planteé mi pregunta.

—¿Te has encontrado con un fantasma? De niño o en tu vida adulta —pregunté con un tono de voz que denotaba toda la despreocupación del mundo.

Mirándome con una expresión ligeramente socarrona, Jim respondió con un par de palabras: «No. Nunca». Luego se agachó para atarse el cordón del zapato, aparentemente feliz de que algo distrajera la atención de la pregunta sobre los fantasmas.

—¿Nunca, jamás? ¿Ni siquiera cuando murió tu padre? —pregunté.

—No. Tampoco. Lo siento —respondió a modo casi de disculpa, como si quisiera decir que sí pero no pudiera porque no era cierto.

Mientras tanto, yo estaba pensando en lo mucho que había cedido Jim para dar cabida a todo lo que yo estaba experimentando. Lo último que quería era forzar la situación y perder la credibilidad. Así que dejé pasar el tema.

Aun así, no podía evitar preguntarme por qué la mayoría de las personas (incluida yo) viven con miedo a los fantasmas. ¿Es por los cuentos de terror que nos leen de pequeños? Cuando era niña, solíamos contarnos historias sobrenaturales alrededor de una hoguera. Nos sentábamos en el suelo con las piernas cruzadas y los brazos alrededor de las rodillas mientras las brasas del fuego chisporroteaban y salían disparadas. Nos pasábamos horas contándonos historias mientras los adultos azuzaban el fuego y se sentaban en sillas de lona detrás de nosotros. Recuerdo en especial a mis dos hermanos mayores, Kurt y Brian, haciendo piña con mis primos para tratar de asustar a las niñas. Salían de detrás de un enorme roble y nos metían unos buenos sustos.

De adulta nunca había pensado en los fantasmas. No fue hasta que Max y papá murieron y aparecieron en mis sueños cuando empecé a interesarme por ellos. Con el tiempo, esta curiosidad me llevó hasta Loyd Auerbach.

Loyd, que se refiere a sí mismo medio en broma como «el tipo de los fantasmas», es todo un experto en apariciones fantasmagóricas. Nos conocimos en una reunión de la fundación Forever Family, un grupo dedicado a ayudar a las personas afligidas por la pérdida de un ser querido y a fomentar el estudio científico de la vida después de la muerte. Loyd, que acababa de ser elegido presidente de la fundación, habló en una conferencia. Captó mi atención cuando citó a una escritora de libros de ciencia ficción, Kathleen Sky: «No existe lo sobrenatural, solo son cosas que no comprendemos todavía».

Por lo visto, la única experiencia de Jim con los fantasmas eran los dibujos animados «Casper, el fantasma bueno», que veía cuando era niño. Así que pensé que podría estar interesado en acompañarme cuando Loyd me invitó a su casa del norte de California. Loyd no podía haber sido más amable, abierto y simpático. Les quitó hierro a las inquietudes que sentíamos sobre el tema. Sabíamos que era buen profesor porque habíamos visto su presentación en la conferencia. El rasgo que lo hacía tan interesante como conferenciante era su personalidad y su forma natural de recurrir al sentido del humor y al relato personal para ilustrar sus argumentos. Se mostraba igual de interesante en privado. Mira fijamente a través de las gafas con sus ojos brillantes. Sabe reírse de sí mismo, lo cual demuestra que mantiene a raya su ego y no se toma demasiado en serio, a pesar de que es toda una autoridad.

Además, su afición es hacer chocolate, así que nos marchamos con una bolsita que no tardamos en devorar. Al retirar la fina capa de papel de plata me llevé una grata sorpresa, pues vi estampados varios fantasmas parecidos a los dibujos de «Casper». Ese detalle fue muy bien recibido por Jim.

Loyd se licenció en Antropología Cultural por la Universidad Northwestern y obtuvo un máster en Parapsicología por la Universidad John F. Kennedy. Trabaja como profesor de la Universidad Atlantic, en Virginia Beach, y es el creador e instructor principal del Programa Certificado de Estudios en Parapsicología del Instituto HCH de Lafayette, California. Es autor de ocho libros de parapsicología. Su última obra se titula *The Ghost Detectives' Guide to Haunted San Francisco*.

Loyd ha aparecido en «The View», «Larry King Live», «The Oprah Winfrey Show» y «Late Night with David Letterman». Ha participado en programas de tema paranormal para los canales Travel, Learning, A&E, Biography, History y Discovery. También es mentalista y vidente profesional, así como exmago.

Le pedí a Loyd que me contara cómo se interesó por este tema.

—Me gustaría impresionarte con mi respuesta —empezó—, pero en realidad tiene que ver con los programas de televisión que veía de pequeño, como «Topper», «En los límites de la realidad» y «One Step Beyond». También leí mucha mitología, ciencia ficción y especialmente cómics de superhéroes. Era un fanático de la ciencia. Tenía que meterme en este campo.

Le formulé una pregunta directa que era de vital importancia para mí:

—Puesto que oímos hablar de ello todo el tiempo, ¿qué es un fantasma?

Loyd contestó:

—La palabra *fantasma* cubre una variedad de experiencias en distintas culturas, pero la mayoría de las personas utilizan ese término para referirse a algún tipo de espíritu o de forma de una persona después de fallecer. No obstante, lo habitual es que el público en general utilice esa palabra para referirse a cualquier figura vista u oída, sea un espíritu consciente o merodeador. No obstante, estas son dos entidades distintas.

Le pedí que me explicara la diferencia entre un espíritu consciente y uno merodeador.

—Un espíritu consciente es una aparición —empezó Loyd—. Es la conciencia de un humano que sobrevive a la muerte del cuerpo. Es capaz de interactuar con los vivos.

Eso debía de ser lo que yo había visto. Loyd me contó que la persona viva percibe una aparición al ver, oír, sentir u oler al espíritu. En mi caso, a Max y a papá solo pude verlos. Las apariciones tienden a ocurrir en lugares con los que ha tenido algún tipo de conexión o relación psicológica o emocional cuando esa persona aún vivía. Eso es lo que ocurrió sin duda alguna con Max.

—Pero también pueden aparecer en otros lugares —puntualizó; eso explicaría la visita de papá.

Los merodeadores pertenecen a una categoría distinta. Loyd nos aclaró que se trata de figuras o voces fantasmales que son específicas de un lugar y no son capaces de interactuar con nosotros. Son como vídeos de algo que ha ocurrido en ese lugar y ha quedado impreso en el entorno. No son espíritus conscientes.

Los merodeadores tienden a producir figuras repetitivas, tanto en la experiencia que tiene la persona viva como en el momento en el que suceden. La gente dice ver, oír, sentir u oler una presencia que suele relacionarse con algún tipo de actividad concreta. Puede ser un hombre andando por un pasillo o pasos procedentes de un ático. Hablar o interactuar con estos espíritus es inútil, porque siguen con lo suyo como si tú no estuvieras allí. Es decir, en esencia son hologramas en vez de seres conscientes capaces de interactuar. Eso nos contó Loyd.

Hablamos un poco más sobre mis sueños y sobre cómo había visto a Max por primera vez unas tres semanas después de su fallecimiento y a papá un mes después del suyo. Me respondió que eso no era lo normal.

—La mayoría de las apariciones, pero desde luego no todas, suelen ocurrir entre las cuarenta y ocho y las setenta y dos horas después de la muerte de una persona, como si viniera a decirte adiós y buscara interactuar y pasar página contigo —explicó Loyd—. Las apariciones a largo plazo tienden a tener una necesidad psicológica o emocional para permanecer en ese lugar. Estas incluyen una negación de la muerte, el miedo a lo que viene después, asuntos inconclusos, un deseo intenso de permanecer con un ser querido o incluso la frustración por el hecho de haber interrumpido la vida.

Todos estos factores podían ser válidos en el caso de Max. En el de papá, no del todo. Creo que él solo quería decirme adiós.

Jim intervino y preguntó si alguien había documentado alguna de esas apariciones mediante algún tipo de tecnología. La respuesta de Loyd fue que desgraciadamente no era así.

—En mi campo, definimos las apariciones como una forma de conciencia —explicó—. Pero la ciencia tradicional todavía no ha logrado establecer una definición universal de la conciencia. Es decir, no hay evidencias físicas de la conciencia en sí misma entre los vivos, excepto nuestra propia conducta y pensamientos. Si no podemos demostrar la existencia de la conciencia en el cerebro, donde suponemos que reside, ¿cómo podemos demostrar la existencia de la conciencia fuera del cuerpo?

Según Loyd, el único modo de estudiar la conciencia, tanto la de los vivos como la de los muertos, es a través de las experiencias. Su campo de estudio es la parapsicología, que es en esencia una ciencia social. Aunque se utilizan herramientas de medición propias de la física, las pruebas más claras proceden de los testimonios de las personas. Los casos más convincentes son los que implican a múltiples testigos y que proporcionan una información que luego puede verificarse.

Conclusión: mientras el tema de la conciencia quede en el aire, también lo estará la prueba de la existencia de los fantasmas.

Le pregunté a Loyd si alguna vez había visto o sentido la presencia de fantasmas.

—A lo largo de los años he aprendido a prestar más atención a mis percepciones —respondió—. No he visto ninguna aparición, pero las he sentido, olido y sentido, y una de ellas incluso atravesó mi cuerpo en repetidas ocasiones. Hace solo unos años tuve mi primera experiencia auditiva.

Luego me contó una magnífica historia. Tenía que ver con un buen amigo de Loyd, Martin Caidin, un escritor de ciencia ficción y creador de la serie de televisión «El hombre de los seis millones de dólares», inspirada en su novela *Cyborg*. El señor Caidin era toda una personalidad y le encantaba fumar puros. Poco antes de morir, le dijo a Loyd: «Volveré y te perseguiré, Auerbach».

El señor Caidin conocía a mucha gente del campo de la aviación, era asesor no oficial de la NASA y conoció al ingeniero Wernher von Braun en la época en la que el programa espacial estaba arrancando. Cuando el señor Caidin murió, Loyd estaba convencido de que se le aparecería.

—Había quedado en beber un par de tragos de ron en su honor —explicó Loyd—. Pero seguía sin verlo. Pasó poco más de una semana, y yo me dirigía al aeropuerto a las siete de la mañana porque tenía una reunión en Portland. En ese momento conducía un coche de tres meses de antigüedad que todavía olía a nuevo.

»Nadie había fumado en mi coche.

»De repente, mi vehículo empezó a llenarse del olor a humo de puro. Supe que era él. Duró hasta las siete y ocho minutos. Tan pronto como llegué a Portland, llamé a un amigo mío de Nueva Jersey que también conocía a Marty. Le dije: «Bob, no te vas a creer lo que acaba de suceder». Me interrumpió y me dijo: «Loyd, debes de ser vidente». Me lo tomé a broma y repliqué: «Sí, lo soy. Bob, ¿por qué crees que lo soy?». Me respondió: «He salido a volar con mi Cessna hasta Nueva Jersey, y unos diez minutos después de las diez de la mañana mi cabina de piloto empezó a oler a humo de puro».

»Como sabía que hay una diferencia horaria de tres horas con Nueva Jersey, me emocioné al oír esta noticia, pero me limité a decir: «Vaya, vaya». Bob añadió: «Pero eso no es lo mejor. Un amigo mío y de Caidin estaba pilotando su avión en Florida al mismo tiempo, y su cabina también ha empezado a oler a humo de puro».

»Posteriormente, después de hacer comprobaciones con nuestros amigos comunes, descubrimos que un total de veinticinco personas, incluidos nosotros dos, había notado que sus coches o aviones habían olido a humo de puro en torno a ese mismo momento. Así que esa es mi experiencia. Todo el mundo posee cierto grado de sensibilidad psíquica. Desgraciadamente, se nos educa para descartar esas experiencias. Todo el mundo puede desarrollarla hasta cierto punto, pero no es tanto una cuestión de desarrollarla como de percibir lo que está pasando.

A lo largo de mi viaje he aprendido a prestar atención y percibir lo que está ocurriendo. Así que Loyd tiene razón.

13

ALFOMBRAS MÁGICAS

A finales del otoño de 2008 tuve otro encuentro con los hilos dorados. Ocurrió en la sala de estar de nuestra casa de Sun Valley. Estaba hablando por teléfono con Tanner cuando vi en una esquina tres o cuatro hebras horizontales de unos cuarenta y cinco centímetros de largo. Flotaban en el aire por encima del enorme globo terráqueo que le había regalado a Jim para su cumpleaños. Al igual que en los dos últimos casos, parecían pelos del maíz o una tela de araña. Tenían un tono dorado y no estaban unidos a nada.

Pero esta vez, cuando toqué uno, no desapareció. Se formó un pequeño rectángulo detrás de mi dedo, como una joya engarzada en un collar. Los hilos duraron unos cinco minutos y después desaparecieron. No sé por qué tardé tanto en investigar este fenómeno. Lo que aprendí a raíz de mis lecturas fue fascinante.

Creo que estaba viendo muestras de la red de Indra, conocida también como las joyas de Indra o las perlas de Indra, que toma su nombre del título de una historia de los antiguos textos Vedas sobre una red que la diosa Indra urdió sobre su palacio.

Se trata de una metáfora utilizada para ilustrar el concepto budista de interpenetración. Significa que todo en el universo está relacionado con todo lo demás. Cada «joya» de la red proyecta hasta el infinito todas las relaciones mutuas, como si fueran dos espejos encarados que reflejaran una imagen hasta el infinito. Un cambio en una joya, por muy pequeño que sea, implica una modificación en todas las demás.

Ninguna de las fotografías que encontré en internet o en los libros se correspondía exactamente con lo que yo había visto, pero el parecido era asombroso. También supe que la física cuántica tiene un concepto que se parece mucho a la antigua metáfora de la red. Este concepto, llamado teorema de Bell, es complicado. En su forma simplificada asegura que nuestro mundo no es local, lo cual significa que las cosas pueden estar conectadas a través del tiempo y del espacio. No se trata solo de que están conectadas. Pueden actuar al unísono. Me pregunto si esto también incluirá a las personas.

A principios de noviembre Jim y yo nos dirigíamos en coche desde Sun Valley hasta nuestra casa de Yountville. Habíamos planeado visitar a unos amigos y pasar el día de Acción de Gracias con Tanner, que tenía unos días libres en la universidad. El miércoles por la tarde, el 5 de noviembre, llegamos, deshicimos las maletas y nos instalamos para pasar un mes en nuestro acogedor retiro entre secuoyas y viñedos. Dimos un largo paseo por el vecindario y luego disfrutamos de una magnífica cena en Bouchon, nuestro restaurante preferido del pueblo.

El jueves por la mañana nos llevamos una sorpresa. Al doblar la esquina del pasillo que iba desde nuestro dormitorio a la cocina, nos dimos cuenta de que la alfombra de Karastán, de un metro y medio por dos y medio, que había traído de mi casa de Sacramento y que solía estar en el centro de la cocina, se había movido unos quince centímetros.

Para entonces ya éramos todos unos veteranos en el fenómeno de las alfombras móviles, pero manteníamos una actitud escéptica. Quizá no hubiéramos calculado bien el lugar exacto en el que se encontraba la alfombra el día anterior. Así que esta vez fuimos más disciplinados.

El jueves por la mañana colocamos la alfombra contra la pared izquierda, en la base de la moldura que se adentraba hasta la cocina. El sábado por la mañana terminó estando a veintidós centímetros de su posición inicial. Al final acabó rozando los armarios de la otra parte de la estancia. En efecto, esa pesada alfombra que reposaba sobre una esterilla se había movido casi treinta centímetros de izquierda a derecha. Era absurdo.

Repasamos el inventario casero de sofisticada instrumentación científica del que disponíamos y sacamos unas fichas y una cinta métrica. Imagino que los científicos a los que entrevisté para este libro estarán protestando. No se me escapa el hecho de que lo que hicimos queda muy lejos de los impresionantes esfuerzos que han llevado a cabo los profesionales cualificados. Pero hicimos lo que pudimos para asegurarnos de que no nos estábamos imaginando el movimiento de esa alfombra.

La arrastramos hasta el extremo izquierdo de la cocina e hicimos una segunda prueba un poco más larga. Esta vez, la alfombra se había movido unos veinticinco centímetros en cuatro días. Hice un seguimiento de todos los pasos:

Sábado, 8 de noviembre
Mañana [no apunté la hora exacta, pero la colocamos después del desayuno, a eso de las 7.30]. La alfombra queda apoyada contra la pared.

Domingo, 9 de noviembre
11 a. m. La alfombra está a 5 cm de la pared.

Lunes, 10 de noviembre
10.30 a. m. La alfombra está a 5,7 cm de la pared.
1.36 p. m. La alfombra está a 6,3 cm de la pared.
7.12 p. m. La alfombra está a 10 cm de la pared.
8.15 p. m. La alfombra está a 10,5 cm de la pared.

Martes, 11 de noviembre
8.27 a. m. La alfombra está a 12 cm de la pared.
9.30 p. m. La alfombra está a 16 cm de la pared.

Miércoles, 12 de noviembre
7.30 a. m. La alfombra está a 18 cm de la pared.

Al final la alfombra acabó dando contra el zócalo del lado derecho de los armarios de la cocina y empezó a doblarse por el costado, del mismo modo que había hecho la de Sun Valley cuando se alejaba de la chimenea. Solo que esta se movía de izquierda a derecha en dirección a la biblioteca. Se dirigía a los libros de Max.

Al cabo de una semana tuvimos exactamente la misma experiencia con la de nuestra habitación de Napa. También era una alfombra pesada que medía un metro ochenta por dos metros y medio, y estaba colocada sobre una gruesa esterilla. Efectuó su pequeña excursión hacia una cajonera, llegando a desplazarse diecisiete centímetros en dos días hasta que topó con el mueble. También avanzaba hacia la biblioteca.

Llamé a Robin para contarle lo que pasaba. Me dijo que cree que toda masa tiene energía, y que los centenares de libros de Max que seguían en la biblioteca sumaban una masa considerable. Me comentó que había llegado el momento de deshacerme de los libros de Max. Esto no solo ayudaría a Max a seguir avanzando, si es que estaba estancado en alguna parte, sino que en su opinión también pondría fin al extraño movimiento de las alfombras.

Quería hacer todo lo posible para ayudar a Max. Si estaba atrapado, quería que siguiera adelante. Así que Jim y yo guardamos todos los libros en cajas, que sumaron un total de veinte, y las donamos a la biblioteca de Napa.

Del mismo modo que las huellas polvorientas formaban un patrón que se repitió a lo largo de tres años, también se estaba formando un patrón con las alfombras móviles: una en Sun Valley en verano, y otras dos en Napa al cabo de tres meses. No podía evitar sentir que Max se estaba esforzando mucho para atraer mi atención. Era como si quisiera que yo supiera que estaba junto a mí y que seguía en activo, aunque con una forma distinta. Era perseverante y creativo. Cada vez que ocurría algo nuevo, pensaba lo mismo: «Esto no puede ser posible». Pero cuando se repetía, entonces llegaba a una conclusión distinta. Tal vez Max estuviera encallado. Pero me inclinaba por pensar que, si era Max quien intentaba contactar a través del velo y provocaba estos acontecimientos, lo estaba haciendo porque nos lo había prometido. Cada vez estaba más convencida de que nuestras vidas no terminan al morir.

Estoy segura de otras dos cuestiones relativas al movimiento de las alfombras. La primera es que ninguna revista científica de prestigio contactará conmigo para publicar los resultados de nuestros hallazgos. La segunda es que algunos lectores creerán que Jim y yo nos estábamos imaginando este movimiento de las alfombras o que resbalaban del suelo por alguna razón. No era así. Aunque soy plenamente consciente de que todo este asunto suena muy ridículo.

Acerté a ver una primera reacción a las alfombras móviles. Nuestros queridos amigos Laura Anderson y Van Lemons, ambos neurocirujanos, tienen sus residencias de verano a una manzana de nuestra casa de Yountville y a la misma distancia de la de Sacramento. Los llamé para contarles la historia de las alfombras y para pedirles si les gustaría quedarse con la de la cocina. Pensé que se comportaría como una alfombra normal si la alejaba de mí. Me sentía segura contándoles todo porque confiaba en ellos y porque conocían y querían a Max. No eran la clase de personas que juzgan de buenas a primeras y fueron de gran ayuda para Tanner y para mí cuando Max murió. Su hijo Robbie era amigo de Tanner.

—Tal vez la alfombra no se vería afectada si no estuviera conmigo —me apresuré a explicar.

—Claro, nos encantará tenerla —respondió Laura.

Así que les pregunté:

—¿Cuándo os iría bien que Jim la dejara en vuestra casa?

Entonces Van, que tiene un mordaz sentido del humor, contestó:

—No te preocupes. Dale la dirección a la alfombra, dejaremos la puerta abierta.

«Muy divertido —pensé—, ja, ja».

Afortunadamente, después de sacar una de las alfombras por su conducta errática y de retirar los libros de Max, por lo visto la otra alfombra decidió quedarse quieta. Dejé todos los efectos personales de Max de los que no me podía desprender en una caja que envié a Sun Valley. No volvimos a experimentar sucesos insólitos en Napa.

14

¿ME ESTOY VOLVIENDO LOCA?

Jim y yo llevábamos viviendo en nuestra nueva casa de Sun Valley cuatro meses en 2008, y cuando celebramos el Año Nuevo en 2009 seguíamos lidiando con lo que parecía ser un problema recurrente con el sistema de iluminación. Las luces del cuarto de baño principal se encendían en mitad de la noche. Me levantaba para apagarlas, pero a la mañana siguiente volvían a estar encendidas. Supusimos que se debía a que eran nuevas y le pedimos al electricista que las había instalado que viniera a echarles un vistazo. No encontró nada raro y nos miró como si estuviéramos trastocados. Luego, un día, las luces del dormitorio de invitados empezaron a parpadear tenuemente, sin que nada lo provocara. A pesar de todo lo que habíamos vivido con las luces parpadeantes de Sacramento, no di por sentado que fuera un fenómeno paranormal. Opté por pensar que se trataba de algún tipo de fallo eléctrico. Nada más.

Luego, un día, el capataz de la obra nos visitó y nos contó una historia que captó nuestra atención. Dijo que cuando él y sus dos carpinteros estaban trabajando en nuestra casa, un día del verano anterior, todas las luces empezaron a parpadear. Después de este incidente, los tres notaron que las luces se atenuaban y luego empezaron a brillar con mayor intensidad. Nos contó que esto ocurrió en toda la casa, por lo que pudieron ver. Al final, se apagaron todas. Sin más ni más, era como si se acabara una función. Nos dijo que fue un incidente muy extraño, porque nadie había tocado los interruptores. Además, como era verano, no estaban utilizando las luces porque la luz del sol les bastaba y la casa está situada hacia al oeste y tiene un ventanal que va desde el suelo hasta el techo. También observó que había ocurrido en una sola ocasión. El resto de los días, las luces se comportaron de manera normal, es decir, se mantuvieron apagadas.

Mientras lo escuchaba, no podía evitar pensar que lo que estaba contando no podía ser más contrario a su naturaleza. Si buscáramos la palabra «capataz» en el diccionario, aparecería su foto como modelo. Voz grave, alto, espaldas anchas, brazos y piernas fuertes, varonil..., todo un hombretón. Creo que quedó desconcertado por esa experiencia y no podía descartarla sin más ni más. Sabía lo que había ocurrido, aunque no pudiera darle una explicación.

Al cabo de unas semanas, como parte de nuestra interminable mudanza, Jim advirtió algo. La única caja de efectos personales de Max que yo había guardado después de su muerte estaba en el suelo del armario del vestíbulo, directamente debajo del panel eléctrico de la casa. La llevamos al trastero que habíamos alquilado y cesaron los problemas de iluminación. ¿Estaba la energía de sus efectos personales en Sun Valley como lo estuvo la de sus libros en Napa? ¿Eran capaces de iniciar algún tipo de actividad?

Sentía curiosidad por saber si los fenómenos que habían empezado en 2004 en Sacramento y que me habían perseguido hasta Napa y Sun Valley se materializarían aquí, en nuestra nueva casa. Los hilos habían aparecido en la sala de estar en septiembre de 2008, y las luces también habían parpadeado hacia la misma época. En ese momento, en marzo de 2009, tuve otro encuentro con la red de Indra. Me estaba tomando un baño cuando, de repente, vi unos hermosos círculos brillantes de luz traslúcida que llenaban el techo sobre la bañera. Tendrían unos diez centímetros de diámetro y se unían de tal modo que cada uno estaba en contacto con los demás. Resplandecían y brillaban. Removí el agua del baño con la mano para asegurarme de que nada estuviera causando ese reflejo. No era provocado.

Estas experiencias no eran en absoluto intimidatorias. Al contrario, los círculos parecían transmitir la misma elegancia que los hilos dorados. Los círculos duraron unos cuarenta y cinco minutos y luego desaparecieron. A lo largo de los cuatro meses siguientes, volvieron a surgir tres veces más, pero en las paredes y en el techo del dormitorio principal en vez de en el cuarto de baño. Me levantaba en mitad de la noche, los veía, y me fascinaba su belleza. Despertaba a Jim, que protestaba un poco, luego se detenía en seco para observar la sutil y exquisita variedad de los círculos. No teníamos la menor idea de su significado. Pero sabíamos cómo nos sentíamos al verlos. Nos quedábamos ensimismados.

En la primera semana de junio de 2010, Jim y yo acogimos a un cachorro en nuestras vidas. *Blue* era un labrador de color crema de ocho semanas que compramos a un criador de Florida a través de un buen amigo de Jim que es veterinario. Jim llevó a *Blue* a casa en avión, en un transportín situado bajo el asiento. Su vuelo hizo tres escalas, y Jim estaba muy cansado en su regreso a Sun Valley.

Le pusimos el nombre de *Blue el Perro Maravilla*, puesto que saltaba con aplomo desde el tercer peldaño de la escalera de la entrada hasta el rellano como si estuviera volando. Parecía encantado de estar en su nuevo hogar. La primera noche durmió sobre mi vientre en una cama hinchable porque quería crear un vínculo con él. No lloró, y permanecimos acurrucados toda la noche.

Estos fueron algunos de los mejores días de mi vida. Estaba felizmente casada con Jim y muy agradecida por haber entablado una relación tan amorosa. A Tanner le iba bien en la universidad, tanto en los estudios como en el rugby y en la fraternidad, y yo disfrutaba de todo lo que Sun Valley podía ofrecerme.

Wood River Valley, el valle donde se encuentra Sun Valley, es uno de los lugares más bellos del país. A una hora de distancia en avioneta tenemos el parque natural Frank Church-River of No Return, la zona boscosa más extensa de los estados continentales. Caminaba mucho en Sacramento. Ahora era una excursionista experimentada. Empezar a mil quinientos metros y subir hasta los dos mil doscientos es una experiencia considerablemente distinta que pasear. Iba de excursión con Jim y *Blue el Perro Maravilla* a cinco cordilleras distintas situadas a escasos minutos de nuestra casa. Hay lagos por todas partes. Un sendero que comienza a quince minutos de nuestra casa llega hasta Canadá sin encontrar trazas de civilización.

Lo cierto es que me encantaba sentirme liberada de la enorme responsabilidad de dirigir un periódico. No solo por el paisaje. Sun Valley acoge una magnífica sinfónica y una conferencia nacional de escritores. Estaba más feliz que nunca.

Pero seguir explorando el campo de la espiritualidad continuaba siendo mi prioridad. Así que cuando me encontré con Traci Ireland, concerté una cita con ella para explorar sus prácticas y sus creencias. Ya había conocido a Traci en el Festival de Bienestar de Sun Valley, un evento anual patrocinado por el Instituto de Bienestar de Sun Valley. Traci inauguró el festival con una ceremonia del fuego al aire libre dedicada a unir a la comunidad. Según su página web, el instituto es «una asociación sin ánimo de lucro fundada en Idaho en 2005 para proporcionar educación sobre salud y bienestar a través de programas y eventos, incluido el Festival de Bienestar de Sun Valley». El festival se anuncia como «una reunión anual de conferenciantes de prestigio y practicantes del bienestar de la mente-cuerpo-espíritu y medioambiental». Deepak Chopra, Ram Dass, el doctor Jill Bolte Taylor, Marianne Williamson, Byron Katie, Robert F. Kennedy Jr. y, más recientemente, el doctor Eben Alexander han sido algunos de sus conferenciantes. La misión es «inspirar un cambio positivo».

Traci es una mujer joven y deportista de cuarenta y pocos años con una piel inmaculada, dientes rectos y blancos y unos brillantes ojos marrones. Lo que sentí al conocerla fue que era una mujer en paz consigo misma. Nació en una granja del suroeste de Dakota del Sur, entre las reservas indias de Pine Ridge y Rosebud, en el seno de una familia cristiana muy amorosa y unida. Obtuvo un grado en Ingeniería Química en la Escuela Técnica de Minería y Tecnología de Dakota del Sur y trabajó como ingeniera durante ocho años, aunque no se sentía motivada en su trabajo.

Se mudó a Ketchum, Idaho, y pasó a ser socia propietaria de la librería Chapter One. Con el tiempo, su creciente conciencia espiritual y deseo de servir la llevó hasta el doctor Alberto Villoldo, un antropólogo médico y psicólogo que había fundado la Sociedad Cuatro Vientos. El doctor Villoldo estudió en Perú con chamanes durante más de treinta años y ha escrito varios libros que se encuentran entre los más vendidos, como *Chamán, sanador, sabio*, *Las cuatro revelaciones*, *Soñar con valentía* y *Conecta tu cerebro*.

Traci terminó su formación en 2006 en la Escuela Cuerpo de Luz, que ofrecía la Sociedad Cuatro Vientos, principalmente en Park City, Utah, con unas clases adicionales de máster en 2008. «Las prácticas chamánicas de curación peruanas son milenarias —me explicó Traci—. Lo que Alberto enseña es "puro" en el sentido de que cuando los conquistadores llegaron a Perú, los chamanes se retiraron a las montañas, donde pudieron conservar sus tradiciones intactas.»

Cuando le pregunté lo que la había atraído de las enseñanzas del doctor Villoldo, me contestó:

—Tengo formación científica y notaba que la Tierra estaba experimentando un cambio. Al crecer cerca de reservas indias, sabía que las comunidades nativas tienen mucho que enseñarnos sobre vivir en equilibrio interior y exterior. Alberto aúna el saber espiritual y científico reconociendo la física que existe detrás de cómo creamos nuestra propia realidad, mientras que, al mismo tiempo, regresamos a los antiguos métodos de curación y de honrar a nuestra Madre Tierra.

Traci ha viajado tres veces a Perú, donde trabajó con los chamanes nativos y visitó lugares sagrados para participar en ceremonias y meditaciones. Describe esas experiencias como «de un valor incalculable».

Las prácticas que enseña el doctor Villoldo integran las técnicas de curación de los chamanes peruanos a modo de rueda medicinal. El objetivo es sanar a las personas y crear un campo de energía «claro y luminoso» que las rodee para que puedan abordar el desafío al que se enfrentan, sea el dolor, la culpa o la tristeza. Sentía verdadera curiosidad sobre el modo en que sus enseñanzas podían dar explicación a las huellas polvorientas, a las alfombras móviles, a los hilos luminosos, a las luces parpadeantes y a las recientes bolas de luz translúcidas.

Tuve varias sesiones con Traci. En la primera, la visité en una casa en la que se hospedaba, que no estaba muy lejos de la nuestra. Al entrar en la sala de estar iluminada por la luz del sol, me sentí atraída de algún modo hacia las estanterías de libros que había junto al sofá en vez de deleitarme con las vistas espectaculares de las montañas a través de los enormes ventanales. Entre los estantes abarrotados de volúmenes vi dos que me llamaron la atención. Uno era las *Meditaciones* del emperador romano Marco Aurelio. Era el mismo libro que había sacado al azar de las estanterías de nuestra biblioteca de Napa y en él había descubierto la cita que Max había marcado: «No desprecies la muerte, antes bien recíbela con gusto, como que esta es una de aquellas cosas que quería la naturaleza». ¿Cuántas personas tienen ese libro? ¿Por qué, de todos los libros que había en esa estantería durante la sesión con Traci, ese volumen llamó mi atención? ¿Estaba Max diciéndome que aún estaba a mi lado?

El segundo objeto que descansaba entre el cúmulo de libros era una muñeca nativa americana. Con su pelo negro, su rostro de plástico, y su traje amarillo de ante, tenía los mismos rasgos y tamaño que una que mi padre me había regalado cuando tenía cinco o seis años. Habíamos ido de acampada hacia el oeste, y me la compró en una tienda de regalos para turistas cerca del parque Yellowstone. No había visto una muñeca como esa desde entonces. Y ahí estaba. Por alguna razón, ver ese objeto me hizo pensar de inmediato en papá. ¿Estaba, al igual que Max, dando a conocer su presencia?

Traci empezó su trabajo conmigo invocando a varios arquetipos del reino animal. Me dijo que el jaguar «se apareció» durante nuestra sesión y que es un protector que nos permite andar en paz. Nos enseña a cruzar el puente entre este mundo y el espiritual. Nos guía por el sendero más allá del miedo y de la muerte. Me pareció un dato muy relevante, ya que encajaba con el sendero espiritual en el que sentía que estaba. Me indicó que este animal se quedaría conmigo, protegiéndome y sirviendo de aliado en mi camino.

En otra sesión, Traci me contó que tenía una sensación visceral de que el espíritu de Max se había quedado aquí varios años, pero que sentía que estaba preparándose para volver a «casa». Me dijo que era curativo para Max y para mí saber que él podía «cruzar el puente» al otro lado y reunirse con los seres que lo acogerían. Me comentó que eso no significaba que él se fuera a quedar quieto, pero sí que encontraría su hogar. Me comentó que juntas, ella y yo, nos concentraríamos en «hacer avanzar a su espíritu con atención benévola y amorosa». Lo hicimos en esa sesión y lo puse en práctica en casa junto con oraciones y meditación.

Estas experiencias con Traci fueron parte de las diligencias que estaba llevando a cabo al exponerme a una clase de filosofías que desafiaban mi forma de pensar. Nunca sabré si el espíritu de Max cruzó ese «puente», pero fue una experiencia enriquecedora aprender de Traci acerca de las prácticas de curación peruanas.

En julio, Jim y yo viajamos a un rancho del norte de Idaho que él y algunos de sus socios comparten. Íbamos a celebrar nuestro segundo aniversario de bodas. Me encanta ese lugar, y lo hemos convertido en una cita anual obligatoria. El rancho Flying B, situado en la ramificación central del río Salmón, solo es accesible a pie, a caballo, en barca o en avioneta. Está a unos cuarenta y cinco kilómetros al suroeste de Salmon, Idaho, en el corazón del parque natural Frank Church-River of No Return. Cuando estamos allí dividimos el tiempo entre el montañismo y la equitación, entre el lanzamiento de herradura y las damas. Las comidas son caseras y se anuncian haciendo tintinear una vara de hierro contra un triángulo, como en las viejas películas del oeste. Por la noche podemos oír el murmullo del río desde la parte trasera de nuestra cabaña.

Después de pasar unos agradables días de descanso, volvimos a casa, a Sun Valley. Poco después de nuestra llegada, Jim entró en el estudio. Yo me encontraba en la cocina (no estaba cocinando, nunca cocino) cuando lo oí decir en voz alta:

—¿Qué es eso?

Di media vuelta para cruzar el pasillo y comprobé por mí misma lo que estaba mirando. Allí mismo, en el reposabrazos de uno de nuestros tres sillones de ante dorado, había una enorme pisada. Eso es. Una huella.

Pensé que lo había visto todo, pero no era así. Ligeramente desconcertada, mis labios se cerraron y se tensaron de forma involuntaria. Hice ver que no había perdido la compostura.

Con un tono de voz firme pero sin mostrarme alterada, pregunté:

—¿Te refieres a la huella de la silla?

Resultaba casi cómico. Pero no lo era. ¿Me estaba volviendo loca? ¿Nos estábamos volviendo locos los dos? Fuera lo que fuese eso, parecía estar siguiéndome. Nuestra casa de Sun Valley era la cuarta (incluida la de alquiler en la que vivimos mientras construíamos esta) en la que habíamos sido testigos de sucesos insólitos. Ya no eran incidentes aislados, sino un patrón persistente a lo largo de seis años. Tampoco era la clase de ocurrencias que podemos encontrar en la literatura mística. Podía entender las luces parpadeantes, las puertas que se cierran solas, los relojes que se detienen. Eran incidentes documentados. Pero ¿las marcas polvorientas en espejos, las alfombras móviles y la huella en el reposabrazos de un sillón? Eso no era normal.

Me fijé en la huella y miré a Jim, que estaba ahí plantado delante del sillón, desconcertado.

—¿Qué crees que es? —le pregunté.

—No tengo la menor idea —respondió.

La imagen era bastante grande, parecida a la del espejo de Sacramento. Desde el punto de vista de una persona sentada en el sillón, la huella estaba en el brazo izquierdo. Alguien que estuviera enfrente de él, como nosotros, la veía a la derecha. No había nada a sus dos lados. Estaba situado en medio de la estancia, de cara a otros dos sillones. El techo quedaba a cuatro metros y medio de distancia, y no había lámparas, salvo un foco halógeno empotrado. Es decir, que no había razón alguna por la cual alguien necesitara o quisiera subirse al reposabrazos.

Entonces nos dimos cuenta de algo aún más extraño. La huella del pie descalzo era la izquierda, con el talón en el extremo delantero del reposabrazos y los dedos mirando hacia el respaldo del sillón. Eso significaba que el pie derecho quedaría suspendido en el aire. No pude evitar pensar que eso era imposible. ¿O no? Pero ya me estoy desviando del tema.

—¿Estás segura de que Verónica [nuestra señora de la limpieza] no estuvo aquí? —le pregunté.

—Viene los miércoles, nunca los fines de semana, y su pie mide la mitad que este —me recordó Jim.

Yo estaba buscando respuestas fáciles y explicaciones racionales.

Hicimos fotografías y decidimos que prestaríamos atención a esta huella en las cuarenta y ocho horas siguientes. Lo que fue aún más sorprendente es que, a diferencia de las de las manos, la del pie cambió de ubicación y composición a lo largo de los dos días que la estuvimos observando. Se movía ligeramente de izquierda a derecha, y acabó por parecer que se iba a resbalar. También fue desarrollando una tenue línea en la mitad del pie, un detalle que no estaba allí el primer día. Y empezó a formarse una pequeña prolongación que salía del dedo gordo.

La única manera que tengo de describir mis sentimientos en ese momento es recurrir a la analogía. El efecto combinado de todos los fenómenos vividos a lo largo de los últimos seis años me daba la sensación de que alguien quería hablar conmigo, pero en un idioma extranjero. El mensaje parecía ser importante. Pero como solo conocía algunas de las palabras, me esforzaba por traducir y comprender el mensaje. Ese lenguaje y las comunicaciones eran animados y sumamente creativos. ¿Por qué eran tan difíciles de interpretar? Nunca había sentido tanta curiosidad, tanto desconcierto y provocación como hasta entonces.

Fue un punto de inflexión. Jim y yo decidimos dejar de reaccionar y empezar a actuar. Queríamos centrar nuestros esfuerzos y llevar la iniciativa para investigar lo que estaba ocurriendo.

—Algunas personas se limitan a aceptar los hechos y siguen con sus vidas —dijo Jim—. Yo no soy así. Tengo que comprender y quiero que tú también comprendas lo que eso significa.

Fue el momento en el que decidí trasladar todos esos sucesos extraordinarios a alguien que pudiera ayudarme a comprenderlos y a ponerlos en perspectiva. Tenía que saber lo que ignoraba. Tenía que romper esa barrera lingüística.

15

NO ME ESTOY VOLVIENDO LOCA

La huella fue un testimonio evocador de que los sucesos sobrenaturales no iban a menos. Después de lidiar con la acumulación de fenómenos a lo largo de los años, ahora debía hacer frente a una marca espontánea que cambió de forma en el transcurso de dos días.

Esto me llevó a tomar la decisión de reunirme con una autoridad en el campo de la parapsicología con el fin de obtener algunas respuestas. Quería tener una perspectiva más amplia del asunto y necesitaba saber más. Estaba dispuesta a adentrarme en la comprensión de la ciencia que había detrás de este fenómeno, que incluía un estudio más a fondo de la conciencia. Llamé al doctor Wendland para pedirle que me recomendara a alguien a quien pudiera plantear mis preguntas. Se ofreció a presentarme al doctor Dean Radin, el coautor del experimento sobre cómo incide la intención consciente en el patrón de la luz. Jim accedió a acompañarme, y juntos planeamos el viaje al norte de California para entrevistar al doctor Radin.

La mente me iba a mil por hora durante el trayecto de Sun Valley a Petaluma, California, para reunirnos con el doctor Radin, que es director científico del Instituto de Ciencias Noéticas (IONS son sus siglas en inglés). El nombre del instituto deriva del vocablo griego *nous*, que significa «mente intuitiva» o «conocimiento interior». El IONS se dedica a explorar el potencial y el poder de la conciencia. Los científicos de esta institución también investigan los fenómenos que aún no encajan en los modelos científicos predominantes. Parecía una opción perfecta para lo que estaba buscando.

El astronauta del *Apolo 14* Edgar Mitchell, que tiene un doctorado en Aeronáutica y Astronáutica del MIT, fundó el IONS en 1973. El doctor Mitchell tuvo una experiencia totalmente visceral y majestuosa en su viaje de regreso de la luna que estimuló su pasión para comprender aún más. Tal como lo explicó después: «Empezó con la sobrecogedora experiencia de ver el planeta Tierra flotando en la inmensidad del espacio. La presencia de la divinidad se hizo casi palpable, y supe que la vida en el universo no se debía a un accidente basado en procesos casuales. Este conocimiento me llegó de manera directa, es decir, noética. Sin duda alguna, el universo tenía un sentido y una dirección».

Antes de reunirnos en las oficinas de investigación del instituto cerca del centro de Petaluma, el doctor Radin tuvo la amabilidad de enseñarnos el centro de retiro experiencial del IONS a las afueras de la ciudad. Las ochenta hectáreas de hermosos pastos parecían mucho más lejanas de lo que cabría esperar de los sesenta kilómetros que la separan de San Francisco. Me refiero a pastos en sentido literal. Centenares de ovejas y cabras viven en esa propiedad, que es muy tranquila y pacífica.

La guía de la visita fue Lisa VanderBoom, una joven atractiva, enérgica e inteligente totalmente dedicada a la misión de la organización. No tardamos demasiado en contarle nuestras experiencias espirituales. Ella nos explicó que las instalaciones se utilizan principalmente para celebrar talleres y seminarios, y que hasta un máximo de cien invitados pueden pasar allí la noche. El instituto u otros grupos parecidos organizan esas sesiones.

Después de la visita, Jim y yo nos dirigimos hasta las oficinas de investigación para reunirnos con el doctor Radin. Es un hombre intenso pero tranquilo, con un gran intelecto que salta a la vista y un mordaz sentido del humor. Es el prototipo de profesor universitario. No resulta difícil imaginárselo como primer violín, puesto que fue concertista profesional durante cinco años. Sabe escuchar con atención y es generoso con sus comentarios y con su tiempo.

Era evidente por su cordial interacción con el personal que todos lo tenían en gran estima. Al empezar nuestra entrevista sentados a su mesa de reuniones, uno de sus ayudantes asomó la cabeza por la puerta y preguntó si nos gustaría que encendiera las luces para nuestra reunión.

—Oh, sí, buena idea —respondió el doctor Radin.

Tal vez esta sea su faceta de profesor despistado. En cualquier caso, me causó muy buena impresión porque era un hombre modesto, de trato fácil, y seguro de sí mismo que no se dejaba impresionar fácilmente porque tampoco necesitaba impresionar a nadie.

El doctor Radin tiene una licenciatura en Ingeniería Eléctrica por la Universidad de Massachusetts en Amherst y un máster en Ingeniería Eléctrica y un doctorado en Psicología Educativa por la Universidad de Illinois. Empezó su carrera dedicándose a la investigación industrial para los laboratorios AT&T Bell, pero enseguida supo que quería centrarse en el estudio de la conciencia.

Se dio a conocer en todo el país en 1996 cuando la *New York Times Magazine* publicó un artículo sobre él. En 1997 publicó su primer libro, *The Conscious Universe* [El universo consciente]. En 2006 publicó *Entangled Minds* [Mentes entrelazadas]. Su última obra, publicada en 2013, se titula *Supernormal: Science, Yoga, and the Evidence for Extraordinary Psychic Abilities* [Ciencia, yoga y la prueba de la existencia de capacidades psíquicas extraordinarias]. También es cofundador de un centro de investigación en Silicon Valley con el científico informático Richard Shoup, llamado Instituto Boundary. El doctor Radin fue elegido presidente de la Asociación de Parapsicología en 1988, 1993, 1998 y 2005.

Dean Radin es tan respetado por sus colegas que algunos lo consideran una suerte de deán de la parapsicología (perdón por el juego de palabras facilón, no me he podido resistir). Principalmente, había concertado esta entrevista para plantear una serie de preguntas que me estaban corroyendo por dentro: ¿eran mis experiencias muy infrecuentes? ¿Cómo podía comprenderlas desde un punto de vista científico? ¿Qué abarcaba el campo de la parapsicología? ¿Qué tipo de investigación y análisis llevaba a cabo el doctor Radin? ¿Cuál era su perspectiva sobre la conciencia? Debo reconocer que, en el fondo de mi corazón, esperaba encontrar una confirmación de que no me estaba volviendo loca.

Empezamos la sesión conversando acerca de su labor pionera en metaanálisis. Con su permiso, grabé nuestra conversación y tomé apuntes. De mis anteriores sesiones con el doctor Wendland, la doctora De la Herran y Loyd Auerbach había aprendido que la información que estaba recabando no solo era desconocida, sino que también podía resultar intimidatoria. Era muy importante escuchar con atención.

Aprendí que el metaanálisis es un proceso que combina los resultados de experimentos parecidos y los analiza estadísticamente para hallar patrones. El doctor Radin llevó a cabo este trabajo en el programa de Investigación de Anomalías en Ingeniería de Princeton (PEAR son sus siglas en inglés), fundado en 1979 (con este nombre tan inocente, «pera», para evitar el estigma de la parapsicología) por Robert Jahn, doctor en Física por la Universidad de Princeton, y su ayudante, la doctora Brenda Dunne. El PEAR estuvo en activo hasta 2007.

El doctor Jahn quería estudiar la hipótesis de física cuántica que había planteado Niels Bohr, según la cual nadie puede conocer la ubicación concreta de un electrón hasta que se mide. (La misma teoría que el doctor Wendland me había explicado con el nombre de «interpretación de Copenhague».) La premisa básica es que lo que en realidad determina la ubicación es el observador. Tras años de investigaciones, el equipo del PEAR descubrió que los humanos podían incidir en lo que comúnmente sería un resultado casual concentrándose en un desenlace deseado.

Puesto que la investigación del doctor Radin abarcaba varias disciplinas y a él le interesaba la parapsicología, en 1987 el doctor Jahn le propuso coordinar un programa que incluía el laboratorio PEAR. Entre las responsabilidades del doctor Radin se contaba el análisis de resultados de más de ochocientos experimentos.

Valiéndose del metaanálisis, el doctor Radin dio con un sorprendente hallazgo: las probabilidades de que la mente humana pudiera incidir en los resultados superaban el porcentaje de un trillón contra uno.

Él no es el único en efectuar metaanálisis en esta clase de experimentos.

—Se han publicado numerosos metaanálisis desde la década de los ochenta, tal y como describo en mis libros —explicó el doctor Radin—. Y han servido para hacer avances importantes que evidencian la existencia de los fenómenos paranormales o psi.

El doctor Radin me explicó que el término *psi* fue acuñado en 1942 por el psicólogo británico Robert Thouless para referirse a todos los fenómenos psíquicos. La telepatía, la conexión entre mentes, es uno de los ejemplos más comunes de psi. Pero hay otros, como la clarividencia o la percepción de objetos o sucesos lejanos; la precognición o la percepción de eventos futuros; o la psicoquinesia, cuando la mente es capaz de incidir en la materia. Lo psi también incluye las experiencias cercanas a la muerte, las experiencias extracorporales, la sanación psíquica, las comunicaciones después de la muerte, las apariciones y otras actividades paranormales.

Otro famoso metaanálisis de un test de un tipo de telepatía conocido como «experimento ganzfeld» descubrió que las pruebas controladas de laboratorio sobre la telepatía tenían una probabilidad al menos diez veces mayor de ser válidas que los resultados de los múltiples estudios que indican que la aspirina es útil para evitar un ataque al corazón.

—Curiosamente —apuntó el doctor Radin—, millones de norteamericanos se toman una aspirina a diario, mientras que los escépticos siguen dudando de los efectos de la conciencia.

En sus estudios de fenómenos paranormales, el doctor Radin desarrolló una forma única de medir la premonición conectando a voluntarios a unos dispositivos que miden el ritmo cardíaco y la presión arterial, así como el grado en el que la piel conduce la electricidad. Valiéndose de fotografías que forman una secuencia diseñada para estimular las emociones de los voluntarios, el estudio demostró que podían anticipar lo que estaban a punto de ver.

Le pedí al doctor Radin que me definiera la naturaleza de la conciencia a la luz de sus investigaciones. Basándose en numerosos experimentos, especula que la conciencia tiene, como mínimo, cinco características generales.

En primer lugar, la conciencia no solo existe; se amplía más allá de los individuos y tiene propiedades cuánticas que inciden en la probabilidad de que los hechos sucedan.

En segundo lugar, la conciencia infunde orden a los sistemas en proporción a su intensidad.

Tercero, la fuerza de la conciencia fluctúa según el nivel de concentración.

Tal como el doctor Radin indica en este tercer punto, pienso en la capacidad de concentración en la vida diaria y cómo se traduce en resultados, tanto si se trata de un disciplinado atleta de élite como si es un músico, un médico, un artista o un ejecutivo. Cuando los seres humanos nos centramos en lo que queremos y trabajamos para conseguirlo, podemos y a menudo conseguimos resultados que van más allá de la media. ¿Ocurre lo mismo después de la muerte? ¿La atención extrema genera resultados excepcionales? ¿Se debe esta actividad persistente a una concentración intensa por parte de Max desde el lugar donde se encuentra?

En cuarto lugar, los grupos poseen una especie de conciencia compartida cuando todos sus miembros se concentran en un suceso u objeto. El doctor Radin estuvo entre los primeros en demostrar esta conciencia colectiva. Valiéndose del juicio por asesinato de O. J. Simpson, en el que quinientos millones de espectadores de todo el mundo encendieron el televisor para ver la absolución en 1995, pudo demostrar un cambio sutil pero significativo en el azar de generadores de números al azar que habían sido colocados en varios sitios. La conclusión fue que los efectos de la conciencia combinada pueden medirse y que la distancia es irrelevante. Se han registrado cambios parecidos con otros sucesos de magnitud mundial: los trágicos ataques del 11 de septiembre de 2001 y la elección de Barack Obama como presidente en 2008 se cuentan entre ellos.

Si esto es una prueba de la conciencia colectiva y la conciencia que no se ve afectada por la distancia, entonces, ¿por qué tiene que quedar restringida a los seres humanos y a la geografía física de la Tierra? ¿Acaso no es posible que la misma conciencia colectiva esté vinculada al mundo del espíritu de la misma manera? En definitiva, ¿está la conciencia desprovista de barreras físicas? Y si llevamos este argumento un paso más allá, ¿cuando fallecemos nos unimos a una conciencia colectiva? ¿Podemos unirnos y aunar intenciones para formar «probabilidades de que ocurran sucesos», tal como explica el doctor Radin, más allá de los límites entre la vida y la muerte?

La quinta característica de la conciencia que ha identificado el doctor Radin es que los sistemas físicos responden a la conciencia enfocada si está más ordenada. El doctor Radin asegura que, según indican los datos, la intención y la atención conforman la realidad.

—La intención concentrada funciona a través del tiempo y del espacio para que tú y otros aspectos de la realidad ocupéis la misma órbita —explicó.

En ese momento me detuve para respirar hondo. Durante todo ese tiempo me había preguntado si la fuerte intención de Max por darse a conocer desde el mundo espiritual habría persistido si yo no le hubiera prestado tanta atención. A lo largo de mi viaje, había desarrollado la determinación de prestar atención a los sucesos extraordinarios que estaba experimentando porque sentía una gran curiosidad por ellos y me comprometí a intentar entender su significado. Dicho de otro modo, ¿había sido cómplice de Max para mantener vivos esos incidentes? ¿Habíamos creado entre los dos un espacio-tiempo que nos llevó a ocupar la misma órbita entre las fronteras de la vida y la muerte? ¿Era eso posible?

Sentía curiosidad por el fenómeno de la sincronía desde que había leído la teoría de C. G. Jung en *The Conscious Universe*, del doctor Radin, y me di cuenta de que pude haber experimentado algunas de estas sincronías. Según el diccionario *Merriam-Webster's*, la sincronía es «la incidencia coincidente de sucesos, especialmente de carácter psíquico (como los pensamientos parecidos de personas separadas en el espacio o una imagen mental de un suceso inesperado antes de que suceda) que parecen relacionados pero no pueden explicarse por mecanismos convencionales de causalidad; utilizado especialmente en la psicología de C. G. Jung». Le pedí al doctor Radin que desarrollara este concepto.

En contestación a mi pregunta, me contó una sorprendente anécdota personal sobre lo que parece ser un caso increíble de coincidencia o un ejemplo infalible de sincronía. A principios del año 2000, cuando él y Richard Shoup crearon el Instituto Boundary en Palo Alto, los alquileres de la zona eran tan caros que acabaron en un edificio de oficinas en Los Altos entre otras pequeñas empresas comerciales.

—Ni siquiera teníamos el nombre en la puerta, pero ya estaba soñando con cómo equipar nuestra oficina y laboratorio —contó el doctor Radin—. Me estaba imaginando todas las cosas que necesitaríamos y cómo las colocaría en el espacio.

Después de varias semanas yendo a su nueva oficina, una mañana decidió cambiar de ruta, lo cual lo llevó a fijarse en una empresa llamada laboratorio PSI Quest, que estaba junto a la suya.

—Supuse que se trataría de «Personnel Services Incorporated», es decir, una empresa de contratación, aunque la denominación de «laboratorio» no encajaba. Me dejé llevar por la curiosidad, así que un día me acerqué y miré a través de la ventana. No vi a nadie —explicó.

Pasó varias veces por allí, pero nunca había nadie. Persistió en su búsqueda de equipamiento y en el diseño de su laboratorio.

—Al cabo de una semana, mientras me iba, volví a echar un vistazo por la ventana del laboratorio PSI Quest. Esta vez había una persona en su interior. Llamé a la puerta con la intención de presentarme, y acudió un caballero a abrirme. Al hacerlo, tenía una expresión muy nerviosa. Pensé que le estaba dando un ataque al corazón, pero no dijo nada. No sabía qué hacer, porque por lo general cuando alguien abre una puerta dice algo. Así que me encargué de las presentaciones: «Hola, soy de la oficina contigua a esta». Pero el hombre me interrumpió: «Usted es Dean Radin».

El doctor Radin no tenía ni idea de quién era ese hombre.

—Pues bien, resulta que esta empresa privada fue fundada por un exempleado de Apple que fue uno de los desarrolladores originales del Power Book. Había dejado su trabajo para dedicarse a la misma clase de investigación que nosotros. Me comentó que siempre había querido investigar en el campo de lo psi.

»Me explicó que había acudido a diario a su laboratorio a practicar el yoga tibetano de los sueños para contactar conmigo. En el yoga tibetano de los sueños, entras en una especie de trance. Me contó que intentó hacerme aparecer para que formara parte de su junta directiva y que le ayudara a recaudar fondos. Ya os podéis imaginar el asombro. Me había aparecido en persona. Existen muy pocos laboratorios psi en el mundo, y ahí estábamos los dos juntos. Fue entonces cuando me asusté. Me invitó a pasar, y me di cuenta de que era exactamente el mismo diseño que había soñado para mi local.

»Esta clase de sincronía, cuando las cosas ocurren de manera coincidente, tiene un significado palpable —añadió el doctor Radin—. Funciona cuando una o más personas tienen un deseo a cierto nivel —aclaró—. Él había manifestado algo en su parte de la sincronía porque pensaba que me necesitaba, del mismo modo que yo cavilaba que necesitaba un diseño específico de laboratorio. Nuestras órbitas se dispusieron de tal modo que la decisión basada en el libre albedrío me llevó a llamar a la puerta y a conocernos.

Debido a la existencia de historias como la suya, la mía y la de otras personas que ha conocido, el doctor Radin no alcanza a comprender la falta de compromiso en el estudio de los fenómenos psi.

Me explicó que prácticamente todos los fundadores de la física moderna se han cuestionado el papel de la conciencia en un universo físico. Supe que uno de los más destacados era Werner Heisenberg, a quien el doctor Wendland había mencionado en nuestras sesiones. Además, Erwin Schrödinger y Albert Einstein, así como numerosos científicos contemporáneos se han planteado el papel de la conciencia en un universo físico. Pero el doctor Radin ha encontrado muy pocos estudios sobre el tema en revistas de prestigio en el campo de la física. De hecho, hay menos de cincuenta doctores en el mundo que lleven a cabo una investigación en el campo de lo psi a tiempo completo.

—Si los fondos para la investigación del cáncer que se invierten en un año se gastaran en un solo día, entonces la financiación para la investigación psi, en todo el mundo y a lo largo de la historia, consumiría solo cuarenta y tres segundos de ese día —explicó Radin.

Me contó que hace años se propuso que si solo un uno por ciento de los fondos nacionales de investigación se dedicaran a los fenómenos psi, supondría varios cientos de millones más que lo que se asigna en la actualidad.

Le pregunté qué haría si tuviera más financiación.

—Crearía programas educativos avanzados para que los estudiantes y los científicos aceleraran su análisis de los datos recabados, y seguiría estudiando la naturaleza de la interacción entre mente y materia, tal y como llevo años haciendo.

El doctor Radin considera que el futuro de este campo depende en gran medida en la demanda del público. Si el interés es elevado, se asignarán fondos de investigación.

—Si se tiene una actitud ambivalente sobre la investigación psi, entonces seguirá siendo algo marginal y no avanzaremos. Es así de sencillo —comentó.

Por muy frustrante que sea, el doctor Radin mantiene una actitud saludable y se toma el tema con sentido del humor. De este modo, me descubrió cómo la ciencia convencional acepta las ideas nuevas en cinco pasos.

—En el primer paso, los escépticos proclaman que una idea nueva es imposible y que no se atiene a las leyes de la ciencia —dijo—. En el segundo paso, los escépticos proclaman que la idea es posible pero poco interesante y que los efectos son tan tenues que no le interesan a nadie. En el tercer paso, los científicos convencionales empiezan a darse cuenta de que la idea es importante y que sus efectos son más intensos de lo que creían. En el cuarto paso, los mismos escépticos anuncian que a ellos se les había ocurrido primero esa idea. Por último, en el quinto paso, casi nadie recuerda que ese tema se había considerado controvertido en el pasado, y los pocos que lo recuerdan se han olvidado del porqué.

El doctor Radin cree que estamos en un momento de transición entre el paso uno y dos. Es evidente que nos falta mucho por avanzar, pero requerirá mucha investigación y una actitud más abierta por parte del público en general.

Tal como explicó el doctor Radin:

—La mayoría dicen: «Lo creeré cuando lo vea». En realidad, lo verás cuando lo creas.

Mientras permanecía allí sentada en el despacho del doctor Radin y le mostraba mis fotografías, una por una, me acordé una vez más del modo en que esos incidentes me habían afectado. Primero fueron impactantes, después experimenté una especie de negación mezclada con cierto misterio, seguida de una inmensa curiosidad y del deseo de aprender. Fue un proceso de varios años.

Pareció intrigado por mi relato y, en calidad de científico, detectó de inmediato algunas de las cosas que debí de haber hecho: identificar la huella dactilar de la mano en el espejo, efectuar un análisis químico, medir la vibración del suelo para las alfombras. Desde luego, tenía razón. Pero yo no soy científica; mi campo han sido los periódicos. Afortunadamente, esa experiencia me ha servido de algo, y al menos tuve la perspicacia de tomar fotos y de documentar lo que vi.

—Los escépticos dirán que alguien puso esas huellas en tu casa y que lo de las alfombras y todo lo demás fue fruto de tu imaginación. Dirán que sufrías alucinaciones y que estabas en pleno proceso de duelo —me advirtió el doctor Radin.

Probablemente tenga razón. Pero ahí es donde interviene la decisión de hacer lo correcto, a pesar de lo que digan los escépticos y los críticos. El doctor Radin es un gran ejemplo. Ha tenido el valor de avanzar en su investigación y en sus planteamientos a pesar de la oposición y el escepticismo de la mayoría de la comunidad científica.

Había llegado el momento de plantear la pregunta que me había llevado hasta él. ¿Había visto huellas como esas alguna vez? Supuse que lo que le había mostrado se salía de los cauces normales y que eso lo sorprendería. Pero no podía estar más equivocada.

Me contó que no podía pensar en nada que fuera exactamente como mis experiencias, pero que él y sus colegas registran con regularidad incidentes parecidos en el transcurso de sus investigaciones. Miles de ellos, en realidad. ¿Y el reloj que se detiene a las 12.44? Me dijo que se podría escribir un libro entero sobre relojes que se detienen por razones inexplicables en momentos que tienen una gran carga emocional. Así que después de todo ese tiempo y de la angustia que había pasado, incluida la sensación de que en efecto, podía estar volviéndome loca, resulta que mis experiencias no eran en absoluto inusuales.

Lo que pensaba que constituía un suceso extraordinario era, en realidad, bastante común. Por lo visto, lo paranormal es normal. Pero yo no lo sabía. Y he aquí la razón. A la gente le da miedo reconocer lo que ha experimentado. Son reacios a hablar en público sobre lo que han vivido por miedo a que se les juzgue.

No sabía si reír o llorar. En vez de aliviarme por no ser la única que había pasado por esto, que por tanto no era fruto de mi imaginación, me embargó una emoción del todo inesperada y desconocida. Me sentí ignorante y me preguntaba por qué no había conocido antes el campo de la parapsicología y el estudio de la conciencia. ¿Por qué no sabía que tantas personas habían pasado por lo mismo que yo? Estaba aprendiendo una lección muy valiosa. Tenía que hacerlo con perspectiva. Solo porque no se hable de algo abiertamente no significa que no exista. Por eso la investigación y la educación son tan importantes. Si insistimos en seguir cómodos con nuestros pensamientos e ideas y no nos forzamos a ir más allá, por aprender nuevas formas de pensar y de ver el mundo, podemos acabar siendo unos ingenuos y unos ignorantes.

Jim y yo no hablamos en el camino de vuelta al hotel, ya que estábamos procesando en silencio todo lo que habíamos oído. Pero recurrimos a una medicina perfecta: un paseo hasta la playa de Bodega Bay con *Blue*. Jim le lanzaba la pelota a *Blue* para que corriera a buscarla mientras yo pensaba en lo que había aprendido sentada en una silla. Esa reunión había resultado ser de gran trascendencia para mí. Creía que mis experiencias sorprenderían al doctor Radin. Pero sucedió todo lo contrario. Él fue quien me sorprendió a mí al decirme que no eran en absoluto infrecuentes. Sentada en la playa, me preguntaba acerca del significado de todo aquello y cómo incidiría en mi intención de continuar avanzando.

Y de repente se me ocurrió una idea, como suele ocurrir con las epifanías.

Había vivido los últimos años con un temor sutil pero persistente de que mi exposición a estos sucesos insólitos indicaba que, de algún modo, no era una persona «normal». Debido a la extrañeza de estos incidentes, al principio opté por mantener la boca cerrada. Con el tiempo fui compartiendo mis experiencias, pero elegí cuidadosamente a quién las confiaba. No quería que pensaran que estaba loca. Pero, por primera vez, tenía la confirmación de que esas vivencias no eran tan inusuales. Al fin y al cabo, era una persona normal.

¿Por qué no sabía que estas experiencias no eran tan infrecuentes? Me considero una persona relativamente bien informada. ¿Por qué la gente no las conoce? El hecho de que muchas personas experimenten el mundo sobrenatural y que muy pocos hablemos de ello es un tema cultural y social que merece consideración. Nos iría mejor si todos entendiéramos que no hay nada malo en sentir, oír y ver una comunicación de un ser querido que ha fallecido.

Fue entonces cuando me acordé de otra cosa que el doctor Radin había escrito en su libro *The Conscious Universe*. Cita a Andrew Greeley, un sacerdote católico y sociólogo de la Universidad de Arizona, quien en 1987 realizó un estudio mediante el que descubrió que el sesenta y siete por ciento de los adultos norteamericanos decían haber percibido algún tipo de experiencia psíquica. Greeley también descubrió que muchas viudas que decían tener un contacto con sus esposos fallecidos no albergaban creencias previas en la vida después de la muerte.

Según Greeley: «Las personas que han experimentado lo paranormal, tanto si lo aceptan intelectualmente como si no, no son en absoluto fanáticos religiosos ni enfermos mentales. En la mayoría de los casos son norteamericanos normales y corrientes, tal vez estén un poco por encima de la media en nivel de educación e inteligencia, y un poco por debajo de la media en implicación religiosa».

Este fue un momento muy importante de mi viaje, un verdadero punto de inflexión de gran trascendencia. Pasé de creer que mi historia era extraordinaria a darme cuenta de que esta clase de sucesos le ocurren a mucha gente. Es decir, que lo que en realidad es extraordinario es su cualidad ordinaria.

Me di cuenta, sentada en la silla plegable de lona de la playa de Bodega Bay, mientras observaba a Jim y a *Blue* jugar con la pelota, que había llegado el momento de hablar abiertamente del tema sin sentir vergüenza ni rubor. A partir de ese momento, me prometí a mí misma que me abriría no solo a las personas con las que me entrevistaba para mi investigación, sino también a familiares y amigos. Si podía dar consuelo a alguien, sería un gran privilegio.

Marcó un antes y un después. Me sentía libre. Liberada. Sin ataduras.

16

UN DESPERTAR ESPIRITUAL

En junio de 2011, Jim, haciendo gala de sus dotes de organización, me preguntó qué quería para mi cumpleaños, que era en octubre. Fue un gesto muy amable por su parte, pero yo no tenía ganas de hablar de ello. Significaba que estaba a punto de cumplir sesenta años. No era posible.

Había tirado todas las cartas de la AARP, la asociación de jubilados, que me habían llegado en los últimos dieciocho meses sin siquiera abrirlas. Lo cierto es que las encontraba muy irritantes. Había adoptado una actitud de negación. Pero Jim insistía, así que un día dije:

—De acuerdo, decide tú porque yo no puedo. —No tardó mucho en anunciar que nos iríamos al rancho Canyon. Me contó que era ideal para mí, dado mi interés por la nutrición y el ejercicio. Además, sabía que me gustaría el programa espiritual de esos días.

Habíamos vendido la casa de Yountville para comprar una en Florida y así estar cerca de la familia de Jim. Puesto que teníamos previsto viajar allí en octubre, pensamos en ir al rancho Canyon de Lenox, Massachusetts, en vez de al rancho principal de Tucson. Jim nunca había visto las hojas otoñales del noroeste, así que nos pareció una excelente idea combinar un viaje por la región y una estancia en el rancho. Pero antes de emprender el viaje, Vermont sufrió unas terribles inundaciones, y los hoteles que habíamos reservado no pudieron alojarnos.

—Vayamos a Tucson —propuso Jim alegremente.

Visité el sitio web del rancho Canyon y enseguida vi en mi

mente los cielos abiertos y cañones sobrecogedores, sentí la seducción del suroeste y la magia del desierto. Empecé a imaginarme la cultura de los nativos americanos. Además, Tucson representaba el alma del proyecto original del rancho Canyon, fundado en 1978 por Enid y Mel Zuckerman. En los años treinta y cuarenta del siglo pasado era un rancho en activo; luego, en los cuarenta y en los cincuenta pasó a ser recreacional. Los Zuckerman lo compraron, reformaron los viejos edificios y mejoraron el paisaje, captando así el espíritu intemporal de la región.

Me encantó. Cambiamos la reserva.

A medida que se acercaba el mes de octubre, me sentía cada vez más emocionada. Siempre pensaba en lo afortunada que era de tener a Jim, que siempre se había mostrado tan generoso y considerado. Fue idea suya, y ahora lo entendía. Empecé a hacer las maletas, lo cual era sencillo para un viaje al desierto. Ropa deportiva, camisetas y pantalones cortos. Nada de maquillaje. Tal vez eso de cumplir sesenta años no estuviera tan mal a fin de cuentas.

Recibí el folleto y empecé a planificar la estancia. En cuanto a las actividades, por fin tendría la oportunidad de aprender yoga y taichi. Llevaba hablando de apuntarme a clases de yoga desde que me había jubilado en 2008, pero fue en vano. ¡Esa era mi oportunidad! Por fin, mis tríceps y mi estómago flácidos recibirían tratamiento en el rancho. Y ¿por qué no apuntarme a las clases de cocina, ya que nunca en mi vida había cocinado? Bueno, mejor no, eso ya sería pasarse de la raya. Decidí ceñirme al ejercicio y al cuidado corporal. Clases sobre alimentación saludable, mejora de las prácticas de respiración, Pilates, tonificación básica, estiramientos, ejercicios de fuerza y cuidados dermatológicos además de las sesiones de yoga y taichi. Albergaba la esperanza de que esa visita hiciera retroceder diez años el reloj o, como mínimo, me transformase en una mujer de sesenta años de aspecto juvenil.

En la parte más seria del programa, repasé las ofertas del campo espiritual y me alegré de ver tantas opciones. Había clases de orientación espiritual, meditación, curación y alineamiento de cuerpo, mente y espíritu. El programa ofrecía actividades de las tradiciones oriental y occidental, así como la ayuda de una amplia gama de especialistas para cultivar una «existencia espiritual», determinar un sendero espiritual o prestar atención a «la integración de la espiritualidad en tu vida diaria». Se ofrecían «herramientas intuitivas y orientación» al público. Cuanto más leía, más me gustaba. Era una oportunidad única y no podía perdérmela.

El rancho me pareció un lugar mágico desde el instante en que llegamos. Me conmovió la paz y tranquilidad del desierto. El cielo tenía una tonalidad intensa, y el aire era cálido y seco. Decidí repasar el prospecto para ver a qué clases podía apuntarme durante nuestra estancia.

Al repasar la oferta semanal sentada en la habitación seleccioné varias actividades. Tenía ganas de asistir a las sesiones de meditación profunda y a la del asesor personal del alma. Había tres clases a las que no quería asistir: Aceptar la vejez, Ejercicios para la memoria y Bingo. Aunque cumpliera noventa años, no me apuntaría a ninguna de ellas.

Mientras tanto Jim, que me apoyaba en la elección de actividades espirituales, había hecho planes para mantenerse ocupado todos los días con sus Claves para mejorar el *swing*, seguido de Cardio golf, Claves para mejorar la precisión en el golf y Clínica de golf: el búnker. La lista era larga, pero todos los cursos tenían la misma temática.

Mi primera sesión se llamaba Cultivar la paz interior. La especialista nos habló del alineamiento de nuestras vidas exteriores con nuestras almas. Nos animó a escuchar a nuestro corazón y a explorar e investigar el sendero espiritual. «El sendero te elige a ti, así que debes limitarte a escuchar», explicó.

Nos contó que el alma tiene dos propósitos: aprender y enseñar. Su consejo era que escuchásemos, que permaneciéramos tranquilos y que confiásemos. Cuando hablamos de la «fuente», nos dijo que la sabiduría se encuentra en el corazón. Las cualidades son divinas e incluyen sabiduría, confianza, fuerza, valor, paciencia, amor, gratitud, protección, paz y, sobre todo, perdón.

En una sesión privada posterior, me indujeron un ejercicio de meditación concentrada y profunda que se parecía a una oración. Me indicaron que respirara lentamente y que aquietara mi cuerpo, centrándome en el «universo». El instructor me preguntó: «¿Qué palabra quieres utilizar para nombrar el origen del amor? ¿Jesús? ¿Dios? ¿Buda? Tú decides».

No tengo ni idea de por qué me vino a la cabeza, pero la denominación que elegí para el ejercicio fue «El Uno». La repetimos juntos. Lo único que pude percibir fue el sonido de El Uno como si fuera una vibración, un tono o una habilidad permanente. Las cosas empezaron a fundirse y a volverse blandas. Me conmovió el modo en que algo tan sencillo y puro podía ser tan rico y reconfortante.

Después de la sesión, di un paseo por los jardines y me detuve en una fuente de la plaza central. Me la quedé mirando. Mi sentido del tiempo se desvaneció. No sentí separación alguna entre el resto del universo y yo. Tuve una sensación de «conocimiento» absoluto unido al resplandor del sol en el agua. No estaba segura de si eso era un momento «de conciencia cósmica», pero sí sabía que la serenidad que percibía era excepcional. No me cabía la menor duda de que había cierta cualidad sagrada en el rancho Canyon.

Una noche después de cenar, mientras atravesábamos el vestíbulo, Jim me preguntó si me había fijado en la sesión de las ocho de la noche con el doctor Gary Schwartz, profesor de la Universidad de Arizona.

—Hablará de sus últimas investigaciones sobre el papel que desempeña el campo espiritual en la salud y en la vida cotidiana. Deberías ir —me recomendó Jim.

Así lo hice y le pedí que me acompañara. El doctor Schwartz también es director de desarrollo de los servicios de curación energética en el rancho Canyon y colabora en investigaciones sobre la curación energética y la ciencia de biocampo. Es un hombre muy inteligente y divertido, así como un remolino de energía. Contagia entusiasmo. Posee un talento maravilloso para comunicar ideas nuevas de modo que se comprenden con facilidad. Mientras atravesaba la sala de conferencias esa noche, varios de los asistentes nos quedamos cautivados por su presencia.

Escuché con atención al doctor Schwartz hablar sobre la

energía divina de la curación, sus experimentos con ella y la relación que existe entre ciencia y espíritu. Preguntó: «¿Existe una realidad espiritual superior?». Nos dijo que él cree que las personas que han muerto se preocupan por nosotros tanto como nosotros por ellos. Continuó diciendo que su misión en la vida es proporcionar pruebas científicas del espíritu a través de su trabajo.

Fue todo un privilegio escuchar a un profesor universitario y ponente dedicado al estudio de la vida después de la muerte. Una vez terminada la sesión, Jim me sugirió que intentara reunirme con el doctor Schwartz en privado. Después de la clase me presenté, y terminamos hablando durante varias horas en las que pude contarle mis experiencias con Max. Me invitó a asistir a otra sesión, que se celebraría al cabo de dos días, dedicada esta vez a mejorar la conciencia de la energía personal.

Después de la segunda clase, el doctor Schwartz tuvo la amabilidad de dedicarme algo más de tiempo. Lo acompañé a su coche, y me dio una copia de su último libro: *The Sacred Promise* [La promesa sagrada]. Me preguntó si había pensado en contar mi historia a un público más amplio, tal vez a través de la escritura. Argumentó que podía prestar mi voz a otras personas para que hablaran sobre sus propias experiencias. Le contesté que no lo sabía. Todavía estaba en fase de aprendizaje, de exploración e investigación, y no tenía ni idea de adónde me llevaría ese viaje. Es decir, era consciente de que no sabía lo suficiente.

17

EXPERIENCIAS CERCANAS A LA MUERTE: ¿PRUEBAN QUE EXISTE OTRA VIDA DESPUÉS DE FALLECER?

Lo que había entendido por el momento del doctor Wendland y el doctor Radin era que el consenso científico casi universal definía la conciencia como el resultado de un proceso cerebral. Evidentemente, eso significaba que las huellas de manos y pies fueron iniciadas por Max de la nada. Es decir, que lo que había pasado no era científicamente posible. Pero no estaba dispuesta a tirar la toalla.

Había oído hablar en varias ocasiones del doctor Eben Alexander y su libro *La prueba del cielo*, así que me compré un ejemplar y lo leí. Supe que había vivido una experiencia cercana a la muerte que lo llevó a cambiar su perspectiva tradicional. Como neurocirujano, al igual que la mayoría de los miembros de la comunidad científica, había creído que la conciencia era el resultado de una función cerebral, pero ahora pensaba que la conciencia existía como entidad separada. El doctor Alexander era un ponente destacado de la reunión de la fundación Forever Family a la que asistí, así que no solo pude escuchar su conferencia, sino que también hablé con él en privado. Básicamente estaba interesada en su perspectiva sobre la conciencia como científico, ahora que ya había renunciado a su pensamiento tradicional.

En *La prueba del cielo*, el doctor Alexander cuenta con todo lujo de detalles «el mundo más extraño y más hermoso que haya visto jamás» durante su estado de coma a causa de una extraña enfermedad. En su experiencia cercana a la muerte, sostiene que la parte de su cerebro que controla el pensamiento y la emoción no estaba funcionando. Esto lo convenció de que lo que había experimentado en su estado alterado era el cielo. Permaneció en él durante siete días hasta que se recuperó.

Después de su presentación, hablé con él y le expliqué mi situación. Le conté que me había embarcado en una investigación sobre cómo sobrevive nuestra conciencia después de la muerte debido a mis sucesos con Max. Le pregunté cómo definiría la conciencia.

Me explicó que, en su opinión, la conciencia existe en primer lugar como «el elemento primordial de nuestro universo». Me confirmó lo que yo había leído en su libro acerca de cómo rechazó su creencia anterior de que el cerebro es el generador de la conciencia y su convicción actual de que la conciencia es independiente del cerebro. Piensa que los datos sobre las experiencias cercanas a la muerte suelen descartarse como pruebas porque son personales y anecdóticas. Pero eso, señaló, no las invalida.

Mi conversación con el doctor Alexander me llevó a investigar más a fondo las experiencias cercanas a la muerte (conocidas comúnmente por sus siglas, ECM). Llamé al doctor Radin y le pedí que me recomendara a una personalidad en ese campo. Me presentó al doctor Bruce Greyson, que tuvo la amabilidad de aceptar una entrevista en su despacho de Charlottesville, Virginia. No tardaría en descubrir que existe una gran cantidad de relatos documentados sobre ECM, y su extraordinaria coherencia es congruente con las pruebas que ya tenemos de que existe una conciencia fuera del cerebro.

Aunque mis experiencias no eran cercanas a la muerte, tenía la esperanza de conocer la investigación del doctor Greyson y descubrir si la conciencia sobrevive al cuerpo. Albergaba la esperanza de que me diera algún tipo de percepción sobre si Max seguía existiendo de alguna forma y si estaba tratando de comunicarse conmigo.

Mi entrevista con el doctor Greyson resultó ser una de las más emotivas de mi viaje. Es profesor emérito Carlson de Psiquiatría y Ciencias Neuroconductistas de la Universidad de Virginia en Charlottesville. También es exdirector de la División de Estudios Perceptuales de la Facultad de Medicina de la misma universidad.

Su bagaje es impresionante. Se licenció en Psicología por la Universidad Cornell y obtuvo el doctorado en la Facultad de Medicina de la Universidad Estatal de New York Upstate. Enseñó psiquiatría en las universidades de Michigan y Connecticut, donde fue director clínico de psiquiatría. Con el tiempo regresó a la Universidad de Virginia, donde llevó a cabo su residencia en psiquiatría.

Durante tres décadas, el doctor Greyson ha centrado su investigación en las experiencias cercanas a la muerte. Es coautor de *Irreducible Mind* [La mente irreductible], una obra exhaustiva dedicada a la psicología moderna. Fue autor de la entrada sobre experiencias cercanas a la muerte para la *Enciclopedia británica*. Ha escrito más de cien artículos en revistas académicas de prestigio en el campo de la medicina y la psicología, entre las cuales se encuentra *The New England Journal of Medicine*, y ha presentado su trabajo en más de ochenta congresos nacionales e internacionales.

Es desde hace tiempo editor del *Journal of Near-Death Studies*. También es cofundador y vicepresidente del Instituto Cedar Creek, cuya misión consiste en explorar áreas de potencial humano desatendidas por la ciencia contemporánea. La investigación llevada a cabo en él se centra en las experiencias y conductas parapsicológicas.

No había mejor experto que él para plantear el tema de las experiencias cercanas a la muerte. Es toda una autoridad. Tenía muchas ganas de conocerlo y hablar con él.

Evidentemente, le pedí a Jim que me acompañara, y decidimos aprovechar la visita para hacer una excursión en la que nos llevamos a *Blue el Perro Maravilla* y su *frisbee*. Pasé varias horas preparando una maleta grande (aunque solo me puse una tercera parte de lo que había en ella) y una neverita llena de yogures, arándanos, zanahorias y rábanos. Jim, mientras tanto, decidió llevarse una minúscula mochila y estuvo listo en un nanosegundo. Le pregunté qué quería llevarse en la neverita.

—Nada —me contestó—. Tengo previsto vivir de lo que nos ofrezca la tierra.

Así que mientras él engullía su hamburguesa doble con queso y patatas fritas en un Burger King, yo me senté enfrente con mis frutas y verduras. Pero esto enseguida comenzó a irritarnos. Afortunadamente, descubrimos el restaurante Cracker Barrel, y no tardé en encapricharme con un plato de trucha, puré de patatas y judías verdes.

El único inconveniente de nuestra excursión fue que tuvimos que dormir en hoteles que admitieran animales. Si veíamos que *Blue* husmeaba en la alfombra pasada de moda del suelo, la habitación no estaba tan ventilada y limpia como esperábamos. Mientras atravesábamos el país en coche desde Idaho hasta Virginia por la interestatal 80, escuchábamos *South of Broad* de Pat Conroy y *An Object of Beauty* de Steve Martin. Llegamos a nuestro destino sanos y salvos. Bueno, como mínimo, salvos.

Charlottesville queda acurrucada en la base de la Cordillera Azul y tiene fama de ser uno de los lugares más agradables del país. Tiene una larga historia. Tres presidentes estadounidenses crecieron en Charlottesville, y Thomas Jefferson fundó la Universidad de Virginia en este lugar en 1819. También me alegré de saber que esta ciudad es un centro literario y tiene más lectores de periódicos per cápita que cualquier otra parte de América. ¡Es mi ciudad ideal!

El Instituto Cedar Creek y la división universitaria de Estudios Perceptuales ocupan un edificio separado del campus principal. Las oficinas también dan cabida a la biblioteca Ian Stevenson, una de las nueve bibliotecas dedicadas a la investigación parapsicológica que existen. Se restringe su uso a los científicos y a los estudiantes y autores cualificados.

Una de las paredes del pulcro despacho del doctor Greyson está cubierta por varios archivadores de metal repletos de los casos de ECM que ha estudiado. Es un hombre amable, agradable y de trato fácil. Aunque debe de tener unos sesenta y cinco años, aparenta muchos menos, y su forma física es estupenda. Parecía un poco retraído hasta que empezó a hablar sobre su trabajo. Su pasión saltaba a la vista. Le pregunté qué lo atrajo de ese campo de estudio.

—No puedo darle una respuesta concluyente —comenzó—. Crecí en el seno de una familia de científicos no creyentes. Cuando estudiaba en la Facultad de Medicina, me sentí atraído por la psiquiatría porque era un campo en el que había muchas preguntas por responder, como por ejemplo las alucinaciones sobre los muertos. Antes creíamos que ocurrían de vez en cuando. Pero luego un médico de familia de Inglaterra decidió preguntarle a sus pacientes si alguno de ellos se había comunicado recientemente con un ser querido fallecido. Curiosamente, el cincuenta por ciento de los encuestados dijo que había visto, oído u olido a uno de esos difuntos. Pero si llevas a cabo un estudio de la población en conjunto, no se obtienen esos niveles de respuesta porque la gente es reacia a reconocerlo.

Pude entender perfectamente ese sentimiento.

El doctor Greyson describe las ECM en *Irreducible Mind* y nos habló de ellas.

—No existe una definición universalmente aceptada de las ECM, pero se suelen entender como experiencias inusuales, a menudo vívidas y realistas, a veces profundamente transformadoras, que ocurren a personas que han estado en un estado cercano a la muerte fisiológica, como en parada cardíaca u otras condiciones críticas, o psicológico, como en accidentes o enfermedades en las que temían morir.

Es una definición que tiene sentido.

Continuó explicándome que hay muchos relatos de ECM. A menudo no se informa de ellos. Solo en la Universidad de Virginia, los investigadores han estudiado 861 casos. Los estudios de la última década indican que las experiencias ocurren a diez de cada veinte pacientes cercanos a la muerte. Me quedé sorprendida e impresionada ante esas cifras.

Me mencionó un libro del que nunca había oído hablar, pero que es un clásico dentro de este campo. Se titula *Vida después de la vida* y fue escrito por el médico y filósofo Raymond Moody en 1975. El doctor Greyson nos contó que este libro sacó del anonimato la existencia de las ECM. Se basaba en más de 150 casos que el doctor Moody había recopilado mientras trabajaba como residente bajo las órdenes del doctor Greyson. El doctor Moody cita una serie de características básicas de las ECM:

La sensación de estar flotando fuera del propio cuerpo y de verlo desde una perspectiva distinta. El doctor Greyson ha descubierto este rasgo en un cuarenta y ocho por ciento de las ECM.

La plena conciencia de lo que está pasando, como por ejemplo ver el modo en que los médicos lo están tratando a uno.

Atravesar un largo túnel oscuro y reunirse en ocasiones con guías espirituales o seres queridos fallecidos. El doctor Greyson ha detectado este rasgo en el cuarenta y dos por ciento de los casos.

Salir del túnel para ver a un «hermoso ser de luz» que «habla», aunque no con un lenguaje verbal.

Experimentar un resumen de la vida o una recuperación de recuerdos. También se pueden recibir lecciones o valoraciones sobre cómo se ha llevado la vida hasta ese momento. El doctor Greyson ha detectado este rasgo en un veinticuatro por ciento de las ECM.

Ver otro reino o frontera de gran belleza al que uno no puede acceder.

Experimentar una dicha y un amor intensos.

Regresar al cuerpo, a menudo sin tener ganas de hacerlo.

Descubrimos que otros investigadores destacados habían confirmado las características de las ECM presentadas por el doctor Moody. No todos los casos reúnen estas características, y no hay ninguna que sea constante en todos. Algunas ECM son de una naturaleza completamente distinta. Quien ha vivido una ECM casi siempre encuentra dificultades para expresar con palabras lo ocurrido. Puedo entender por qué es así.

No obstante, según explica el doctor Greyson, se registra una extraordinaria constante en esos casos que les otorga credibilidad. Los pacientes que han informado de una ECM suelen hablar de sucesos sorprendentes. Ofrecen detalles específicos de lo que ocurría en la sala de operaciones o de su entorno mientras permanecían «muertos». Pueden explicar procesos inusuales o conductas de las que de otro modo no tendrían conocimiento. A menudo pueden reproducir las conversaciones de los médicos y enfermeras que los atendían.

Uno de los casos más espectaculares fue documentado por el doctor Greyson en un artículo titulado «Seeing Dead People Not Known to Have Died: "Peak in Darien" Experiences» [Ver a personas muertas de las que no se tenía conocimiento: las experiencias del Pico de Darien], publicado en la revista *Anthropology and Humanism*. En dicho artículo, el doctor Greyson cita a pacientes cuyas ECM incluyen ver, para su asombro, a una persona muerta recientemente, ¡aunque ni el paciente ni nadie cercano a él tuviera conocimiento de su muerte!

Las ECM no son el único fenómeno extraordinario. Otros eventos anteriores a la muerte también resultan sorprendentes.

—Hemos visto casos de personas con alzhéimer avanzado que han recuperado totalmente su lucidez días u horas antes de morir —contó el doctor Greyson—. ¿Cómo es eso posible? El cerebro se ha deteriorado físicamente. Pero ocurre, y no tenemos una explicación fisiológica para ello.

Así pues, ¿cómo sabemos que las ECM no son solo sueños?

—Uno de los rasgos más sorprendentes de las ECM es el modo en que transforman completamente las vidas de las personas. Los que las han experimentado casi siempre dicen que ya no tienen miedo de morir —añadió el doctor Greyson—. Sus vidas quedan profundamente afectadas de otra manera, y pueden incluso desembocar en un cambio de profesión o en un divorcio. Como psiquiatra, tengo que tratar con alucinaciones todo el tiempo. Estas no transforman la vida de una persona. Los sueños tampoco. Pero las ECM sí suelen hacerlo, y por eso son distintas.

—¿Puede haber una explicación médica para las ECM? —pregunté.

—En la actualidad no tenemos una explicación fisiológica para estas experiencias, pero eso no significa que nunca la vayamos a encontrar —aclaró el doctor Greyson.

El doctor Greyson reconoce que las ECM colisionan en sus aspectos fundamentales con la creencia convencional de que el cerebro crea la conciencia. Sin embargo, corroboran la visión alternativa de que el cerebro actúa como filtro de la conciencia, según nos explicó.

A pesar de que los científicos y médicos actuales consideran el cerebro como fuente de la conciencia, la idea de que este es un filtro tiene varios siglos de antigüedad.

—Por ejemplo, existen muchos datos de que una mente puede comunicarse con otra. Es lo que llamamos «telepatía». Pero no existe una explicación fisiológica para ello. Si uno se para a pensarlo, no es más asombroso que el modo en que tu mente activa tu mano para escribir. No sabemos cómo ocurre. Aunque aceptes la idea de que el cerebro produce pensamientos, algo en lo que yo no creo, aun así no podemos explicar cómo ocurre. No tenemos ni idea. Los materialistas dicen: «Bueno, algún día lo sabremos». Pero eso no es una teoría científica porque no se puede refutar.

El mejor recurso de investigación en este campo son los propios pacientes, pero eso plantea algunos obstáculos para los científicos. En primer lugar, llevar a cabo una investigación significa «esperar a que algo ocurra», como dijo el doctor Greyson.

—No podemos orquestarlo. No obstante, tenemos numerosos casos documentados que se remontan a la antigua Grecia. Desde luego, tal como hemos visto con el doctor Eben Alexander, siguen ocurriendo hoy en día.

Según el doctor Greyson, la investigación de las ECM tendrá que superar otro escollo: la reticencia de las personas a hablar de ello.

—En una ocasión dirigí un estudio de personas que habían intentado suicidarse —contó el doctor Greyson—. Los entrevisté tratando de no importunarlos tan pronto como se recuperaron. Algunos describieron una experiencia en la cual abandonaban el cuerpo, pero la mayoría me dijo que no les había pasado nada inusual. Llevé a cabo un seguimiento de estas personas cada mes durante cinco años, y cada año varios acababan reconociendo que tuvieron una ECM, aunque tenían miedo de hablar de ello. Una persona me contó hace poco, veinte años después, que había aspectos que no quería comentar conmigo porque eran demasiado personales.

»La concienciación pública de las ECM está cambiando esa percepción —dijo el doctor Greyson—. Por muy mal que estén las cosas, están mucho mejor ahora que en los años ochenta. Al menos ahora, cuando presento mi trabajo en un congreso, la gente está dispuesta a hablar de ello en público —me comentó—. Aún es más alentador que los estudiantes de medicina se interesen por este campo. Ahora mismo tengo a dos alumnos investigando en nuestra biblioteca.

Quería conocer qué pensaba el doctor Greyson sobre lo que yo había experimentado desde la muerte de Max. ¿Creía que Max me estaba enviando mensajes a través de las huellas y demás incidentes?

—Mirando estas fotos, es evidente que está ocurriendo algo fuera de lo común —sentenció—. Pero las huellas, debido a su tamaño, no parecen tener la firma de Max, excepto por la coincidencia con el aniversario de su muerte. Podría pedirle más pistas, si es que es realmente él. Tal vez su viaje no haya terminado todavía.

Al final de la conversación, el doctor Greyson comentó:

—Estos incidentes que ocurren en su casa pueden provenir de Max o de usted. Tal vez en el aniversario esté henchida de espíritu y, de algún modo, produzca esos efectos. A un nivel esencial, tal vez no exista diferencia alguna entre usted y Max, puesto que todos somos parte de lo mismo. Quizá estas barreras que levantamos entre las personas son solo temporales, mientras estamos aquí, y cuando abandonamos el cuerpo, ya no será así.

Esa idea me conmocionó. Aquí estamos, día tras día, invirtiendo nuestras vidas como humanos separados por los límites de nuestros cuerpos. Esto nos lleva a pensar que nuestras mentes y nuestros corazones también están separados. Pero ¿y si no lo estuvieran? ¿Y si fuésemos parte, tal como sugiere el doctor Greyson, de la misma conciencia y, por tanto, inseparables? ¿Es el amor el factor unificador que nos conecta?

Ninguna otra sesión a lo largo de mi camino me conmovió tanto como esta. Fue la única ocasión en la que lloré. El doctor Greyson había tocado una fibra sensible. Como médico y profesor, había vinculado esos fenómenos insólitos no a la ciencia, sino a la experiencia más poderosa que experimentamos en la vida: la conexión.

18

¿HAY ALGO PEOR QUE PERDER A TU CÓNYUGE?

Tenía mucho en lo que pensar después de la entrevista con el doctor Greyson. No solo había aprendido que las experiencias cercanas a la muerte parecen ofrecer evidencias de la vida después de la misma, sino que mi creencia de que el amor se extiende más allá de las fronteras entre esta vida y la siguiente quedó reforzada. En materia de sentimientos, no hay diferencia alguna entre los que amamos aquí y los que se han marchado. También me fascinó la idea de que la conexión que sentimos cuando queremos a alguien está impulsada por algo mayor y mucho más poderoso que cualquiera de nosotros. Tal como explicó el doctor Greyson, «todos somos parte de lo mismo». Di un paso más allá en mi forma de pensar. Para mí, ese «algo» de lo que formamos parte se llama amor.

Empecé a pensar en todas las personas a las que amo. Jim y Tanner me vinieron a la cabeza enseguida, con una imagen mental de Maddie Hallerman, la novia de toda la vida de Tanner, junto a él. Visualicé a Michael y a Ryan, los hijos de Jim, y a Adriana, la esposa de Ryan. Vi a Kurt, Marky, Brian, Signe y su marido, Dan, junto con mis sobrinos. Pensé en Bob, el padre de Tanner, a quien quiero por ser el padre de mi hijo, y en los familiares comunes a los que Bob y Tanner aman. Recordé a mis queridas amigas, algunas nuevas, otras de hace años, que han permanecido conmigo en los buenos tiempos y en los malos. Cerré los ojos y vi a sus seres queridos.

No podía evitar preguntarme cómo haría frente a la muerte de sus seres queridos cada uno de ellos. Según la intensidad de su relación, ¿esa pérdida los haría cambiar de un modo distinto a como los habían afectado otros episodios de su vida? ¿Se preguntarían qué pasa cuando morimos? Me pregunté si tendrían que hacer frente a la clase de fenómenos que yo misma había experimentado. ¿Acabarían reconociendo, como yo misma hice, que existe algo después de este mundo? ¿Los ayudaría esto a enfrentarse a su pérdida? Y según la naturaleza de esa pérdida, ¿variaría el dolor en magnitud, como ocurre con el amor? ¿El dolor es siempre igual?

Por muy triste que sea, todos esperamos enterrar a nuestros padres. Pero cuando ese orden natural se altera, es la peor de las tragedias. No existe un amor comparable al que se siente por un hijo. Está por encima de cualquier otra consideración. Por muy devastador que sea perder a un cónyuge, que un hijo se muera es peor. No puede haber un golpe más duro.

Ron y Lynn Dickerson saben lo que es. Perdieron a su hijo Ryan a la edad de dieciocho años en 2007, cuando fue hallado, en un campamento de verano en el que trabajaba, ahogado en una zona de un metro de profundidad. Las autoridades sospechan que una enfermedad coronaria no diagnosticada le provocó un desmayo.

Lynn es amiga mía. Era editora del *Modesto Bee* en California antes de pasar a ser ejecutiva en las oficinas corporativas de McClatchy. Ahora ha vuelto a Modesto como directora ejecutiva del Gallo Center for the Arts. Es una mujer de negocios lista y con talento, así como una directiva consumada que infunde lealtad y respeto entre sus empleados y colegas.

Ha sido una cristiana devota durante toda su vida, pero la muerte de Ryan le hizo cuestionarse su fe y mermó su voluntad para seguir viviendo. Era el pequeño de sus dos hijos; Ross tenía veintidós años cuando su hermano murió. Ryan era encantador, divertido, atento, y todo el mundo lo quería.

—Siete semanas después de la muerte de Ryan, apenas podía levantarme de la cama, cepillarme los dientes o ducharme —me contó Lynn—. Tardé tres años en ver algo de color en mi vida. Poco después de los hechos, me aseguraron que volvería a estar bien al cabo de un par de años, pero para mí eso era equivalente a que durante el parto el médico te dijera que tardarías en dar a luz unos años. No me parecía algo a lo que pudiera sobrevivir. Su pérdida ha sido casi insoportable. Han pasado ya seis años, pero seguimos arrastrando esa nube de tristeza.

Siguió adelante porque su marido y su hijo mayor la necesitaban. Poco a poco, la vida se hizo más tolerable.

—Es como cuando te amputan una pierna. Puedes volver a caminar con una prótesis, pero siempre serás un tullido —explicó Lynn.

Lynn podría escribir un libro sobre las veces que sintió cierta conexión o recibió mensajes de Ryan. La peluquera de una amiga, que tenía dones psíquicos, le dijo que podía ver a Ryan y se lo describió. Incluso sabía uno de sus rasgos más personales: flexionar sus tonificados abdominales y mirarse al espejo, un gesto que merecía las bromas constantes de sus amigos y familiares.

Ron se reunió con la peluquera de inmediato. Describió su antigua casa de Modesto y su nuevo hogar de Sacramento. Sabía que sus hijos saltaban desde un balcón del tercer piso a la piscina. Dijo que Ryan estaba preocupado por ellos y por dos amigos a los que mencionó.

La experiencia de Lynn con la misma vidente fue menos satisfactoria. Le comentó a Lynn que no se permitía a sí misma llorar su pena. Aunque creyó que se trataba de un error de interpretación, la médium le comentó que Ryan había previsto dejar unas monedas para darles a entender que él estaba con ellos.

—Las monedas pueden aparecer por todas partes —dijo Lynn, aunque las ha hallado en lugares muy extraños, pero que guardan relación con Ryan.

Encontró una al inicio de una ruta por las Sierras con un grupo de apoyo para el duelo. Descubrió otra en el suelo mientras se dirigía a una cena con Hillary Clinton, Barack Obama y John McCain durante una rueda de prensa. A Ryan le gustaba mucho la política, y justo cuando Lynn pensaba en lo mucho que le gustaría poder contarle lo de la cena, vio el penique.

Las luces de casa de Lynn también parpadearon, como me sucedió a mí. Cada año sus familiares y amigos celebran una fiesta de Navidad llamada «Reunión en recuerdo de Ryan», que ayuda a apaciguar el peor miedo de Lynn: que olviden a su hijo. En invierno de 2009, Lynn reunió todas las fotos de Ryan y las colocó sobre la mesa de la sala de estar. Mientras cruzaba el pasillo, las quince luces empotradas empezaron a apagarse y encenderse como locas. Llamó a Ron, y él se apresuró a acudir al comedor. Se puso a llorar cuando percibió que se trataba de Ryan. Llamó a Ross, su hijo mayor, que era muy escéptico. Los tres se quedaron allí plantados, asombrados, hasta que las luces dejaron de parpadear.

Uno de los sucesos más poderosos que experimentaron fue la visita de un joven amigo y vecino de Ryan, que no estaba nada de acuerdo con que Lynn y Ron hablaran con médiums y pensaba que todo era una sarta de mentiras. Pero un día llamó a la puerta de los Dickerson para decirles que Ryan lo había visitado esa noche. El amigo se despertó temblando, y allí estaba él a los pies de la cama, con su camiseta de béisbol puesta. Ryan estaba en un lugar hermoso y era feliz; eso le contó.

Mientras el amigo hablaba con Lynn, ella se refirió a su «sueño», pero la corrigió severamente. No se trataba de un sueño; había sucedido de verdad, aclaró. Su perspectiva había cambiado por completo. El amigo no entendía por qué Ryan se había molestado en visitarlo. La respuesta de Lynn fue: «Tal vez sabía que lo necesitabas».

Mientras Lynn leía todos los libros que pudo conseguir sobre superación de la pérdida, su marido se informaba acerca de las experiencias cercanas a la muerte y los médiums. Como regalo de Navidad de Ron, Lynn contrató una lectura personal por teléfono con George Anderson, el autor de *Walking in the Garden of Souls* [Caminar en el jardín de las almas]. Quedaron en que un vecino contrataría el servicio y utilizaría su tarjeta de crédito para que el médium no pudiera investigar a los Dickerson con antelación. Lynn se quedó escuchando por otra línea durante la lectura.

Anderson dijo que veía a dos jóvenes, el hijo de Ron (Ryan) y su hermano. Ron había perdido a su hermano cuando contaba dieciocho años de edad, hacía treinta y ocho años. Anderson explicó que los dos chicos parecían ser buenos amigos y que iban juntos. Contó que Ryan también estaba con la hermana fallecida de Lynn. (La madre de Lynn había dado a luz a una niña que nació muerta cuando ella era pequeña.)

Anderson contó que Ryan estaba muy contento por el modo como lo recordaban y que le gustaba especialmente la idea de «plantar». (Lynn y Ron dedicaron una escultura en acero de un roble a la biblioteca pública en su nombre.) Anderson sabía que los Dickerson se mudarían pronto. Añadió que su otro hijo había sido un poco difícil (cierto) y preguntó si había alguien llamado Sarah que fuera importante. (Su perro de catorce años, *Sarah*, había crecido con Ryan y había muerto cuatro meses antes que él.)

Ninguno de estos sucesos los asustó, dijo Lynn. Por el contrario, resultaron reconfortantes y los ayudaron a aliviar su duelo.

—Me pareció que era un regalo —señaló Lynn—. Me sentía como si me estuviera sujetando a la vida por un hilo. Y eso me proporcionó un agarre más firme.

Lynn ha contactado con muchos padres en circunstancias parecidas y siempre les pregunta si han recibido algún tipo de señal de sus hijos. Solo una mujer, una atea convencida, contestó que no.

Bob y Phran Ginsberg también tuvieron que hacer frente a la tragedia de perder a una hija. Los conocí en la reunión anual de la fundación Forever Family en la que había conocido a Loyd Auerbach y al doctor Eben Alexander. Bob y Phran son los fundadores de la organización. Fue su pérdida personal y el viaje que emprendieron como resultado de ella lo que los motivó para crear esta institución.

Bob me contó que antes de perder a su hija, «no creía en fenómenos psíquicos, y tampoco en la supervivencia [después de la muerte] porque mi pensamiento del lado izquierdo del cerebro no podía concebir que esos sucesos fueran reales. No tengo un trasfondo científico. Soy licenciado en Lengua Inglesa por la Universidad Estatal de Nueva York, empecé un máster y luego me inicié en el negocio de los seguros».

Phran, en cambio, tuvo experiencias psíquicas a lo largo de toda su vida. Incluso de niña sabía cosas que no podía explicar, y también tenía premoniciones. Por suerte, siempre eran de signo positivo. Pero el 1 de septiembre de 2002, Phran despertó a Bob entre las tres y las cuatro de la madrugada con su primera premonición negativa.

—Estaba pálida y temblando —recordó Bob—. Le pregunté: «¿Qué te ocurre?». Me dijo que no lo sabía, pero que algo horrible iba a pasar ese día. Así que le dije: «Bueno, y ¿de qué se trata?». Me contestó que no podía asegurarlo, pero que sería algo espantoso. Por lo general, habría hecho caso omiso de algo así.

Pero Bob sabía que la precognición de Phran había sido precisa en el pasado, así que se tomó esa angustia en serio. Su primer pensamiento fue para sus hijos.

—Vigilamos a nuestros hijos durante todo el día —contó Bob—. Mi hija mediana [Kori] acababa de empezar sus estudios en la Universidad Carnegie Mellon. Teníamos el coche cargado y preparado para llevar a mi hijo [Jonathan] de vuelta a la Universidad de Delaware al día siguiente, y era el último día del trabajo de verano de mi hija pequeña, Bailey, antes de regresar al instituto. Estuvimos pendientes de los tres a lo largo del día, pero bajamos la guardia por la noche.

Conducían de vuelta a casa después de cenar en un restaurante. Iban en dos coches, Jonathan conducía el primero y Bailey viajaba en el asiento del acompañante.

—Mis hijos se vieron involucrados en un terrible accidente, y llegamos a la escena pocos minutos después del choque —explicó Bob—. Él estaba gravemente herido, pero ella no sobrevivió.

»Ya se pueden imaginar el impacto. Por unos momentos no sabía si iba a perder a dos hijos. Con el tiempo, mi hijo se recuperó, y fue por aquel entonces cuando me vino a la cabeza una idea. «Un momento, ¿cómo lo había sabido Phran?», pensé. Sabía que ella nunca sería capaz de mentirme, así que tenía que tratarse de una experiencia paranormal. Pero necesitaba verificar desde una perspectiva científica que esas cosas eran posibles.

»Al principio mi búsqueda no fue motivada por razones altruistas, para ayudar a otras personas. Era una cuestión de supervivencia, porque, la verdad, estaba hecho un desastre. No tenía recursos para sobrevivir a una pérdida así. Fue absolutamente devastador. Leí, y todavía sigo leyendo, cientos de libros sobre el tema de la supervivencia, la teoría de que parte de nosotros perdura después de la muerte.

Phran cree que Bailey ha establecido contacto con los Ginsberg desde el otro lado de muchas maneras, pero la más espectacular tuvo lugar en la primera mañana de Navidad después del accidente. Jonathan se estaba recuperando y se encontraba en casa de su novia. Kori estaba en casa de vacaciones. Bob, Phran y Kori no encontraron fuerzas para celebrar la cena de Nochebuena de la forma acostumbrada con sus amigos, así que se acostaron temprano. Irse a dormir era a menudo una válvula de escape para su dolor.

—Kori entró corriendo en nuestra habitación, llorando como una histérica. Bailey se le había aparecido y le pidió que les dijera a sus amigos que no se asustaran si ella los visitaba, según explicó. Bob y Phran invitaron a Kori a dormir con ellos, pero como tenía dieciocho años, prefirió quedarse en el suelo a los pies de la cama.

Después de apagar las luces, Phran percibió que uno de sus gatos había saltado de la cama. Se incorporó y vio que su hija había ocupado su lugar, de modo que advirtió a Bob que no la echara. Se quedaron dormidos. A la mañana siguiente, Phran encontró a Kori en el suelo y le preguntó por qué había vuelto a bajarse. Ella les respondió que nunca se había subido a la cama. Bailey y Kori se llevaban solo dos años, y Phran está convencida de que fue Bailey quien se quedó durmiendo con ellos esa madrugada de Navidad.

—Era su forma de decir «estoy bien» —aclaró Phran.

Phran me comentó que Bob tuvo sueños en los que conversaba con Bailey, pero no tenía la clase de experiencias que ella y Kori registraban.

—Kori y yo encontrábamos consuelo en esas señales, pero Bob se sentía cada vez más apenado —explicó Phran—. Había emprendido una misión científica para averiguar qué estaba pasando.

Bob no alcanzaba a comprender por qué alguien recibía una señal de alarma sin contar con la información necesaria para evitar la tragedia. Al igual que el resto de la familia, necesitó la ayuda de un psicoterapeuta. Trataron de asistir a un grupo de apoyo llamado Compassionate Friends, pero casi siempre se perdían las reuniones.

Una tarde, Phran iba de camino a recoger a Jonathan de su sesión de fisioterapia cuando su mente empezó a centrarse en una pregunta extraña. Una jovencita llamada Deanna Moon había muerto en un accidente años atrás en la escuela primaria en la que habían estudiado sus hijos, y Phran empezó a pensar en cuántos años tendría Deanna si siguiera con vida. No sabía por qué quería conocer ese dato. Jonathan no pudo darle una respuesta. Cuando llegaron a casa, Bob los metió en el coche para dirigirse a una reunión de Compassionate Friends que se iba a celebrar al cabo de una hora. Una de las participantes resultó ser la madre de Deanna, y los Ginsberg supieron que la chica, que murió a los nueve años de edad, celebraría su veintiún cumpleaños justo ese día. Esta coincidencia sirvió para convencer a Bob de que las comunicaciones desde el más allá tenían una finalidad, además de ser advertencias.

Al conocer a otras personas con experiencias parecidas, los Ginsberg se toparon con un rechazo a hablar abiertamente. El moderador de un grupo los hacía callar si sacaban el tema de la vida después de la muerte.

—Según su opinión, esa no era la finalidad del grupo —explicó Bob—. El propósito de la asociación era enseñar métodos para superar la pérdida. Pensamos que era algo raro, puesto que la creencia en la vida después de la muerte es tal vez la forma más eficaz de lidiar con el duelo. No tardamos mucho tiempo en descubrir que otros padres querían contemplar la posibilidad de que sus hijos hubieran sobrevivido, así que nos parábamos a hablar en el aparcamiento a merced de las inclemencias del tiempo. Conversábamos durante horas. Al final llegamos a la conclusión de que necesitábamos una organización en la que poder tratar estos asuntos abiertamente, sin miedo a que nos etiquetaran.

Leyeron un libro titulado *The Afterlife Experiments* [Los experimentos sobre la vida después de la muerte], del doctor Gary

Schwartz, el profesor al que conocí en el rancho Canyon. Eso los llevó a entablar una amistad con él y a crear la fundación Forever Family en 2004. El objetivo era unir ciencia y espiritualidad, prestar apoyo a la investigación que aspire a probar la supervivencia después de la muerte, educar al público y ayudar a las personas que sufren una pérdida. «Qué gratificante es saber que existe este recurso para padres en proceso de duelo», pensé. Se trata de un auténtico grupo de apoyo para ayudar a otras personas a navegar por esta imposible tarea de superar el dolor de la muerte de un hijo.

—No predicamos ni pretendemos convencer a nadie —explicó Bob—. Solo queremos dar a conocer las pruebas y los datos que existen sobre este tema. En lo relativo a la creencia en una vida después de la muerte, siempre conviene que cada uno avance a su ritmo. Algunos nunca estarán del todo abiertos a esta posibilidad. Conozco el efecto que produce el dolor, y a menudo se da una progresión a medida que se pasa de la esperanza a la creencia y, finalmente, al conocimiento. Cuando se llega a ese estado de conocimiento, puede provocar un cambio significativo en la vida de uno.

Phran añadió:

—El impulso que llevó a la creación de esta organización es que todo el mundo cree que estamos locos, y eso no es cierto. Si metiéramos a todo el mundo en una sala, nosotros seríamos la mayoría.

Bob hizo hincapié en la importancia de la investigación en el campo de la supervivencia de la conciencia que han llevado a cabo científicos como el doctor Dean Radin y el doctor Bruce Greyson. Algunos se preguntan por qué la investigación en los campos de la telepatía o la precognición son relevantes para la vida después de la muerte.

—Cuando sabemos que la mente puede actuar independientemente del cerebro, como ocurre con fenómenos como la visión remota y la telepatía, entonces resulta lógico llegar a la conclusión de que la conciencia puede sobrevivir a la muerte física y que puede hacerlo sin un cerebro. Hay que cotejar esos datos con muchas personas —apuntó Bob.

Resulta curioso que su organización aliente los servicios de médiums, especialmente para saber si los seres que han partido están felices y a salvo. Ese era un tema del que quería saber más, ya que no había tenido ninguna experiencia con médiums hasta ese momento de mi viaje. Como mínimo, diría que me mostraba muy escéptica con ellos.

Pero quedé impresionada al saber que la fundación Forever Family ha desarrollado lo que los Ginsberg consideran el único protocolo para certificar si un médium es creíble, aparte de los protocolos que puedan establecer los programas de investigación científica.

Quería conocer el tipo de consejo que los Ginsberg y Lynn Dickerson darían a los padres —o a cualquier otra persona— que estuvieran atravesando una etapa de duelo.

Lynn me contó que tiene que recordarles a muchas personas que la pérdida de un hijo no puede compararse con ninguna otra.

—Nosotros habíamos perdido a padres o amigos. Pero eso fue como un viaje a Disneyland comparado con la pérdida de nuestro hijo —contó—. No puedes imaginar siquiera la profundidad del dolor que se siente. Pero tienes que dejar que te inunde el dolor. No lo puedes evitar. Es una pesadilla durante mucho tiempo.

Lo que deben hacer los familiares y los amigos de la persona afectada es permitir que se desahogue, que hable del tema.

—Queremos pronunciar el nombre de nuestro hijo una vez más. No tratéis de silenciarnos ni de cambiar de tema porque sea incómodo. Queremos contaros nuestra historia —dijo Lynn.

También contó que se enfadaba cuando la gente le decía que ellos no podrían superar una pérdida de ese tipo.

—Como si pensaran que yo sí. Pero ¿qué otra opción me queda?

Los padres en fase de duelo necesitan a un amigo que se siente con ellos y los acompañe en su dolor.

—La gente desaparece porque no saben qué hacer o tienen miedo de decir algo fuera de lugar. Lo más difícil para mí fue enfrentarme a la gente que fingía que no había pasado nada.

También aconseja a otros padres que «sepáis que el dolor pierde intensidad con el tiempo. Llegará el día en el que podáis sonreír, e incluso reír de nuevo». Bob, por su parte, comentó:

—Yo solía decirme a mí mismo: «Si supero el primer año, estaré bien». Pero pasó un año y no me sentía bien. Yo aconsejo aprender, compartir y permanecer abierto no solo a las experiencias personales, sino también a las de los demás. Cuando las personas se abren a otras posibilidades, a veces su mundo puede cambiar con la información que incorporan.

»Eso no significa que no vayas a sufrir momentos de desesperación. Odiaba que la gente me dijera: «El tiempo lo cura todo». Me ponía muy furioso. Pero es cierto que, a medida que pasan los años, el dolor cambia. No es que desaparezca. Siempre tendrás un agujero en tu corazón. Pero de una forma distinta. Y en muchos casos esa diferencia es el resultado de permanecer abierto y compartir. Esa es la clave.

19

MÉDIUMS: ¿REALIDAD O FICCIÓN?

Después de que Bob y Phran sacaran a relucir el concepto de «médium», empecé a sentir curiosidad por el tema. ¿Qué entendemos por «médium»? Cuando visitamos al doctor Greyson en la Universidad de Virginia, nos había acompañado a la biblioteca Ian Stevenson Memorial y me había proporcionado unos artículos que encontré muy útiles.

Un médium es alguien que «alega comunicar información sobre personas fallecidas que de otro modo no podría saber», según la doctora Emily Kelly, del Departamento de Estudios Perceptuales de la Universidad de Virginia en un artículo de 2011 del *Journal of Nervous and Mental Disease*. Es una definición distinta de la de «vidente», es decir, «persona que da a sus clientes información esencial sobre ellos mismos u otras personas vivas», escribe la doctora Kelly. Es decir, que un médium entabla una conversación, y un vidente observa.

El doctor Gary Schwartz y su equipo de la Universidad de Arizona llevaron a cabo algunos de los primeros experimentos de laboratorio en los que intervinieron médiums. Quería hablar con él para conocer más detalles sobre esta cuestión y decidí ir a verlo una vez más. En esta ocasión viajé sola. Volé a Tucson y me reuní con el doctor Schwartz en su despacho. No fue tan divertido sin Jim ni *Blue*, pero al menos nadie se quejó de lo pesada que era mi maleta ni hizo ningún comentario sobre mi comida vegetariana.

Además de dirigir el rancho Canyon, el doctor Schwartz es profesor de psicología, medicina, neurología, psiquiatría y cirugía en la Universidad de Arizona, en Tucson. Obtuvo su doctorado en Psicología por la Universidad Harvard y fue profesor ayudante allí durante cinco años. Más tarde trabajó como profesor de psicología y psiquiatría en la Universidad Yale y fue director del Centro de Psicofisiología de Yale, así como codirector del Servicio de Medicina de la Conducta en Yale. Entre otros libros, escribió *La verdad sobre médium* (que tiene como protagonista a la verdadera Allison DuBois, quien inspiró la serie de televisión «Médium») y *The G.O.D. Experiments* [Los experimentos G.O.D.]. Recientemente, el doctor Schwartz ha sido nombrado presidente de Eternea, una organización fundada por el autor de *La prueba del cielo*, el doctor Eben Alexander.

En el transcurso de los experimentos llevados a cabo en la Universidad de Arizona, el doctor Schwartz tuvo especial cuidado en elegir a médiums con un buen historial de precisión y en controlar cualquier posible engaño o fraude. El equipo descubrió que, en conjunto, los médiums acertaban el ochenta y tres por ciento de los casos en la información relacionada con parientes fallecidos. Una de ellas registró una precisión del noventa y tres por ciento.

Evidentemente, eso no significa que cualquier persona que dice ser médium tenga esas facultades o que cada lectura sea una conversación con un espíritu. Según me contó el doctor Greyson:

—Cuando hablas con alguien que ha visitado a una médium y ha tenido una experiencia positiva, esa reacción no se debe necesariamente a que los hechos narrados lo satisficieran. Se debe a que a menudo dicen sentir la personalidad.

Pero los datos no pueden descartarse sin más ni más, dijo el doctor Greyson.

—Aquí, en la Universidad de Virginia, llevamos a cabo unos estudios controlados como los de Gary Schwartz —explicó el doctor Greyson—. Nos aseguramos de que los clientes y las médiums nunca hubieran estado en el mismo lugar, y obtuvimos resultados parecidos a los de Gary con seis médiums. Una de ellas casi siempre acertaba. —Esta misma médium resultó ser la más precisa en las pruebas realizadas por el doctor Schwartz.

El doctor Schwartz me contó que sus experimentos científicos y otros indican que la conciencia perdura después de la muerte y que adopta una forma que posee intencionalidad y voluntad. Así que él, al igual que el doctor Wendland, el doctor Radin y el doctor Greyson, cree que la conciencia es algo más que el resultado de nuestros cerebros. Vive fuera de nosotros y continúa después de nuestra muerte. Me contó que, en su opinión, la palabra *espíritu*, que él utiliza para referirse a la conciencia después de la muerte, colabora con nosotros en nuestras vidas diarias y se da a conocer de un modo creativo y convincente si prestamos atención.

Debido a la relevancia del doctor Schwartz en este campo, lo invitaron a escribir un influyente capítulo en *The Oxford Handbook of Psychology and Spirituality*. El capítulo se titula «Consciousness, Spirituality and Post-Materialist Science: An Empirical and Experiental Approach» [Conciencia, espiritualidad y ciencia posmaterialista: un enfoque empírico y experiencial].

El doctor Schwartz me dio una copia del capítulo. En él escribe de un modo convincente acerca de que la actual premisa científica de que la conciencia termina cuando el cuerpo muere es del todo incorrecta. Al leer el artículo, me acordé de su evidente capacidad para establecer analogías, la que demostró ampliamente en su sesión del rancho Canyon.

El doctor Schwartz afirma que el cerebro es como un televisor; estos no son la fuente de la información visual, sino que la detectan y la proyectan. Asimismo, explica, el cerebro es un receptor, no un creador. Es un argumento muy parecido a otros que he oído a lo largo de mi camino. Ello implica, por supuesto, que la muerte cerebral no interrumpe la fuente informativa. Reproduzco esta analogía una y otra vez en mi mente para asimilar la información a un nivel básico y entenderla.

Otra de mis analogías predilectas tiene que ver con un ventilador. Imaginemos que estamos delante de un ventilador antes de encenderlo. Uno puede ver las aspas, pero no lo que hay detrás de ellas. Sin embargo, cuando lo enciendes ya no puedes ver las aspas, pero sí todo lo que hay detrás de ellas.

—¿Es posible que eso sea una metáfora del mundo del espíritu? —preguntó el doctor Schwartz—. No podemos ver a los espíritus [aspas] porque funcionan a un nivel elevado de energía. Pero sin duda alguna están ahí.

Empecé a darle vueltas a este asunto después de que Jim y yo regresáramos de nuestro viaje de aniversario a su rancho de Middle Fork en el río Salmón. Hacía poco que me había apuntado a un curso de fotografía y había comprado una nueva cámara digital. En el trayecto de regreso en el diminuto avión de Cessna, tomé fotografías de la asombrosa vista del parque natural Frank Church-River of No Return, que quedaba a nuestros pies.

De vuelta a casa, me fijé en algunas de las fotografías que mostraban las vistas desde el morro del avión. Cuando las tomé, no hallé obstáculo visual alguno. Pero debido a la toma rápida de luz, varias fotografías registraron las imágenes de la hélice. Debido a su velocidad, no pude verla, pero la cámara me confirmó que había estado ahí todo el tiempo. Cimentó el concepto de que solo porque no podamos ver algo no significa que no exista.

En el rancho Canyon supe que el doctor Schwartz ha dedicado su carrera a tratar de determinar si los espíritus de la otra vida —o de donde sea— existen en realidad. Escribió un artículo sobre un experimento: «Possible Application of Silicon Photomultiplier Technology to Detect the Presence of Spirit and Intention: Three Proof-of-Concept Experiments» [Posible aplicación del fotomultiplicador de silicio para detectar la presencia de espíritu e intención: tres experimentos de prueba de concepto], que apareció en la edición de mayo-junio de 2010 de la revista *Explore*. El artículo plantea un desafío para quienes no tienen inclinaciones ni conocimientos científicos. Tuve que invertir mucho tiempo para leerlo, pero me esforcé por entenderlo. Al final, comprendí lo que quería decir.

En su experimento, el doctor Schwartz utilizó un dispositivo minúsculo y de gran sensibilidad que detecta fotones, es decir, partículas de luz. Lo colocó en una caja de plástico negra cerrada, controlada y diseñada para bloquear toda luz exterior. El experimentador invitó al «espíritu» a entrar en la caja. Los resultados de estos tres experimentos mostraron un incremento de fotones en el interior de la caja después de que se invitara al espíritu.

Algunos científicos, incluido el doctor Schwartz, se cuestionaron si el experimentador pudo haber influido en los resultados ya que, según supe después, la física cuántica indica que el observador incide —y probablemente determina— en las mediciones. Así que el doctor Schwartz llevó a cabo dos experimentos a modo de seguimiento. Se describen en otro artículo de *Explore*, en su edición de marzo-abril de 2011, titulado «Photonic Measurement of Apparent Presence of Spirit Using a Computer Automated System» [Medición fotónica de la aparente presencia del espíritu utilizando un sistema informático automatizado]. En estos experimentos también se empleaba una cámara de detección de fotones de gran sensibilidad y poca luminosidad en una estancia opaca (la explicación no está nada mal para provenir de una persona no versada en estos temas). Pero en esta ocasión, un ordenador, valiéndose de información visual y auditiva, daba todas las instrucciones al espíritu sin la presencia ni la conciencia de los experimentadores. Los resultados indicaban que la presencia del experimentador no podía ser la causa de los incrementos en los patrones de luz tras invitar a entrar al espíritu.

En el artículo de la doctora Emily Kelly, de la Universidad de Virginia, ésta advertía de los riesgos de utilizar a una médium. Es importante valorar si la información pudo proceder de otra fuente, escribió la doctora Kelly.

«Una de las explicaciones normales y comunes es que la médium recaba información ("lectura en frío") en primer lugar, tanto si es de forma deliberada como si no, con enunciados ambiguos o generales mediante los que obtiene pistas a partir de las respuestas o del aspecto físico del cliente, para finalmente redefinir y focalizar sus afirmaciones —escribió la doctora Kelly—. Aunque la médium no permita al cliente decir nada, excepto "sí" o "no", puede recabar mucha información a partir de esas respuestas.»

Comenté de pasada el tema de las médiums con el doctor Radin cuando Jim y yo fuimos a verlo a Petaluma. Su opinión es que pruebas científicamente legítimas indican que las médiums de talento pueden obtener información verificable a través de medios no convencionales. Pero añadió que los datos no son claros en cuanto a si esa información procede de una persona fallecida.

—La interpretación de los experimentos sobre mediumnidad no está establecida, y además no prevemos dar con una solución fácil en un futuro cercano —me contó el doctor Radin—. En general, la gente debería mostrarse escéptica de lo que dicen los médiums, pero no tanto como para no escucharlos. Es decir, que hay que mantener una actitud escéptica y abierta al mismo tiempo. Eso no es fácil si existe un propósito emocional en esa lectura, así que recomiendo ir acompañado de alguien que no tenga una razón para creer lo que el médium diga.

Llegué a la conclusión de que había llegado el momento de vivir una experiencia de este tipo. Quería comprobarlo por mí misma.

Concerté una sesión con Dave Campbell, un médium certificado por la fundación Forever Family. Después de obtener su aprobación, grabé la sesión. Me acordé de lo que había dicho el doctor Radin, así que le pregunté a Dave si Jim podía estar presente. Le pareció bien.

Dave es un hombre muy afable que ronda los cuarenta. Es de trato amable y profesional, y me sentí completamente cómoda con él. Era una persona muy «normal», que no intimidaba en absoluto. Nos indicó que nos sentáramos en unas sillas colocadas una frente a la otra. Jim se sentó detrás, junto a un escritorio situado a cierta distancia de nosotros, para no interferir.

Dave empezó:

—El modo de proceder es el siguiente: un espíritu me habla. Oigo unas palabras. Siento emociones. Me limito a describir lo que ellos me muestran. No tiene ningún significado para mí. Solo transmito lo que me dicen.

A lo largo de los cincuenta minutos siguientes, Dave compartió con nosotros los mensajes que él dijo que el mundo del espíritu le estaba comunicando. No sabía el nombre de Max ni que yo intentaba comunicarme con él. No le habíamos dicho nada, absolutamente nada.

Aunque mencionó unos cuantos nombres que no fueron relevantes al principio, de repente, en mitad de la sesión, dijo:

—Veo una «M». —Entonces me contó lo que ese espíritu con M quería transmitir—: Te desea alegría y felicidad y quiere que sigas adelante con tu vida. Dice que él contribuyó a montar las cosas. A atar cabos. Siento que fue muy protector y de gran ayuda. Te está viendo desde el otro lado.

¿Significa que Max había «montado» la mano en el espejo, las alfombras móviles, la huella del pie y los otros incidentes? La parte sobre los sentimientos protectores y el hecho de que me viera desde el otro lado resultaba reconfortante, pero era una afirmación de carácter general. No estaba segura de lo que debía pensar.

A medida que iba avanzando la sesión, Jim y yo tuvimos la sensación de que el grado de precisión fue variando. No estábamos entablando ningún tipo de conversación, pero nos comunicábamos mediante contacto visual y lenguaje corporal. Algunas de las cosas que oímos eran sencillamente falsas. Otras, solo confusas. Por ejemplo, una parte importante de la comunicación parecía ir dirigida concretamente a Jim y tenía relación con su padre.

No obstante, experimentamos un suceso que, según parece, es bastante común. Los médiums suelen pedir al cliente objeto de la lectura que siga pensando en los mensajes después de la sesión. Por lo visto es bastante frecuente reconocer una conexión o un significado con posterioridad. Eso es exactamente lo que nos ocurrió a Jim y a mí. Dave nos planteó una pregunta muy específica que no tenía nada que ver con Max y a la que no le encontramos ningún sentido. De hecho, fue una pregunta tan extraña y misteriosa que hablamos de ella después de la sesión y nos cuestionamos cómo había sido posible que Dave hubiera estado tan desacertado.

Pero al cabo de un año aproximadamente, esa pregunta obtuvo respuesta y nos quedamos pasmados ante la legitimidad de la lectura. Tenía que ver con un tema médico que Jim prefiere mantener privado. En este caso, Dave había predicho el futuro. Fue más allá de sus aptitudes como médium. También era vidente. Su precisión y especificidad resultaron estremecedoras.

Hubo otro aspecto verdaderamente sorprendente en la lectura. Al final, Dave se quedó en silencio durante uno o dos minutos, luego levantó la mirada y dijo:

—Creo que eso es todo lo que puedo recibir. Espero que haya resultado útil. ¿Quiere hacerme alguna pregunta?

No sentí la necesidad de hacer ninguna pregunta. Pero Jim intervino y dijo:

—Dave, una cosa más. ¿Ves algo que tenga que ver con las manos? De M..., quiero decir, de Max.

Lo cierto es que estábamos acotando el tema, pero aun así cabían muchas posibilidades. Podía referirse a la lectura de las palmas de las manos, la quiromancia, o a unas manos que rezan, a dos personas que se dan la mano o tal vez a una escultura. Creo que fue una pregunta justa.

Dave no dijo nada durante unos instantes y permaneció quieto en su silla. Yo empezaba a inquietarme un poco cuando de repente levantó la mirada y dijo:

—Veo unas huellas. Como si estuvieran estampadas en una ventana o en un espejo.

20

DESAFÍO A LA COMUNIDAD CIENTÍFICA

Las investigaciones del doctor Radin y de otros científicos indican que los humanos tenemos facultades telepáticas. Experimentos científicamente controlados han podido medirla. Desde luego, esta capacidad varía de una persona a otra, como ocurre cuando medimos nuestras dotes para el deporte, para la música o para el arte. Pero los científicos convencionales se niegan a aceptar las evidencias de los fenómenos psi o eligen obviarlas. Se muestran escépticos. Yo respeto y entiendo el escepticismo. A los que trabajamos en la industria del periodismo se nos enseña a ser escépticos. Los periodistas se cuestionan la validez o la veracidad de la información que obtienen de una fuente. Sin duda alguna, los científicos hacen lo mismo. Es parte de su trabajo.

Cuando le mencioné al doctor Bruce Greyson que yo era escéptica en cuanto a los médiums, su respuesta fue lo que cabía esperar de él. Me contestó:

—Yo soy escéptico respecto a todo.

Pero cuando un cuestionamiento saludable se transforma en un rechazo a considerar información nueva, entonces se convierte en un prejuicio. Tal como Loyd Auerbach dijo:

—¿Acaso ignorar estas cosas puede considerarse una actitud científica? Su actitud no puede ser menos científica.

Para poder comprender mejor la paradoja de la resistencia científica a la parapsicología como disciplina y contextualizar mis experiencias, le pedí al doctor Radin que me recomendara un recurso. Me sugirió que contactase con el doctor Charles Tart, toda una autoridad en el mundo de la parapsicología. Me dijo que el doctor Tart entendía las comunicaciones después de la muerte del tipo de las que yo estaba experimentando mejor que nadie.

Logré contactar con el doctor Tart, y se mostró muy partidario de concertar una reunión. ¡Nos embarcamos en otro viaje por carretera! Jim, *Blue* y yo fuimos desde Sun Valley hasta California en un par de días. (Me llevé una bolsa de viaje más pequeña, Jim optó por llevar su mochila de siempre, y *Blue* no se separaba de su *frisbee* de confianza.)

En nuestra pausa a mitad de camino, pasamos la noche en Jackpot, Nevada, en el famoso casino Cactus Pete's Resort. Al atravesar el casino para dirigirnos a nuestra habitación, pude oír de fondo el ruido de las máquinas tragaperras como si de una feria se tratase. Las enormes salas de juego del casino ofrecían un marcado contraste con el humilde desierto natural que se extendía en el exterior. Dormimos de maravilla y tomamos un desayuno contundente a la mañana siguiente en la cafetería del casino (bueno, las tortitas de Jim llenaban bastante; mi yogur, no tanto). Luego partimos hacia California.

Llegamos a casa del doctor Tart, situada en las colinas cercanas a la Universidad de California en Berkeley, en un día hermoso y soleado. No era fácil maniobrar con nuestro voluminoso todoTerreno Toyota Sequoia por esas estrechas carreteras.

El doctor Tart nos recibió a Jim y a mí en la puerta delantera de su encantadora casa con una amplia sonrisa y un firme apretón de manos. Nos condujo hasta su despacho, situado en una casita separada que quedaba oculta tras unos árboles frondosos. No pudo haber sido más amable. Al caminar detrás de él, me di cuenta de que era muy alto y de que tendría unos setenta y cinco años. Su indumentaria era informal y llevaba unas enormes gafas. Al entrar en su despacho reparé en que era algo más que un despacho. Era un santuario íntimo, repleto de la vida de Charles Tart. En él había fotografías de su familia, de sus colaboradores, de sus viajes, y estanterías repletas de libros que era evidente que había leído y consultado en numerosas ocasiones. El doctor Tart se sentó a su escritorio en una silla cómoda que parecía estar desgastada de un modo elegante y cruzó las manos mientras nosotros tomábamos asiento en el sofá que quedaba enfrente de él. Aunque es un hombre muy ocupado, no solo había encontrado tiempo para recibirnos, sino que estuvo presente durante todo ese tiempo. Nada de distracciones ni de preocupaciones. Fue todo un caballero.

El doctor Tart ha permanecido al frente del estudio de la parapsicología durante al menos cinco décadas. Sus contribuciones han sido útiles para la creciente, aunque gradual, concienciación del público sobre este tema. De entre todos los científicos que he entrevistado en este campo, resultaba evidente que Charley, como lo llaman sus colegas, es querido y respetado por todos.

Como iba siendo habitual, le pedí que me contara su historia.

El doctor Tart estudió ingeniería eléctrica en el Instituto Tecnológico de Massachusetts, pero no tardó en darse cuenta de que su verdadera vocación era la psicología. Así que se trasladó en primer lugar a la Universidad Duke, que por aquel entonces albergaba el mundialmente famoso laboratorio de parapsicología de J. B. Rhine. Luego fue a parar a la Universidad de Carolina del Norte, situada a pocos kilómetros de distancia, donde obtuvo una licenciatura, un máster y un doctorado en Psicología.

Recibió formación postdoctoral en investigación en el campo de la hipnosis en la Universidad de Stanford. Es profesor emérito de psicología de la Universidad de California en Davis, donde trabajó como profesor durante veintiocho años. También es miembro del consejo ejecutivo del Instituto de Psicología Transpersonal, que en la actualidad se denomina Universidad Sofia, y forma parte del consejo asesor del Centro de Investigación Rhine.

El doctor Tart ha sido autor o coautor de catorce libros. Quiere que sus obras lleguen al gran público, no solo a la comunidad científica.

—Solo escribo libros para las personas que van a morir — bromeó.

Su escritura es tan amena y accesible que en una ocasión le impidió obtener un ascenso que quería y merecía. Le dijeron que sus libros estaban escritos con tanta claridad que no era posible que pudieran tener calidad académica.

Le pedí que me hablara sobre las comunicaciones después de la muerte (CDM) y le conté mis experiencias. Su respuesta a las huellas del espejo fue coherente con la del doctor Radin. No se sorprendió en absoluto.

Hablamos sobre su libro *El fin del materialismo*, en el que cita la obra de Bill y Judy Guggenheim en la que documentaron los tipos y las características de las comunicaciones después de la muerte a finales de la década de 1980. Basándose en entrevistas con más de dos mil personas, descubrieron que los sujetos de esas experiencias decían percibir una presencia, oír una voz, sentir un roce u oler una fragancia. También incluían visiones (desde una realidad transparente a otra totalmente sólida), llamadas telefónicas, movimientos paranormales de objetos y otras señales procedentes de los fallecidos. Se registraron casos de experiencias extracorporales y en estado de sueño en las que se altera la realidad cuando la persona se está quedando dormida o está despertando. A veces estas experiencias no se registran como sueños, sino como experiencias vívidas de contacto con los fallecidos. Por último, también había casos de estados alterados en los que la comunicación se experimentaba a través de la meditación o la oración.

Oír al doctor Tart describir esa investigación reforzó mi convicción en lo que ahora sabía: que gran parte de lo que había experimentado también lo habían vivido otras personas. Cuando tuve mi experiencia extracorporal, creí que era inusual porque nunca había sentido nada ni remotamente parecido. Pero después de visitar el Instituto Monroe de Virginia, me di cuenta de que no era la primera persona a la que le había pasado algo así. Hasta que no conocí al doctor Wendland en Ventura, al doctor Radin en Petaluma, al doctor Schwartz en Tucson y al doctor Greyson en Charlottesville, no estaba familiarizada con la investigación en el campo de la conciencia. Ahora sabía que existía un trabajo previo que sustentaba la premisa de que la conciencia sobrevive a la muerte.

Sentía un enorme respeto y gratitud hacia esos hombres que nadaron contra la corriente de sus tradicionales universos académicos y científicos para poner a prueba el estigma del campo de la parapsicología. Se requiere valor para desviarse de las líneas trazadas por una disciplina. Todos los profesionales que había conocido hasta ese momento de mi viaje eran personas fuertes. No eligieron el sendero fácil. Habían aceptado el duro camino de seguir lo que creían que merecía la pena, a pesar del ridículo y del escepticismo.

Después de enseñarle las fotografías al doctor Tart, no tardó en indicarme amablemente toda una serie de cosas que debería haber hecho, como tomar las huellas dactilares del espejo o recoger una muestra del material de la huella de la mano para efectuar un análisis forense. Luego me miró a la cara y se disculpó.

—Soy un empollón, como puede usted comprobar —dijo con ojos resplandecientes.

—Sí, sé que debería haberlo hecho. Pero en ese momento solo se me ocurrió tomar una fotografía. No soy científica, como puede usted comprobar. —Y ambos nos echamos a reír.

Quería que me hablara sobre la resistencia de la ciencia convencional al estudio de la parapsicología. En mi bolsa llevaba *El fin del materialismo*, del que habíamos estado hablando, y lo saqué. No solo me he leído el libro de cabo a rabo, sino que además he disfrutado con la lectura. Me alegré de poder abrir el libro delante de él con un poco de teatralidad y mostrarle todas mis frases subrayadas y anotaciones.

En su libro, el doctor Tart describe el materialismo como la perspectiva aceptada por la mayor parte de los científicos. Se basa en la premisa de que las corrientes eléctricas y las reacciones químicas del cerebro crean la conciencia. Dicho de otro modo, que sin cerebro no hay conciencia. Evidentemente, esto excluye que la conciencia sobreviva a la muerte y hace que los sucesos que yo había experimentado sean imposibles.

Pero la perspectiva del doctor Tart es que estos materialistas están desvirtuando los hechos. Explica que en todo el mundo y a lo largo de la historia se ha registrado actividad paranormal. Y ¿en qué consiste esa actividad paranormal, según el doctor Tart? La define como «los cinco grandes»: telepatía, clarividencia, precognición, psicoquinesia y sanación psíquica.

—Cada uno de estos cinco ámbitos cuenta con centenares de experimentos muy controlados que corroboran su existencia, así como centenares de miles de sucesos que se registran en la vida cotidiana de personas normales y corrientes y que probablemente sean provocados por esas funciones paranormales —explicó.

Los que descartan estos datos no solo los están ignorando, sino que hacen algo peor, están aplicando la ciencia de forma incorrecta, según sostiene el doctor Tart. En su libro cita a Abraham Maslow, fundador de la psicología humanística.

—Si se emplea de forma correcta, la ciencia puede ser un sistema abierto de crecimiento personal y corrección de errores muy poderoso. Si se hace un uso inapropiado de ella, puede ser uno de los mejores y más prestigiosos mecanismos de defensa neurótica.

Según Maslow, «la ciencia, así pues, puede ser una defensa. Puede actuar en primer lugar como filosofía de lo seguro, un sistema de seguridad, una forma complicada de evitar la ansiedad y los quebraderos de cabeza».

El doctor Tart llama a ese estado tan complicado «cientismo».

—En nuestra época, el cientismo consiste en un compromiso dogmático con una filosofía materialista que excluye y rechaza lo espiritual, en vez de analizarlo con atención para intentar comprenderlo —explicó el doctor Tart.

Todavía es peor cuando ese rechazo a no analizar los fenómenos espirituales viene envuelto con el manto científico. Él considera que en esos casos tenemos «una perversión de la auténtica ciencia».

—Ser escéptico —continuó— es una estrategia racional y sensata. Hay muchas cosas que creemos que sabemos y podemos estar equivocados. Ser escéptico también es un papel social honorable entre las clases altas, en particular en círculos intelectuales. Tendemos a pensar que los escépticos son más listos y perceptivos que los que aceptan todo lo que se les dice sin cuestionárselo. Ser escéptico implica ser una persona inteligente que ha analizado más que la mayoría y que ha investigado la realidad a fondo, o al menos se aproxima más a la verdad sobre estos temas.

Luego están lo que él llama «pseudoescépticos», que dicen ser escépticos, afirman estar interesados en conocer la verdad, aunque dudan de la suficiencia de las explicaciones actuales. En realidad se adhieren o defienden otro sistema de creencias que, según su opinión, ya contiene toda la verdad necesaria. Eso añade confusión a las preguntas escépticas legítimas que puedan surgir, añadió el doctor Tart.

Los distintos especialistas a los que he entrevistado presentan sus hallazgos y experiencias como «muestra» de que la conciencia sobrevive a la muerte física. Eso es muy distinto a presentar «pruebas». Las pruebas se han mostrado esquivas. Pero existen suficientes muestras coherentes, reproducidas bajo controles científicos, y se producen con una frecuencia que no puede ignorarse.

Cuando conocí al doctor Radin, me planteó lo siguiente: «La pregunta no es si existen datos científicos o no, sino qué revela una evaluación de esos datos». En otras palabras: «El pensamiento crítico es una espada de doble filo: tiene que aplicarse a cualquier afirmación, incluidas las de los escépticos». No puedo estar más de acuerdo con él.

En el libro *El universo consciente,* el doctor Radin escribe:

> La tendencia a adoptar un conjunto establecido de creencias y defenderlas a muerte es incompatible con la ciencia, que es en esencia una libre confederación de teorías que van evolucionando en muchos ámbitos. Desgraciadamente, esta predisposición ha llevado a muchos científicos a seguir defendiendo un modelo pasado de moda y unas perspectivas imprecisas del mundo. Esta tendencia también se aprecia en la conducta de los escépticos beligerantes que proclaman alto los cuatro vientos que la creencia generalizada en lo psi refleja un descenso en la capacidad de pensamiento crítico de las personas. Cabe esperar que estos escépticos apliquen de vez en cuando un poco de escepticismo a sus propias posturas, pero la historia demuestra ampliamente que la ciencia va avanzando a golpe de funerales, no a través de la razón y de la lógica.

Me recordó que Copérnico y Galileo fueron humillados y rechazados por la sociedad debido a sus planteamientos. En esa época, no coincidir con la línea predominante de las teorías aceptadas podía acarrear la muerte. Al menos, hoy en día estos postulados no son una cuestión de vida o muerte. Pero siguen implicando un grado de humillación pública y de ridículo en la comunidad académica, así como una amenaza a la carrera científica de quien los respalda. No pude evitar sonreír al leer el titular de un artículo publicado en 1996 por la *New York Times Magazine* acerca del doctor Radin: «TAMBIÉN SE RIERON DE GALILEO».

Solo porque al principio una teoría sea objeto de burla no significa que no sea válida. La investigación científica controlada determinará su valor. Los escépticos no van a desaparecer, pero tampoco lo harán los científicos y los investigadores que quieren entender la conciencia.

Así pues, ¿qué se necesitará para eliminar el estigma del debate de las comunicaciones después de la muerte y los fenómenos psi y para dar un paso más hacia adelante? Le pregunté al doctor Tart por qué los éxitos documentados de la parapsicología han recibido tan escaso reconocimiento.

—Recuerda que la parapsicología científica es un proyecto muy pequeño, y ha llevado décadas recabar los datos —respondió—. Calculo que en la actualidad solo un puñado de personas está llevando a cabo una investigación parapsicológica, y además lo hacen solo a tiempo parcial. Dudo que la investigación total de un año en parapsicología sea equivalente a una hora de cualquier investigación en un campo convencional.

Luego está la cuestión de la falta de recursos que azota a este campo. El doctor Tart lo comparó con la cura de un resfriado.

—Es como si nos asignaran recursos diciendo: «Curemos el resfriado. He aquí trece mil dólares al año para ese fin». Bueno, pues no es tan sencillo —explicó.

Quizá el mayor desafío esté en la creación de un entorno controlado para la investigación. El doctor Tart recurre a la analogía de la electricidad.

—Al principio teníamos conocimiento de la electricidad por

los rayos —empezó—. Pero en cuanto cae, la electricidad se esfuma. Es difícil extraer información de algo que se ha acabado. Frotamos los zapatos sobre una alfombra y a veces salta una chispa de electricidad. También lo sabemos. Pero luego se termina. No sabíamos nada de electricidad hasta que nos hicimos con una batería. Esta creaba electricidad de forma más constante, segura e intensa que las chispas estáticas intermitentes. Si la parapsicología pudiera crear el equivalente a una batería, entonces podríamos empezar a comprender estos fenómenos en serio. Pero hasta entonces, tendremos que tratar con casos espontáneos como las ECM o los sucesos que usted ha experimentado. Ocurren y luego desaparecen.

Si, tal como el doctor Radin indica, la demanda del público produce más investigación, ¿existen señales de que el sentimiento general está cambiando?

Sin duda alguna, hay indicios que apuntan en esa dirección. Ha surgido un fenómeno que centra la atención del público en preguntas relacionadas con la muerte. Algunas crónicas publicadas en verano de 2013 describieron espacios conocidos como «Cafés de la muerte», una especie de lugar de encuentro en unas cuarenta ciudades el año anterior. No son grupos de duelo ni sesiones de planificación sobre temas relacionados con los últimos momentos de la vida. Suelen ser reuniones mensuales en las que las partes interesadas conversan sobre la naturaleza de la muerte, por qué existe y cómo inciden nuestras percepciones sobre ella en el modo en que vivimos. Los participantes también conversan sobre cómo puede ser la vida después de la muerte y comparten historias de sueños o «visitas» de seres queridos que han fallecido. Los cafés, decorados con un estilo que imita a las cafeterías europeas, están abriendo un camino hacia lo que siempre se había considerado un tema tabú.

Un artículo reciente del *Wall Street Journal* se centra en una clase que ofrecía la doctora Norma Bowe, de la Universidad Kean, que lleva por nombre «La muerte en perspectiva». Cuenta con una lista de espera de tres años. El artículo afirma que los campus universitarios de todo el país ofertan miles de cursos sobre la muerte y la mortalidad.

Los científicos escépticos también pueden estar cambiando de opinión a su manera, explicó el doctor Radin.

—En los últimos años, los pocos escépticos que han estudiado los datos científicos en detalle han matizado sus opiniones anteriores de manera significativa, aunque se le ha dado muy poca publicidad.

Después de que la revista *Newsweek* publicara en portada una noticia sobre el libro del doctor Eben Alexander, a pesar de las críticas por parte de Sam Harris, el famoso ateo y neurocientífico cognitivo, el doctor Harris incluyó una vía para entender la conciencia como algo separado del cerebro.

«Como muchos de ustedes sabrán, estoy interesado en experiencias "espirituales" de la clase que define Alexander —escribió el doctor Harris en su blog—. A diferencia de muchos ateos, no dudo de los fenómenos "subjetivos", es decir, no creo que todas las personas que dicen haber visto a un ángel o haber abandonado su cuerpo en un trance o haberse fusionado con el universo estén mintiendo o sean enfermas mentales. A diferencia de muchos neurocientíficos y filósofos, sigo mostrándome agnóstico en cuanto a la pregunta de cómo se relaciona la conciencia con el mundo físico».

Le pregunté al doctor Radin por qué los fenómenos psi estaban envueltos en un halo de misterio.

—Los escépticos que han intentado bloquear la investigación psi mediante el uso de la retórica y el ridículo también han sido responsables de perpetuar los numerosos mitos populares relacionados con ellos —explicó—. Si a los científicos serios se les impide investigar los datos que tenemos sobre fenómenos paranormales por miedo a que sus reputaciones se vean mermadas, entonces, ¿quién queda para dirigir estas investigaciones? ¿Los escépticos extremos? No, porque lo cierto es que los más extremistas no investigan; se especializan en criticar. ¿Creyentes radicales? No, porque por lo general no se interesan en llevar a cabo estudios científicos rigurosos.

¿Y si se plantea un desafío al público?

En febrero de 2013, un grupo de líderes de internet, como Yuri Milner, un empresario ruso, Sergey Brin, uno de los cofundadores de Google, Mark Zuckerberg, fundador de Facebook, y

Anne Wojcicki, fundadora de la empresa de genética 23andMe, fundaron un nuevo premio conocido como Premio Gran Descubrimiento de Ciencias de la Vida. Según un artículo del *New York Times* publicado el 20 de febrero de 2013, la señora Wojcicki declaró que el premio «estaba pensado para recompensar a científicos que piensan en grande, que asumen riesgos y que han creado un gran impacto en nuestras vidas». Según el artículo, los ganadores recibirán «el premio académico mejor dotado del campo de la medicina y la biología: tres millones de dólares por cabeza, más del doble de la cantidad del Premio Nobel».

¿Por qué no se financia el estudio de la conciencia? Los premios serios para científicos serios que investigan la conciencia para demostrar o refutar que existe separadamente de la función cerebral serían muy valiosos. Tal vez los líderes de las industrias de alta tecnología o del entretenimiento estarían abiertos a esta posibilidad. Ellos dependen de negocios innovadores y arriesgados que requieren imaginación. Su inventiva es excelente. Así, se ofrecería una oportunidad para hacer precisamente eso. Gracias a la financiación, la conciencia acerca de estos temas aumentaría y, con ella, todo es posible.

Una de las analogías que me han comentado a menudo cuando me refiero al tema de la financiación de la investigación en el transcurso de mis entrevistas con distintos científicos es la organización Susan G. Komen. Esta fue creada en 1982 para combatir el cáncer de mama y ha logrado recabar fondos y concienciar al público, particularmente gracias a una carrera conocida como Race for the Cure. Según su sitio web, han invertido más de dos mil millones y medio de dólares en programas de investigación. Empezaron con doscientos dólares y «una caja de zapatos llena de posibles nombres de donantes», y con el tiempo se han convertido en la mayor organización de lucha contra el cáncer de Estados Unidos. La concienciación lo cambió todo a medida que las mujeres adoptaban un papel más activo. La financiación, enfocada básicamente a cánceres de hombre, empezó a expandirse. Creo que surgirán fuentes legítimas de financiación que presten apoyo al estudio de la supervivencia de la conciencia. Pero primero debe reconocerse como un campo de estudio valioso.

21

DESAFÍO A LOS MEDIOS DE COMUNICACIÓN

Del mismo modo que los científicos convencionales se muestran escépticos con los fenómenos paranormales, a menudo los medios de comunicación también han adoptado una actitud parecida. Empecé a pensar en cómo la industria de los medios informa (o ignora) sobre el tema de la vida después de la muerte. ¿Le da un trato justo? ¿Varía según se trate de un artículo de entretenimiento o de una noticia? ¿Podemos encontrar crónicas memorables sobre el tema de la vida después de la muerte? ¿Qué hay de las películas o programas de televisión que otorgan credibilidad a la idea de que la vida continúa, pero de otra forma?

Recuerdo haber visto *Ghost*, en la que Patrick Swayze y Demi Moore interpretan a un matrimonio cuyo vínculo perdura después de la muerte de él. También recuerdo *La sombra de la libélula*, en la que Kevin Costner interpreta a un afligido médico cuya difunta esposa contacta con él a través de las experiencias cercanas a la muerte de sus pacientes. Eso era todo lo que sabía sobre el trato que la industria del cine había dado a las experiencias sobrenaturales.

No conocía muchos programas de televisión relacionados con el tema. Años atrás había visto «Médium», una serie inspirada en Allison DuBois, una mujer que asegura ver a personas que han fallecido. También había seguido a Jennifer Love Hewitt en la serie «Entre fantasmas», en la que interpreta a una joven que puede ver y comunicarse con fantasmas. Eso era todo lo que sabía.

En cuanto al ámbito de la prensa, he observado una importante falta de cobertura de los temas relacionados con la supervivencia de la conciencia, tanto en periódicos como en la radio o internet.

Debo dejar claro desde el principio que no soy imparcial en cuanto a la prensa. Creo firmemente que desempeña un papel de gran importancia en una democracia funcional. No cabe desdeñar la influencia de los medios. Sin ellos, corremos el riesgo de estar desinformados. Tanto si la cobertura se centra en las elecciones presidenciales como si lo hace en el sistema educativo, el ámbito empresarial, la comunidad médica o la cultura, es fundamental saber lo que está pasando.

Procesamos esta información y la utilizamos para formar nuestras opiniones. Avanzamos según nuestra capacidad para razonar. En definitiva, los medios influyen en la cantidad de información que conocemos, y eso condiciona nuestro pensamiento. Nuestro modo de pensar incide en nuestra conducta y en las elecciones que tomamos.

Pero ¿qué hay de la responsabilidad para con los lectores y espectadores? Los medios de comunicación son independientes porque los fundadores de Estados Unidos decidieron proteger la prensa de cualquier interferencia gubernamental gracias a la primera enmienda a la Constitución. Pero creo que, a su vez, la prensa nos debe una cobertura justa y equilibrada debido a su extraordinario poder y libertad.

No he visto ningún tipo de cobertura completa y justa sobre un tema tan importante como lo que ocurre después de la muerte. ¿Por qué no tenemos mayor cobertura de los medios, y por qué, cuando se le da, no trata el tema con el respeto que merece en la mayoría de los casos?

En las entrevistas que he llevado a cabo con científicos e investigadores de este campo, me he dado cuenta de que casi todos recelan de los medios de comunicación. Lamentablemente, se trata de una desconfianza que comparten con el público, según numerosos estudios. No resulta difícil entender por qué los científicos tienen esa percepción. La cobertura informativa de su campo es paradójica: beneficiosa para despertar interés sobre el tema, pero a menudo presentada de un modo superficial y condescendiente. Tal como explica el doctor Dean Radin:

—Lo más insensato sobre este campo es que, desde la perspectiva convencional, tal como se evidencia en las publicaciones científicas, en la televisión y en los periódicos, el tema no existe en absoluto, no se considera digno de mención, o solo es apto para programas sensacionalistas. Pero cuando se rebusca un poco, uno se da cuenta de que va mucho más allá, y también de que muy pocas personas adoptan una actitud neutral sobre el tema: o les encanta o lo odian.

Al doctor Charles Tart le preocupaba que las noticias, en un intento por parecer equilibradas, citasen a personas cuyas credenciales no están a la altura de quienes llevan a cabo las investigaciones.

—A ciertos medios les encanta informar sobre aspectos controvertidos sugeridos por pseudoescépticos, a quienes por lo general otorgan un estatus de «experto» porque (1) quienes dirigen ese medio son pseudoescépticos, dedicados al materialismo científico, (2) tal como los medios más cínicos han predicado desde hace décadas, la controversia vende más periódicos que las noticias objetivas, o (3) ambos.

No estoy de acuerdo en que la controversia venda más que el periodismo serio. Sí, es cierto que el conflicto y el dramatismo son un rasgo intrínseco de las noticias. A fin de cuentas, los aterrizajes seguros de los aviones no tienen interés informativo; solo importan los accidentes. Pero el reporterismo objetivo es la esencia de la credibilidad, y el sensacionalismo o la controversia no pueden mantener a un periódico a largo plazo. Por mi experiencia sé que los periodistas y los editores quieren que las noticias sean precisas, y les importa menos si harán que se vendan más periódicos.

Antes de investigar la ciencia y la espiritualidad y de leer numerosos libros a lo largo de mi viaje, no me había encontrado con ninguna obra de éxito dedicada a la exploración de la supervivencia de la conciencia. Tampoco había leído mucho en los periódicos sobre las investigaciones científicas sobre fenómenos paranormales, ni como noticia ni como crónica que incorporase un análisis e investigación profundos.

No obstante, creo que los medios pueden estar evolucionando, aunque lentamente, en el modo en que enfocan los fenómenos paranormales. Un episodio de octubre de 2012 del programa de la cadena ABC «20/20», presentado por Elizabeth Vargas, que llevaba como título «El sexto sentido», ofrecía una amplia gama de ejemplos, pero en realidad acabó siendo un batiburrillo y un flaco favor a cualquier exploración seria de un tema en concreto. Muchas de estas cuestiones se trataron con respeto, aunque también incluía música sensiblera y chistes. Además, el reportaje se emitió en la festividad de Halloween, como si ambos fenómenos estuvieran relacionados. La señora Vargas describió el mundo de lo paranormal como una industria de dos mil millones de dólares, dando a entender que el dinero que se mueve en ella nos debería hacer recelar de este campo.

El programa entrevistó a Theresa Caputo, la médium de Long Island; al doctor Eben Alexander; a Sidney Friedman, un mentalista; a Laura Day, una intuitiva que dice ver el futuro; a *Mattie* el perro, a un cazafantasmas; y, curiosamente, al doctor Radin. Friedman no logró adivinar el número en el que pidió que pensara la señora Vargas. Le preguntó medio en broma si había quedado impresionada. Ella le contestó que no. Durante unos dos minutos al final del programa, el doctor Radin habló de las pruebas que existen sobre las capacidades precognitivas. Si le hubieran dado más tiempo para explicarse, o el formato del programa se hubiera prestado a una conversación más seria, los espectadores, sin duda, habrían estado mejor informados. La señora Vargas mencionó el Centro de Investigación Rhine, que ha estado realizando estudios sobre este campo durante más de ochenta y cinco años. Pero minimizó la importancia de esa labor.

A finales de 2012, Katie Couric dedicó un interesante episodio titulado «Ida y vuelta al cielo» en su programa «Katie». Fue otro ejemplo de cómo se mezcla lo auténtico con lo cuestionable. También entrevistó a Theresa Caputo, que parece estar en todas partes. Luego presentó a Colton Burpo, el niño cuya experiencia cercana a la muerte inspiró el libro y la película *El cielo es real*, y a la doctora Mary Neal, autora del libro *Ida y vuelta al cielo*. La doctora Neal cuenta la historia de su accidente en kayak en 1999 en Sudamérica y su correspondiente experiencia cercana a la muerte. También apareció en el programa «Today».

El periodista Anderson Cooper dedicó un episodio de su programa titulado «Viaje de ida y vuelta al cielo» en el que también entrevistó a Mary Neal, junto con Anita Moorjani, que había sufrido un linfoma de estadio cuatro y relató su experiencia cercana a la muerte en la que eligió regresar a su cuerpo.

Estos programas de televisión no descartaron completamente los fenómenos paranormales. Incluían diferentes voces y perspectivas. En algunos casos planteaban posibilidades fascinantes. Pero, en general, eran superficiales, repletos de estereotipos. Era como si todos los estudios sobre meteorología (sobre huracanes, tornados, corrientes oceánicas, sequías, precipitaciones y formaciones de nubes) formaran parte de una categoría y un único programa pudiera cubrirlos en conjunto. Y luego no tocaran el tema en un par de años. No entiendo cómo ese enfoque puede transmitir conocimientos nuevos e importantes al público.

Con un espíritu más alentador, el canal de televisión Biography inició una serie de documentales titulados «Sobreviví... al más allá» en 2011. Se centra en los relatos de personas que han hecho la transición al otro lado. El programa puede que estuviera motivado por el éxito de «Mi historia de fantasmas», que la misma cadena emitió en 2010. Ese programa presentaba testimonios de personas que habían experimentado algún tipo de suceso paranormal. La serie duró seis temporadas, hasta su cancelación en 2013.

Evidentemente, ahora la televisión está migrando hacia YouTube. Un ejemplo de programa informativo que podemos encontrar en esa plataforma es un relato de la obra del doctor Melvin Morse, que estudia experiencias cercanas a la muerte en niños. Incluye su comparecencia en la versión australiana de «60 minutos», en «The Oprah Winfrey Show» y en el sistema de radiodifusión pública de la Universidad de Washington.

Otro recurso de internet es Afterlife TV, fundado por Bob Olson y su esposa, Melissa. El señor Olson entrevista a expertos en la vida después de la muerte. En calidad de exinvestigador privado, intenta separar a los especialistas legítimos de los que no lo son.

Los periódicos parecen estar abriéndose lentamente a la simple mención del más allá. Me llamó la atención una columna de Peggy Noonan del *Wall Street Journal* del 27 de diciembre de 2011. Escribió sobre el panegírico que Mona Simpson había dedicado al fundador de Apple, Steve Jobs, durante su funeral. (La señora Simpson es hermana de Steve Jobs, y una versión de su panegírico fue publicada en el *New York Times*). Según Noonan, «ella habló de cómo él miraba a sus hijos "como si no pudiera apartar los ojos de ellos". Se había despedido de ella, le transmitió la tristeza que sentía por no poder envejecer juntos, y que "se dirigía a un lugar mejor".» En sus últimas horas de vida su respiración era profunda, entrecortada, como si estuviera escalando una montaña. Antes de partir, miró a su otra hermana, Patty, luego a sus hijos durante un buen rato, después a su pareja, Laurene y, por último, miró por encima de los hombros de todos. Las últimas palabras de Steve fueron: «Oh, wow. Oh, wow. Oh, wow».

Lee Hawkins, de la versión en línea del *Wall Street Journal*, WSJ.com, también informó de lo que le sucedió a la madre de Whitney Houston antes de saber que su hija había fallecido. Cissy Houston estaba en su apartamento y sonó el timbre de la puerta. Cuando la abrió, no había nadie. Era algo parecido a lo que me había ocurrido a mí cuando oía golpes en la entrada principal, y luego nadie esperaba en ella. Y a veces la mosquitera se abría y se cerraba sola. En el caso de Cissy Houston, este incidente ocurrió varias veces, hasta que avisó al conserje del edificio para decirle que alguien estaba llamando a su puerta. El conserje comprobó las grabaciones de las cámaras de seguridad y le confirmó que no había nadie en su rellano. Ella cree que recibió la visita del espíritu de Whitney porque su hija le había prometido ir a visitarla después de los Grammy.

Igual de interesante fue el artículo que apareció en la portada del *Wall Street Journal* del 27 de agosto de 2013 sobre uno de los abogados de bancarrotas más respetados del país, que también hace las veces de sanador energético espiritual. Kenneth Klee explica que es capaz de «hablar con los espíritus» y «arreglar almas y corazones rotos». El artículo publicó que no existen datos concluyentes de que la sanación energética funcione, pero evitó cualquier tono de burla.

Lamentablemente, solo pude encontrar un documental legítimo que abordara estas preguntas en profundidad y con un espíritu constructivo. ¿Qué es lo que en realidad sabemos? «En el interior de la madriguera del conejo» presenta a diecisiete profesionales bien considerados, entre los cuales está el doctor Radin, procedentes de distintas disciplinas como la física, la neurología, la anestesiología, la biología molecular, la sanación espiritual y el periodismo. Pero se emitió hace más de una década, en 2004.

Los libros parecen estar liderando la marcha con sus exploraciones serias de la vida después de la muerte. En una búsqueda sencilla por Google y Amazon, descubrí más de ochenta libros sobre ese tema. Afortunadamente, algunos escritos por científicos. La mayoría se han publicado en los últimos cinco años, una tendencia muy esperanzadora.

Debido al inmenso poder de los altos ejecutivos de los medios de comunicación y a su capacidad intrínseca de conformar nuestra visión del mundo, me interesa conocer las posibles razones que los llevan a tratar el tema de la vida después de la muerte con más seriedad, más rigor y equilibrio.

Me dirigí a una persona cuya experiencia en los medios de comunicación lo capacitaba mejor que a nadie para que me aclarase esta cuestión: me refiero a mi buen amigo Shelby Coffey. Conocí a Shelby cuando era vicepresidente ejecutivo y editor del *Los Angeles Times* y yo trabajaba allí como vicepresidenta de publicidad. Existe una línea invisible pero bien definida entre la parte periodística y la comercial en los periódicos de calidad como el *Los Angeles Times*. Shelby y yo nunca la cruzamos. Trabajamos juntos durante muchos años, y siento un gran respeto y consideración hacia él, de la misma forma que el resto del equipo ejecutivo que dependía de nuestro director en ese momento, Dick Schlosberg.

Shelby fue el octavo editor del *Los Angeles Times* en sus ciento siete años de historia. Durante su mandato, el periódico ganó cinco Premios Pulitzer. Shelby había ocupado con anterioridad puestos editoriales en el *Dallas Times Herald*, en el *U.S.*

News and World Report y en el *Washington Post.* Con el tiempo, Shelby dejó el *Los Angeles Times* para unirse a ABC News en Nueva York como vicepresidente ejecutivo, y posteriormente trabajó en la CNN como presidente de su división de noticias de economía y negocios, puesto en el que sustituyó a Lou Dobbs. En 2001 fue nombrado miembro del Freedom Forum, una organización que estudia temas relacionados con los medios y con la primera enmienda. En la actualidad sirve como vicepresidente de Newseum, un museo de veintitrés mil metros cuadrados en Washington D. C. dedicado a las noticias y a la primera enmienda.

Le pedí a Shelby su opinión acerca del modo como los medios han abordado el tema de la vida después de la muerte.

—Una de las dificultades a la hora de valorar la cobertura de los medios en este ámbito es que estos son una bestia de múltiples cabezas —explicó—. Hablar de «medios» significa referirse a publicaciones tan distintas como *The National Enquirer* y *The Economist, The New York Times* y Gawker, los blogs y las publicaciones científicas.

»Supongo que no es de extrañar que tengamos una asombrosa variedad de tipos de cobertura —continuó—. Algunos periodistas y editores evitan completamente los temas paranormales. Otros los enfocan con una actitud abierta, pero como la comunidad científica es escéptica, las noticias suelen reflejar esa postura. Los medios cubren lo que consideran importante. Los periodistas son personas, y como tales tienden a sumergirse en los temas que captan su pasión e interés. Justificarán su tiempo y se dedicarán a investigar lo que despierte su curiosidad.

Afortunadamente, tal como explica Shelby:

—Para los medios de comunicación convencionales, el tema suele ser interesante. La mayoría de las personas desea conocer, porque, tal como se dice en *Hamlet*: «¡Morir..., dormir! ¡Dormir!... ¡Tal vez soñar!».

Luego añadió:

—Una vez más, tenemos que recordar que lo que llamamos «medios» se reduce a fin de cuentas a personas, que son periodistas y editores. El mayor temor de los periodistas es que alguien los engañe y que su trabajo sea motivo de burla, especialmente cuando las pruebas demuestran que estaban equivocados —aclaró Shelby—. El tema de la vida después de la muerte suele atraer a charlatanes. Así que la postura habitual del periodista es ponerse a la defensiva y adoptar una actitud superficial o incluso deliberadamente ignorar los datos.

En definitiva, Shelby llevó el tema a un plano muy distinto, uno que refuerza la psicología del periodismo. También afirmó lo siguiente:

—Según la psicología evolutiva, este posicionamiento tiene un plus adaptativo. Nuestros antepasados recelosos solían sobrevivir a los ancestros potenciales que se mostraban crédulos. ¿La tribu desconocida que descendía por la colina era un grupo de amistosos comerciantes o una panda de asesinos? Mucho, incluido quién sobreviviría para llegar a ser nuestros antepasados, dependía de tener la respuesta adecuada.

Por desgracia, este campo está repleto de charlatanes. Es así. Tuve suerte de haber perdido el tiempo solo con un par de ellos. En última instancia, la labor de concienciación del público en este campo dependerá en gran medida de los científicos. Tenemos que ser claros en cuanto al papel de cada uno. Las películas de Hollywood entretienen, los documentales observan, y los medios de comunicación informan. Pero los científicos crean. No quiero decir con ello que estén inventando hechos. Crean conocimiento. Por eso la financiación es importante. Con ella se consigue investigar de manera cualificada y creíble, lo cual, a su vez, conducirá a una cobertura más seria por parte de los medios de comunicación. Así pues, los científicos desempeñan un papel y los medios de comunicación, otro distinto.

Me gustaría ver un enfoque en el que los periodistas puedan mantener una actitud escéptica, que siempre es necesaria, pero que al mismo tiempo busquen una representación más amplia de los científicos que llevan a cabo investigaciones en este campo. Y que, cuando el periodista entreviste a uno de estos científicos, le muestre el mismo respeto que a uno convencional, independientemente de la perspectiva personal que quiera darle a la noticia.

Pero, por mucha importancia que tengan los medios para concienciar al público, no nos lideran. A lo largo de la historia han seguido la tendencia marcada por el público sobre los temas controvertidos en vez de dirigir el camino, hasta que los sucesos requieren una cobertura.

¿Qué se necesitaría para que los medios de comunicación cubrieran el tema con el enfoque óptimo? El apoyo de la opinión pública a la que se refería Abraham Lincoln en la cita que aparece en la introducción de este libro. Una corriente de diálogo público abierto y completo estimularía el interés de los medios. Cuando el público en general, junto con la comunidad científica, se implique en ello, los medios también lo harán. Es decir, cuando este tema se sume legítimamente a la corriente principal, tanto en el público como en la comunidad científica, los medios lo cubrirán adecuadamente.

¿Cómo sabemos que esto es así? Shelby lo resume a la perfección:

—Los periodistas que aporten diligencia y aptitudes, escepticismo y una mente abierta a estos temas, siempre serán los que obtengan resultados excepcionales. Estoy seguro de que, a medida que se vayan realizando más trabajos en este ámbito, los mejores profesionales encontrarán resultados sorprendentes, y tal vez reveladores, sobre las fronteras de la investigación.

22

ENCONTRAR A MI MADRE

El doctor Wendland dedica mucho tiempo al voluntariado en la unidad de asistencia a enfermos terminales, y ha llegado a una conclusión provocadora: «La mayoría de las personas llega a su mejor momento cuando está a punto de morir».

Me recordó a lo que la doctora Elisabeth Kübler-Ross dijo en una ocasión: «Los mejores maestros del mundo son los pacientes moribundos».

A principios de 2012 se hizo evidente que el estado de salud de mi madre se estaba deteriorando y que no viviría mucho tiempo más. Tenía la mente muy clara. Hojeaba el periódico de cabo a rabo a diario, y también leía revistas y libros. Aunque su visión se resentía, no abandonó su pasión por la lectura y la actualidad. A veces sacaba libros de la biblioteca de papá, y leía los que sabía que a él le gustaban. Se había adaptado bien a la ausencia de su marido en los cinco años que habían pasado desde su fallecimiento, y nosotros, sus hijos, quedamos impresionados con su independencia.

Mi relación con mamá continuó por su habitual sendero escarpado después de la muerte de papá, de la misma manera que cuando él vivía. Mantuve la rutina que llevaba practicando desde hacía más de seis décadas. Había desarrollado un método infalible para lidiar con la tensión continua que existía entre nosotras: no interactuaba con ella. La llamaba, y hablábamos. Por lo general, ella hablaba (a gritos) y yo escuchaba. Yo me mostraba educada la mayor parte del tiempo. Pero no compartía mi vida ni mis pensamientos con ella. Hacía mucho tiempo que había abandonado la esperanza de comunicarme con ella en profundidad. Sentía compasión por ella y me preocupaba su estado de salud desde la distancia que nos separaba, pero nuestra relación no cambió.

A sus noventa y tres años, estaba perdiendo mucho peso y tenía la tensión alta. Sus órganos vitales parecían estar dejando de funcionar. Contraía infecciones a menudo y entraba y salía del hospital en Dallas. Mi hermana, Signe, vivía cerca de ella y la cuidaba. Se ocupaba de concertar las citas médicas y de administrar sus asuntos. Signe me llamaba para explicarme las novedades, y yo la escuchaba y la consolaba, pero nada más. De algún modo, era insensible. No me ofrecí a ir a ayudar. Sabía que no obraba bien, pero era demasiado tozuda como para cambiar mis viejas costumbres. Sin duda alguna estaba atrapada en el resentimiento, actitudes y rencores que había ido arrastrando desde hacía tiempo. Y lo que era peor, no tenía ni idea de cómo iba a gestionar los últimos días de la vida de mamá, que era evidente que se acercaban. Atravesaba un período de negación de la realidad.

Jim me preguntó en varias ocasiones si iría a visitarla antes de que fuera demasiado tarde. Por lo general, cambiaba de tema. A veces, me asaltaba el sentimiento de culpa y decía: «Probablemente vaya, pero aún no». Tampoco estaba segura de que fuera la mejor terapia para ella. Sin duda la alteraría, y era lo último que necesitaba. Tenía miedo de que nuestra falta de entendimiento impidiera una despedida digna y dejase en ambas un mal recuerdo imborrable. Así que me comporté como una cría y seguí aplazando la cuestión con la esperanza de que el tema se resolviera por sí solo. Pero la adulta que hay en mí sabía que si no hacía el esfuerzo para despedirme de ella antes de su muerte, no habría una segunda oportunidad. ¿Cómo me sentiría el resto de mi vida por haber desaprovechado la ocasión?

Un domingo, el 25 de marzo de 2012, me estaba preparando para emprender el paseo matinal cuando las luces del armario del dormitorio empezaron a titilar tenuemente, pero sin duda parpadeaban. Era un fenómeno que no ocurría desde hacía años, y nunca había sucedido en nuestra casa de Florida, donde vivíamos la mitad del año. El incidente me llamó la atención.

Me dirigí al otro extremo de la casa y le pregunté a Jim:

—¿Has visto parpadear las luces?

Jim estaba leyendo y levantó la vista para decir:

—¿Que si he visto qué?

Así que no le di importancia. Pensé que debía de haberlo imaginado. Pero una parte de mí sabía que había sucedido de verdad.

Me até los cordones de las zapatillas y salí de casa para dar mi paseo diario. Hacía un día espectacular. El cielo resplandecía con un azul claro y cristalino, y los árboles habían empezado a florecer. Se respiraba un aire inmaculado. Vivíamos en una pequeña isla residencial en la que a menudo sentíamos la brisa del golfo de México. Me sentía a gusto y disfrutaba de mi ejercicio cuando saqué el iPhone del bolsillo para consultar la hora. Era extraño. Estaba embebida por esa serenidad. ¿Por qué comprobar la hora? Tal vez se tratara de un gesto habitual, la cuestión es que saqué el teléfono y lo encendí. Marcaba las 12.44 exactamente. «Vaya, qué curioso —pensé—, las luces parpadean por vez primera en varios años, y ahora son las 12.44. Será mejor que preste atención.»

En los treinta y nueve años que habían pasado desde que me gradué en la universidad, tenía por costumbre llamar a mis padres los domingos. Ellos esperaban con ganas ese ritual. Después de la muerte de papá, continué con la costumbre. La mayor parte de las veces lo hacía a desgana porque mi madre se había aislado en sí misma y se quejaba continuamente de la residencia en la que vivía, de los otros residentes, de su estado de salud y de todo. Se había vuelto más superficial en sus intereses, más negativa, crítica e infeliz.

Me acordé de algo que había oído a un psicólogo sobre lo que ocurre cuando envejecemos. Había dicho que lo que somos en realidad se acentúa, no se atenúa. Nuestra energía para combatir los atributos negativos que todos tenemos ya no es tan intensa. Por eso nos volvemos más quejicas, más irritables. También me acordé de lo que mi padre decía a menudo: «Voy a donde me conduce la gracia de Dios».

Ese domingo decidí llamar a las cinco de la tarde anticipando el negativismo habitual, pero había algo distinto. Empezó a divagar, y se le cayó el teléfono en el transcurso de nuestra conversación. No había nadie para ayudarla a recogerlo. Pude oír cómo se esforzaba por alcanzarlo, pero no podía. Fue un momento doloroso. Me obligó a visualizarla sola e indefensa, y esa imagen me provocó un dolor visceral en las entrañas. Yo también me sentía indefensa. Al cabo de unos minutos, lo único que pude hacer fue colgar. Llamé a la oficina de la residencia para pedir que acudieran a ayudarla. Luego llamé a Signe para que se acercara a visitarla. Signe había sido una santa por cuidar de mamá en sus últimos años. Ella se mostraba más paciente en cuanto a su relación y no tenía el mismo conflicto de personalidad que yo. Era una persona más llevadera.

Cuando terminé la llamada, me volví hacia Jim, que estaba sentado junto a mí en el sillón, y me eché a llorar. Era tan triste... No solo la situación de mi madre, sino la de todas las personas mayores que están solas. Mientras Jim me consolaba, cada una de las luces del techo de la sala de estar y de la cocina, donde nos encontrábamos en ese momento, empezaron a parpadear. Luego emitieron un fogonazo de luz muy intensa. Esta vez Jim fue testigo de ello. Así que, cuando le pregunté si había visto lo mismo que yo, no dudó en asentir con la cabeza.

Supe de inmediato lo que tenía que hacer. Me volví hacia él y le dije:

—Tengo que ir a ver a mamá.

A la mañana siguiente reservé el billete de avión. Tuve tiempo para pensar en mi decisión, y supe con absoluta certeza que estaba siendo guiada hacia mamá. Me sentía atraída, obligada a hacerlo. En aquel momento no lo entendía del todo, pero era como si una energía muy intensa me dijera: «Tienes que ver a tu madre antes de que muera». La inquietud de que resultara una experiencia sumamente difícil y dolorosa quedó reemplazada por la certeza de que me necesitaba y que merecía tenerme allí. Y yo quería estar allí.

Así que volé a Dallas. Signe vino a recogerme al aeropuerto, y fuimos en su coche hasta la residencia. Cuando llegamos, mamá se mantuvo sentada la mayor parte del tiempo y esbozaba una amplia sonrisa. Estaba atenta, animada, e inusualmente alegre y acogedora. Pensé que si pudiera ver más allá de los atributos superficiales que siempre me habían molestado de ella, tal vez podría conocer a una mujer inteligente, generosa e incluso amorosa.

Se expresaba con claridad, aunque la carga que suponía su edad y su deteriorado estado de salud saltaba a la vista. Estaba muy delgada y pálida. El iris de sus ojos había adoptado un tono grisáceo en vez del reluciente azul verdoso que siempre había conocido. Sentí escalofríos. Era la misma mujer, pero se acercaba a sus últimos momentos y estaba sufriendo. Verla en ese estado físico tan débil, unido a su actitud inusualmente positiva y una vulnerabilidad casi infantil, me sirvió para moldear una nueva imagen de ella que me dejó pasmada.

Durante el resto de la tarde, Signe y yo nos sentamos junto al lecho de mamá y hablamos. Nos contó las experiencias que la habían llevado a tomar ciertas decisiones en su vida. Al igual que su madre antes que ella, era miembro vitalicio de la Organización Filantrópica Educacional (PEO son sus siglas en inglés), que ofrece oportunidades educativas a mujeres de todo el mundo. Desde la central de PEO en Idaho me habían solicitado información sobre mamá para un libro que estaban escribiendo. Pero no me pasó desapercibido que esa información también me serviría para su necrología.

La conversación fue fluida, tal vez porque nunca habíamos hecho nada parecido. Me enteré de cosas que no sabía, quizá porque nunca las había preguntado ni me había interesado por ellas. Habló con cariño sobre su juventud en Cambridge, Nebraska, con mis abuelos, su poni y su perro. Nos contó lo que recordaba sobre los días de la fuerte tormenta de polvo y la Gran Depresión. Rememoró sus estudios en la Universidad de Hastings, donde conoció a papá. Se mostró muy tímida en sus comentarios sobre papá y sobre su boda en Cambridge en 1942, y sobre cómo se mudaron a Nueva York para que él estudiase en el seminario.

Le pregunté a qué se dedicaba mientras él se pasaba todo el día en la universidad. Me contestó que había dado clase en la Escuela de Cultura Ética. Sabía que había enseñado segundo y tercer curso en un colegio de Cambridge, pero ignoraba su actividad en la Escuela de Cultura Ética. «¿Cómo es posible que no supiera eso?», me pregunté. Nos explicó que no había dudado ni un segundo en abandonar su carrera como maestra para criar a sus cuatro hijos. Toda la conversación fue como una especie de calidoscopio de su vida de manera condensada. Como una reseña.

Tenía a una amiga muy querida en Cambridge, Pauline Walburn, a quien conocía desde los cinco años, así como otras amistades de la iglesia de Hamilton, Ohio, en la que papá había realizado su labor pastoral. Sentía un gran aprecio por muchas de estas amistades, y se intercambiaban felicitaciones por Navidad. Nos mostró su maltrecha libreta de direcciones, en la que unas líneas finas, como si hubieran sido trazadas con una regla, tachaban los nombres de las numerosas personas que habían fallecido. Al mirar ese cuaderno, se calló, como si supiera que se estaba acercando el momento de partir. Estaba cansada.

Poco antes de marcharme, le entregué un regalo que había comprado para ella en Sarasota el día antes de viajar a Dallas. No era una persona sentimental, y tampoco le interesaba demasiado dar o recibir regalos. Además, yo no tenía por costumbre abrirme a ella de ese modo. No sé exactamente lo que me obligó a ir a buscar ese obsequio, pero tenía en mente una idea de lo que quería para ella, y lo encontré sin dificultad. Era una cruz de plata con un diminuto corazón engarzado y colgado de una elegante cadena. Sabía que mamá no estaba para lucir collares, pero me la había imaginado sosteniéndolo en las manos como un rosario.

Me acerqué a ella y le dije:

—Mamá, esto es para ti. Quiero que lo sostengas y lo toques cuando tengas miedo o te sientas sola. Cuando notes el roce de la plata entre tus dedos, reza una oración y piensa en tu familia, en todos los que te queremos, tanto en este mundo como en el otro. Y recuerda tu fe cristiana. Piensa en papá y en que está contigo en espíritu.

Nunca había tenido demasiadas piezas de joyería. Nunca había dado importancia a los bienes materiales. Me miró con una expresión de timidez que apenas pude reconocer y me dijo en voz baja:

—Gracias.

Al día siguiente, domingo, hacía un día soleado y radiante. Signe y yo habíamos quedado en almorzar con mamá en el comedor de la residencia, y el marido de Signe, Dan, y su hijo, Kyle, se unieron a nosotras. Cuando nos sentamos a la gran mesa redonda, me quedé mirando a mamá con el rabillo del ojo. Estaba mucho más callada ese día. Se la notaba cansada. Debilitada. Distraída. Ausente. Se esforzaba por mantener la comida en el tenedor y acercársela a la boca. Parecía frustrada por las limitaciones que le imponía su cuerpo. Volví a darme cuenta de lo débil y delgada que estaba. Me pregunté si lo que sentía era compasión o cariño. ¿Dónde estaba la mujer fuerte, testaruda, contestona y crítica que siempre había conocido? ¿Quién era esa señora tranquila y retraída que estaba sentada junto a mí?

Después del almuerzo, Dan y Kyle se marcharon, y mamá empezó a hablar casi en susurros. Nos preguntó si podíamos salir un rato. Estaba sentada en una silla de ruedas, así que Signe y yo la empujamos por el abarrotado comedor y salimos por la puerta delantera al largo porche de madera de la zona comunitaria de la residencia. Parecía revitalizada por el aire exterior, y entablamos una conversación fluida. Lo estaba pasando mejor ahora que durante la comida, y me alegré de verla más relajada. A medida que iba subiendo la temperatura, decidimos refugiarnos bajo un toldo, donde hacía menos calor. Mamá seguía sentada en su silla de ruedas, y Signe y yo nos acomodamos en unos enormes sillones de mimbre.

El tiempo pareció detenerse cuando observé a mamá, ya que no sabía si esa sería la última vez que nos veríamos. Tenía los ojos abiertos porque mi corazón también lo estaba. Delante de mí se encontraba la mujer que había conocido, o ignorado, como mi madre durante todos esos años. Sentí una enorme tristeza y lo lamenté. Pero entonces algo nuevo, algo totalmente distinto, empezó a crecer en mi interior a medida que mi pesar se transformaba en compasión, y luego lentamente en perdón.

Se estaba aferrando a un viejo bolso blanco que había dejado sobre su regazo. Lo abrió lentamente y cuando levantó la mano huesuda y nervuda vi que sostenía la cadenita con la delicada cruz y el corazón. Respiré hondo y noté un nudo en la garganta.

Mamá sostuvo el colgante hacia la luz y, mientras este refulgía, dijo:

—Esta es la cruz que me has regalado, Janis. La puse en la palma de mi mano al acostarme ayer por la noche y me aferré a ella. Y también la he sostenido hasta que habéis venido para almorzar. No quería dejarla en la habitación, así que la he guardado en el bolsito que tu padre me regaló en Ohio cuando vosotros erais pequeños.

Ver a mamá aferrarse a ese antiguo bolso y sacar su preciada cruz con el corazón que le había regalado provocó en mí una profunda sensación de humildad y afecto, unas emociones poco comunes en nuestra relación. ¿Era yo la que estaba cambiando o era ella? ¿O se debía simplemente a un momento de claridad divina? Lo ignoro. Pero sé que fue la salvación para ambas.

Acerqué mi silla hacia ella y le dije lo mucho que la quería y que siempre la había querido. Le conté que ciertas cosas se habían entrometido por culpa del ego y de nuestras fuertes personalidades, unido a la competición por el afecto de papá. Luego le conté el regalo más importante que me había dado. Fue la lección de que lo crucial en la vida no es lo que te ocurre, sino cómo lo gestionas. La puse en práctica en mis momentos más difíciles, especialmente cuando perdí a Max.

Ahora había llegado el momento de devolverle el regalo. Así que le recordé este consejo:

—Lo que importa es el modo en que gestionas tu transición de esta vida a la otra —le dije—. No puedes controlar tu estado de salud a los noventa y tres años de edad, pero sí el modo de enfrentarte a él. Vi cómo gestionaste la pérdida de papá. Guardaste la compostura y nos dejaste a todos impresionados con tu dignidad y aplomo.

Me dijo cuánto me quería y lo mucho que significaba para ella.

Signe se quedó observando la escena y después me contó que nunca había visto nada igual. Me comentó que le parecía casi sagrado. Ambas sentimos como si estuviéramos envueltas en una luz dorada. He llegado a la conclusión, después de reflexionar sobre ello, de que el perdón es una clase de amor superior. Y empieza cuando te perdonas a ti mismo.

A medida que avanzaba la tarde, mamá iba perdiendo fuelle. Mientras nos preparábamos para marcharnos, le dije:

—Mamá, estoy convencida de que todos te están esperando: papá, Max, tu hermano George, la abuela, el abuelo y otras personas a las que conocemos y que te quieren.

Se quedó pensando en mis palabras. Luego me contestó:

—¿Realmente crees que están ahí?

Le contesté:

—Sí, sé que están ahí y que te van a dar la bienvenida. Están esperando para acompañarte a donde tienes que ir. No vas a estar sola, mamá.

Empujamos su silla de ruedas hasta la habitación. Había llegado el momento de marcharnos, y supe que era la última vez que vería a mi madre. Mamá estaba sentada junto a su cama y levantó la mirada.

—Mamá, recuerda que te quiero —dije.

Ella contestó:

—Te quiero.

Salí por la puerta y miré hacia atrás una última vez. Dije:

—No estás sola, y algún día me uniré a ti en el otro lado.

Mi último recuerdo de ella es verla llorar cuando nos marchábamos.

Poco después, Margaret Louise Olson, mi madre, falleció.

23

CRUZAR AL OTRO LADO

Uno de los profesores de mi padre en el Seminario Teológico de la Unión Presbiteriana fue Paul Tillich, considerado uno de los teólogos y filósofos más influyentes del siglo XX. Era el profesor al que mi padre citaba más a menudo, tal vez porque daba sermones a los estudiantes. Papá me había regalado una copia de uno de sus libros, titulado *El coraje de existir*, cuando estaba en la universidad, y también lo incluyó en la lista de lecturas que me recomendó. Por razones que no logro entender, después de la muerte de mamá, ese libro me vino a la cabeza. Quería encontrarlo y volver a leerlo. Así que busqué en las estanterías de nuestra biblioteca y, para mi asombro, lo encontré. Por lo visto había algo en él que tenía que asimilar.

En *El coraje de existir*, Tillich escribe acerca de lo que él define como las inquietudes fundamentales que experimentamos en el transcurso de nuestras vidas. Asegura que son tres: ansiedad por la certidumbre de saber que algún día moriremos, ansiedad por la culpa que sentimos acerca de si nuestra conducta ha sido moral y ansiedad por si nuestras vidas tienen propósito. Acurrucada en una cómoda silla de la sala de estar de Sun Valley, empecé a repasar fragmentos de ese libro. Al cerrarlo para reflexionar sobre su contenido, me pregunté por qué la muerte de mi madre había sido distinta de la de mi padre. ¿Por qué me sentía alterada? Conocía la respuesta antes de terminar de formular la pregunta. Tenía que ver con la segunda ansiedad a la que se refería Tillich. Me sentía culpable por no haber sido mejor hija. Tratar de ser buena persona, tener conciencia, había sido muy importante a lo largo de mi vida, pero había fracasado con mi madre. No había actuado bien con ella la mayor parte de esos años. Había dejado que las fricciones eclipsaran al amor. Sí, me había reconciliado con ella al final, razón por la cual me sentía muy agradecida, pero eso no borraba la huella de los otros sesenta años. ¿Por qué había sido tan obstinada? Ahora era demasiado tarde. ¿O no?

Tuve una idea. ¿Por qué no concertaba cita con una médium muy respetada para comunicarme no solo con Max, sino también con mamá y papá? Como los tres habían fallecido, parecía lógico. ¿Confirmaría esa sesión lo que sospechaba, es decir, que la vida continúa pero de otra forma? ¿Se mostrarían Max, mamá y papá? Si existían en forma espiritual, tal como yo creía, podía esforzarme por reconectar con mi madre a través de la oración, la meditación o conversando en silencio con ella de vez en cuando.

Llamé al doctor Gary Schwartz, ya que sabía que me daría buenas referencias, y me recomendó a Suzanne Giesemann. Hablamos por teléfono, nos intercambiamos varios correos electrónicos, y finalmente concerté una sesión con ella en su domicilio de Florida. Acordamos que era mejor que ella no supiera nada sobre mí, excepto mi deseo de comunicarme con Max y mis padres.

Suzanne tiene un trasfondo fascinante e inusual. Es excomandante de la marina, sirvió como asistente especial del jefe de operaciones navales y fue elegida como ayudante por el mismísimo presidente del Estado Mayor. Estaba con él el 11 de septiembre y ambos partieron en el último avión antes de que cerraran el espacio aéreo. Sobrevolaron Manhattan, vieron cómo ardían los edificios, y luego se dirigieron a Washington D. C., donde consiguieron entrar en el Pentágono mientras ardía. Voló en el *Air Force One* con el presidente. Tiene un máster en Seguridad Nacional y ha enseñado ciencias políticas en la Academia Naval de Estados Unidos. Ha sido condecorada con un Galón por Acción en Combate y una Medalla por el Servicio Meritorio en Defensa.

Cuando se licenció de la Marina después de una carrera de veinte años, Suzanne y su marido, Ty, decidieron llevar a la práctica un objetivo personal que consistía en navegar alrededor del mundo. Ya habían cruzado el Atlántico y se encontraban en el

Mediterráneo cuando supieron que su hija de veintiséis años, embarazada, había muerto al ser alcanzada por un rayo. Esta tragedia condujo a Suzanne hasta una médium. Controló con cuidado la información a la que podía tener acceso la profesional, y aun así tuvo una experiencia que describe como «increíble». Durante la sesión, una joven veinteañera que había muerto repentinamente quería presentarle a su hijo. El bebé que la hija de Suzanne llevaba en su vientre era un varón. En ese momento decidió que tenía que escribir sobre esa experiencia.

Después de leer sobre metafísica, espiritualidad y crecimiento personal, escribió diez libros sobre este tema; el más reciente es *Wolf's Message* [El mensaje del lobo]. Más tarde empezó a tener experiencias intuitivas y se apuntó a un curso intensivo en la respetada Universidad Arthur Findlay de Ciencias Psíquicas de Stansted, Inglaterra. Lleva cuatro años ofreciendo sesiones únicamente privadas. No se dedica a las grupales, aunque está trabajando para desarrollar esa capacidad.

Me alegré de que Jim me acompañara porque tuvimos que hacer frente a alertas de tornado, lluvias intensas y ráfagas de viento mientras nos dirigíamos a casa de los Giesemann en la parte norte del centro de Florida. Pero conseguimos llegar. Suzanne nos ofreció una cálida bienvenida y nos hizo sentir muy cómodos. Tiene una sonrisa maravillosa y unos brillantes ojos marrones. Se parece mucho a Dorothy Hamill, la campeona olímpica de patinaje artístico. Tiene un rostro femenino y juvenil, y además conserva la postura que cabe esperar de una oficial de la Marina. Nos presentó a Ty, un hombre amable y cercano.

Advertí de inmediato que las paredes del vestíbulo estaban forradas de estanterías de libros. Es indudable que los Giesemann eran muy cultos. Lo sé porque, cuando Jim ve libros, no puede evitar mirar los títulos. Suzanne nos presentó a sus dos perros, que se comportaron muy bien y que parecieron advertir la presencia de *Blue* esperando en el coche. Nos guió hacia su despacho para empezar la sesión.

En el coche, de camino a esa cita, Jim y yo habíamos decidido que, si Suzanne nos autorizaba a ello, él dejaría la grabadora en marcha y abandonaría la estancia. Tenía miedo de que su presencia interfiriera de algún modo, ya que esa fue la sensación que tuvo en el caso de Dave, el médium que habíamos visitado con anterioridad. Pero cuando entramos en el despacho de Suzanne, vimos tres sillas. Jim comentó que no quería interferir en los resultados y que por eso prefería abandonar la sala.

Suzanne lo invitó a quedarse:

—Nosotros podemos indicar nuestras intenciones, pero no tengo control alguno sobre quién puede aparecerse. Tu presencia puede interferir, pero no supondrá un problema.

Gracias a la invitación de Suzanne y a la recomendación del doctor Radin de contar con una tercera persona en la sala, Jim se quedó.

Al final no necesitamos la grabadora. La propia Suzanne graba cada una de las sesiones. Fue su lectura número 507. Es muy precisa. Envía una copia de la grabación al cliente inmediatamente después de la sesión. Creo que se trata de una idea excelente, ya que dice mucho a su favor, e incluso puede ser un criterio para seleccionar a una médium cualificada.

Suzanne me preguntó si nos parecería bien empezar con una oración para centrarse. Es una labor sagrada para ella. Nos dimos las manos, y empezó a rezar:

—Oh, Señor, el gran espíritu y el mundo del espíritu, mis ayudantes del otro lado, gracias por brindarme la oportunidad de sentarme con Janis y Jim, y de servirte. Estoy tan asombrada y agradecida de haber sido elegida para este trabajo... Espero ser digna de él hoy. Que aquellos que moran en el otro lado acudan con increíble claridad. Estoy muy agradecida por las oraciones contestadas y por el curso de los acontecimientos, que así continúe y que se amplíen. Haré todo lo posible para aplicar todas tus enseñanzas hoy, y llenaremos esta sala con amor para estar a la altura de tu vibración. Gracias por el mejor resultado posible.

Al empezar la sesión, Suzanne cerró los ojos, respiró profundamente a través de los labios apretados y movió la boca de un costado a otro. Luego nos miró y dijo:

—No puedo evitar este tic. Gary me ha dicho que es ridículo, y sé que es verdad, pero es mi guía. Me ayuda. Es la forma de darme una señal inequívoca de su presencia.

A mí no me pareció en absoluto ridícula. Es lo que cabe esperar de alguien que se esfuerza por comunicarse con el mundo del espíritu. Al principio no entendía lo que quería decir con «su presencia». «¿La presencia de quién?», me pregunté. Ya nos había comentado que no podía controlar quién se aparecía y quién no. No tardamos en saber que había más de una presencia. A medida que avanzaba la sesión, recibimos la visita de cuatro espíritus: Max, mi padre y mi madre, y el padre de Jim.

No fue infalible, pero poco a poco aprendimos a discernir con quién se estaba comunicando Suzanne gracias a la dirección hacia la que apuntaba su cabeza. Era como si estuviera sentada en una mesa redonda con invitados, mirando a su interlocutor. Cuando su mirada cambiaba de dirección, indicaba que se estaba comunicando con un espíritu distinto. Nos comentó que se giraba hacia un costado cuando el espíritu que se comunica es una madre o un padre, y hacia el centro cuando no es un pariente consanguíneo, como por ejemplo un marido, una pareja o un amigo. Habló con los espíritus, y a menudo les pedía que dieran más información. Estos se aparecían de forma intermitente, no formando una secuencia, así que su cabeza se movía de un costado a otro. Tenía los ojos cerrados la mayor parte del tiempo. Dice que le ayuda a concentrarse, y desea evitar la comunicación por parte de sus clientes.

De vez en cuando me preguntaba si algo de lo que decía tenía sentido para mí. Creo que era una forma de afinar en sus interpretaciones. Suzanne asegura que accede al mundo del espíritu escuchando una voz en su interior. También recibe imágenes y símbolos. Pero, sobre todo, oye. Es muy clarioyente, a diferencia de los clarividentes, que ven.

A veces yo intentaba ser útil, y ella me regañaba:

—No, no me diga nada.

No quería que la condicionaran de ninguna manera. Era muy independiente.

Comenzó refiriéndose a Max. Sintió su presencia como una especie de debilidad o deterioro físico. Dijo que «la sensación de deterioro» es lo que suele experimentar en los casos de enfermedad, no de accidente. Eso se corresponde con la muerte de Max. Dijo que creía que había sufrido un cáncer y me señaló el abdomen o el estómago. Añadió que pensaba que al final produjo una metástasis en los nódulos linfáticos. De todas las formas posibles de morir, Suzanne no solo acertó en el diagnóstico del cáncer, sino que también señaló la zona afectada. El esófago se conecta con el estómago, así que a pesar de que no fue correcta al ciento por ciento, se acercó mucho. El cáncer de Max había hecho metástasis en los nódulos linfáticos, que fue lo que hizo que su cáncer fuera terminal.

En cuanto a la definición de su personalidad, pensé que era interesante que, aunque podría haber elegido cualquier serie de atributos, dijo que Max era un «hombre paciente que tardaba mucho en enfadarse». Añadió que «examinaba las cosas» antes de reaccionar. Eran rasgos muy característicos de él. Dijo que poseía «una calma interior y un profundo conocimiento de las cosas», algo que también es cierto. No pretendía unirse a los demás ni tampoco ser aceptado por ellos. Le gustaba quedarse tranquilo y a solas leyendo sus libros y aprendiendo. Describió una sensación «profunda de lo sagrado» en Max que ella no definiría como religión. Comentó que se sentía atraído por este sendero de lo que él consideraba sagrado, aunque no se trataba de un posicionamiento religioso. También acertó en eso. Max creía que los libros, la música y el arte eran sagrados. Creía que la consecución del conocimiento era sagrada. En una ocasión me dijo que lo más cerca que había estado de «conocer» a Dios era en presencia de un buen libro.

Suzanne añadió que Max no se sentía cómodo con el conflicto, y que «su reacción en estos casos era encerrarse en una habitación y cerrar la puerta». Recuerdo que, en algunas ocasiones, yo volvía a casa de mal humor después de un día duro en la oficina y con ganas de buscar pelea. Pero aunque intentara avivar las llamas de una discusión, Max se retiraba. No era lo suyo. Me resultaba frustrante, puesto que de vez en cuando me gustaba pelear. No podía hacerlo en la oficina, así que, ¿por qué no en casa? En nuestros cuatro años de matrimonio aprendí que si quería pelear tendría que ser conmigo misma.

Lo más cerca que estuvimos de una discusión fue en un momento en el que no tenía intención alguna de iniciarla. Era un sábado por la tarde y me sentía perezosa. Max estaba en el gimnasio, y a mí se me ocurrió la brillante idea de reordenar los libros de las estanterías de la biblioteca. Pero no me di cuenta de dos cuestiones muy significativas. En primer lugar, que el noventa por ciento de los libros era de Max, y en segundo lugar, que seguían un orden alfabético por apellido del autor. Como no me di cuenta, dispuse los tomos según el color y el tamaño, ya que me parecía mucho más atractivo a nivel estético. Me sentía muy orgullosa de mis cambios.

Cuando Max regresó al cabo de unas horas, oí que resoplaba en la biblioteca. Me acerqué para ver si todo iba bien y para preguntarle si le gustaba la nueva disposición. Max estaba agachado, recogiendo un pesado volumen de arte de la pila que había preparado de libros del mismo tamaño en las estanterías inferiores. Se dio media vuelta lentamente y tenía el rostro encendido como un tomate.

—¿Qué ocurre? —le dije.

—¿No habrás ordenado los libros, verdad? —me preguntó con un tono de voz parecido al de John Wayne.

—Pues... sí —solté con una vocecilla al estilo Minnie Mouse.

—¿Cuántos? —preguntó.

—Bueno, pues yo diría que... todos.

Me pidió que no lo volviera a hacer, y ahí acabó todo. Esa noche no fue la más divertida de nuestra relación. Se quedó callado y se mostró retraído. Pero aprendí la lección acerca de los libros. ¡No volvería a ocurrir!

Pero volvamos a nuestra sesión con Suzanne. Me dijo que Max era «liberal, demócrata y que hablaba mucho por teléfono, a veces incluso por dos aparatos a la vez. Era justo con las personas con las que trabajaba, pero también exigente». Dijo que lo veía «en su despacho con el escritorio cubierto de papeles». Todo era cierto. Max era un demócrata de libro. Y no era muy amigo de los ordenadores. Le gustaban los cuadernos de hojas amarillas con rayas.

Me dijo que Max era una persona meticulosa: «Veo los calcetines doblados y distribuidos en su cajón... cordones de los zapatos y doble nudo... trajes colgados, limpios y cuidados». Era un dato fascinante, porque así era Max. Al igual que su colección de

CD y libros, sus calcetines, zapatos y trajes estaban organizados con precisión y siguiendo un plan. La mayoría de su calzado tenía cordones. No utilizaba mocasines, le resultaban demasiado informales.

Hubo otros detalles sobre Max que Suzanne no captó con precisión. Pero fue la minoría. Había hecho una labor excelente a la hora de definirlo.

La información relativa a papá estuvo más mezclada en cuanto a lo que a mí me parecía preciso y lo que no. Por ejemplo, Suzanne comentó que papá había sufrido problemas cardíacos, pero lo cierto era que había muerto de un cáncer. Mencionó un problema con una pierna, y que por eso necesitaba un bastón. Tampoco era verdad. Asimismo, nos dijo que había estudiado ingeniería y que se había dedicado a la investigación, cosa que no era cierta. También lo describió como malhumorado, un dato totalmente falso, a excepción tal vez de la última etapa de su vida.

Sin embargo, acertó en describir sus orígenes humildes y su ascenso a una vida «superior» a través de su servicio pastoral. También supo articular su amor por mi madre a la perfección, y nos dio detalles sobre la estabilidad de su relación. Nos dijo que le gustaba contar chistes. Era cierto. Cuando era niña, hacíamos gala de un gran sentido del humor. Me comentó que papá estaba orgulloso de mí y que quería «envolverme» en un abrazo. Parecía algo que podría haber dicho él, aunque también era genérico.

Estaba impaciente por saber lo que me diría de mamá. Suzanne comentó que mamá «pudo no haber sido agradable al trato». Totalmente cierto. Me comentó que la sensación que recibía de mamá era la de una mujer que decía «qué hacer, cómo comportarse y qué ser». Verdad absoluta. «Es una persona muy crítica —explicó Suzanne—. Siempre ibas con pies de plomo, sin saber cómo comportarte con ella. Era impredecible».
Sorprendentemente preciso.

Luego Suzanne dijo algo muy revelador:

—Siento a alguien que vivía en su propio mundo.

Me llegó. ¿Mamá había vivido todos esos años en su mundo mientras yo estaba en el mío? ¿Por eso no conectábamos? ¿Acaso podíamos siquiera? Aunque sentía que ella era muy crítica conmigo, ¿sentiría ella lo mismo porque yo también la juzgaba? ¿Esperaba que mi madre fuera lo que yo quería en vez de ser quien era ella, es decir, alguien en su propio mundo, un mundo que no llegué a conocer? ¿Acaso me estaba enseñando desde otro reino que el amor no depende de las similitudes? ¿Estaba yo aprendiendo que el amor no juzga, sino que solo acepta?

He aquí un asunto importante. Ninguna de las dos teníamos que sentirnos culpables. Ambas habíamos desempeñado un papel en nuestra relación. Pensé en ese momento especial que pasé en el porche de Dallas con mamá y Signe. Nos abrimos y al final conectamos. La verdad de nuestro amor y el poder del perdón eran indiscutibles. Si de algo éramos culpables ella y yo era de ser imperfectas, que equivale a decir «humanas».

Creo que también fue el amor y el perdón lo que motivó la visita del padre de Jim. Suzanne anunció que había un espíritu con cierta conexión militar que había irrumpido en ese espacio. (El padre de Jim había sido oficial de carrera en la Fuerzas Aérea.) Dijo que ese espíritu era un hombre y que «ella estaba a punto de llorar por la intensa emoción que le transmitía». Definió perfectamente los rasgos de su carácter y su carrera. Fue muy concreta. De hecho, el mensaje fue tan preciso que, al volverme hacia Jim, me percaté de que estaba aturdido. Suzanne añadió que el padre de Jim había acudido para disculparse por lo que había sido una relación turbulenta. También comentó que él asumía la responsabilidad de esas desavenencias y que quería decirle a su hijo lo siguiente: «Eres mucho más grande de lo que yo fui. Tienes un corazón enorme». Miré a Jim. Tenía lágrimas en los ojos. Solo lo había visto llorar en una ocasión: en el funeral de su madre.

Por muy impresionante que fuera todo aquello, hubo dos aspectos tan excepcionales, tan extraordinarios, que no solo sellaron mi creencia en Suzanne y en su capacidad para comunicarse con el mundo espiritual, también sirvieron para demostrarme que ese mundo existe y que convive con nosotros.

En un momento en concreto de la sesión, Suzanne me miró y dijo:

—Oigo lo siguiente: «Oí a Harry el Sucio y me llevó hasta Sacramento». No sé por qué. No tengo ni idea. ¿Algo de esto tiene algún sentido? Harry el Sucio es Clint Eastwood. Clint Eastwood fue alcalde de Carmel, ¿verdad?

No salía de mi asombro. Era una referencia muy misteriosa, muy singular, que solo podía ser auténtica.

Max y sus socios de Townsend Raimundo Besler & Usher en Sacramento ayudaron a aprobar una iniciativa en el condado de Monterey para la empresa Pebble Beach en el año 2000. Como parte de esa medida se aprobó la construcción de un campo de golf. Los socios, incluido Max, trabajaron con Clint Eastwood. ¿Qué probabilidades había de que Suzanne, que no me conocía a mí, ni a Max, ni nada sobre nosotros, supiera todo esto?

Pero lo que realmente me dejó sin palabras y me hizo llorar fueron las siguientes frases de Suzanne:

—Veo a un hombre tendido en su féretro con las manos cruzadas sobre el pecho y sujetando unas flores. Sé que no tiene sentido en el caso de un hombre, solo transmito lo que puedo ver. Habla sobre las estrellas, las estrellas del cielo, y está señalando a una en particular.

En la misa del funeral de Max, después de que Tanner y yo termináramos de expresar nuestro agradecimiento público desde el púlpito, bajamos las escaleras y cada uno de nosotros colocó un tulipán blanco sobre el féretro. Poco después, el reverendo Jesse Vaughan leyó la homilía que él mismo había preparado. Incluía un fragmento de *El principito,* de Antoine de Saint-Exupéry que creo que seleccionó para reconfortar a Tanner. Me aferré a las palabras mientras mi corazón latía rápidamente. No solo por mí, sino por mi hijo. Al sentir el hombro de Tanner rozado el mío sentados en el banco, supe que si Max nos estaba susurrando desde el cielo a través de las estrellas, elegiría la risa para que Tanner lo conservara para siempre en su corazón: «Las gentes tienen estrellas que no son las mismas. Para unos, los que viajan, las estrellas son guías. Para otros, que son sabios, son problemas. [...] Pero todas esas estrellas no hablan. Tú tendrás estrellas como nadie las ha tenido. [...] yo reiré en una de ellas [...].Y abrirás a veces tu ventana, así..., por placer...»

24

ENCONTRARME A MÍ MISMA

Cuando papá falleció en 2007, respetamos su petición de ser incinerado y guardamos sus cenizas en el depósito de cadáveres de Lockenour-Jones de Cambridge, Nebraska. Él y mamá habían pedido ser enterrados al mismo tiempo en Cambridge, donde mamá había crecido y donde sus padres y abuelos yacían en el cementerio de Fairview. Habíamos reservado un nicho para ellos junto a los familiares de mi madre en la parcela de la familia Thorndije.

Después del fallecimiento de mi madre en abril de 2012, organizamos el entierro conjunto, tal como ellos querían. Pedimos una lápida común para marcar ese espacio. En la parte delantera grabamos unas palabras que eligió mi cuñada Marky: «JUNTOS 70 AÑOS Y PARA SIEMPRE». Añadimos una insignia de la Organización Filantrópica Educacional en la lápida, indicando así la pertenencia de mi madre a la asociación, con el fin de honrar su afiliación durante tanto tiempo.

A finales de agosto, toda la familia pudo reunirse para celebrar una misa en honor a mis padres. Con una población de 1.063 habitantes, no es precisamente fácil llegar a Cambridge. Implica volar hasta Omaha y luego conducir cuatro horas en dirección oeste. Como había familiares que venían de distintas partes del país, tardamos un tiempo en organizar nuestros calendarios para coincidir todos.

Jim y yo llegamos a última hora de la tarde del jueves. Habíamos viajado con nuestro fiel Toyota Sequoia desde Sun Valley, Idaho, porque era más sencillo que viajar en avión, y además pudimos llevar a *Blue* y su colección de *frisbees*. No había estado en Cambridge desde que visité a mis padres en 2003, cuando pasaron una breve temporada en el pueblo a los ochenta y pico años. Había olvidado que solo había un restaurante que sirviera cenas: Town Talk. Por lo visto Jim no era consciente de lo pequeña que era esa localidad. Tras sentarnos a una mesita con un mantel de cuadros rojos y blancos, pidió la carta de vinos. Una camarera con el pelo revuelto, que parecía sacada de los años sesenta, lo miró como si viniera de Marte y le contestó con un tono de voz neutro: «Cariño, hace quince años que no tenemos carta de vinos».

Al día siguiente llegaron Marky y mi hermano Kurt, y después mi hermana Signe y su esposo Dan. Mi otro hermano, Brian, llegó de Connecticut con su hijo, Jason. Me alegré mucho de ver a mi sobrino, ya que tiene un gran sentido del humor y es muy alegre. Disfruté de su compañía, y resultaba reconfortante contar con un representante de la generación más joven. Tanner no había podido acudir porque acababa de empezar en su primer empleo después de graduarse en la universidad.

Nos hospedamos en el Cambridge Bed and Breakfast, una hermosa casa reformada que figura en el registro nacional de lugares históricos. La propietaria, Gloria Hilton, y su marido, Gerald, son la cuarta generación de su familia que reside en la zona. Gloria. Al igual que mi madre, pertenecía a PEO, y eran amigas. Fue una anfitriona extraordinaria y, con la ayuda de su familia, nos sirvió unas comidas estupendas durante nuestra estancia. Nos trataron como si fuésemos de la familia.

Un viernes por la noche, cuando ya habíamos llegado todos, salimos a cenar juntos a Town Talk. Jim no pidió la carta de vinos, pero le proporcionaron una. La camarera de la noche anterior lo reconoció al entrar y, al cabo de unos minutos, se acercó a la mesa. Con una sonrisa burlona, le pasó un papelito de su cuaderno verde a Jim. Había escrito en lápiz: «Carta de Vinos: tinto, blanco, rosado». Jim puso cara de «me lo merezco» y los demás nos echamos a reír a carcajadas. Resultó ser una noche encantadora: nos pusimos al día de nuestras vidas y nos contamos historias que en el fondo ya conocíamos. Hacía cuatro años que no nos reuníamos, desde mi boda con Jim en Sun Valley. Se me pasó por la cabeza la idea de cuántas veces más nos reuniríamos antes de que faltara uno de nosotros. Sería estupendo poder prolongar estos momentos de alegría.

La misa se celebró a la mañana siguiente, el sábado. Habíamos decidido incluir solo a los miembros de la familia. Mamá había dejado muy claro que quería una misa en la Iglesia Metodista Unida de Trinity, donde ella y papá se habían casado setenta años atrás. La pastora, una mujer que hablaba en voz baja llamada Sherry Sklenar, dirigió la ceremonia. Cada uno de los hijos habíamos escrito un breve panegírico.

Empecé el mío diciendo:

—Hoy hablaré directamente a mamá y papá porque creo verdaderamente que están presentes en espíritu.

Son palabras que nunca habría pronunciado en 2004, cuando murió Max. No había previsto la influencia que él tendría sobre mí. Curiosamente, hacía más tiempo que lo conocía muerto que en vida.

En ese momento, mientras asimilaba la muerte de mis padres, noté una sensación de paz, y era para con ambos. No tenía todas las respuestas, pero aceptaba la realidad de las muertes de mamá y papá con sosiego emocional y mental. Sabía en mi corazón que estaban presentes porque tenía claro que el amor nunca muere.

Max me había enseñado mucho más. Conmovida por la música, por el ambiente reverencial de la iglesia y por la calidez de ver a la familia reunida, tuve un momento de revelación. Tenía que ver con la esperanza y el libre albedrío.

El viaje que había emprendido estaba impulsado por la esperanza. ¿Quién puede medir el valor de la esperanza? Es infinita. Ella impulsaba mi ambición para aprender, salir a buscar conocimiento y comprensión. Además, me daba cuenta de que esa esperanza tan preciada nacía del libre albedrío, el mismo al que se había referido el doctor Wendland, el que todos poseemos por el hecho de ser humanos. Cada uno decide si se decanta por la esperanza o por la desesperación, si cree o no en la vida después de la muerte. Sea cual sea nuestra elección, no es algo que venga dado o dictado por alguien. Es un proceso de desarrollo personal, lo cual resulta aún más poderoso. Puesto que tomé la decisión consciente de esperar que hubiera algo más, aparté de mi vida la desconfianza y el miedo para abrirme a lo desconocido.

Al observar a mi familia, me sorprendió una vez más el pensamiento que colmó mi corazón la noche anterior al darme cuenta de que, a excepción de Jason, todos habíamos alcanzado una edad en la que teníamos que hacer frente a nuestra mortalidad. Me fijé en los rostros de Jim, de mi familia, deteniéndome para congelar sus expresiones en mi memoria. Percibí una sensación abrumadora de cuánto quería a cada una de esas personas y lo agradecida que estaba por haberlas tenido en mi vida.

Gracias a las hermosas dedicatorias de Kurt, Brian y Signe, así como a las palabras de la pastora Sklenar, la misa fue memorable y estuvo llena de sentimiento. Estoy convencida de que a nuestros padres les gustó. Pero durante todo ese tiempo no pude sacarme de la cabeza un pensamiento. Tenía que ver con Max. Estaba celebrando las vidas de dos de las personas más importantes para mí, en un lugar muy ligado a mí, a ellos y a generaciones de mi familia por ambas partes. Pero había sido Max —muy alejado de mi herencia de Nebraska— quien me había enseñado a comprender la muerte de mi padre y, lo que había sido aún más sorprendente, la de mi madre, una persona a la que nunca había comprendido en vida. Del mismo modo que la lección de mi madre sobre cómo tratamos con la adversidad me había ayudado a superar la muerte de Max, las lecciones de este me habían ayudado a entender los fallecimientos de mis padres. Y me había dado este regalo desde un lugar todavía más remoto: el otro lado.

¿Dónde estaba Max en ese día tan señalado? Había aprendido de él a prestar atención. Gracias a él supe que los espíritus de los que parten siempre están cerca. Me enseñó que es posible conectar más allá de la tumba, que el amor no entiende de geografía, tiempo ni espacio. Pero ese día no obtuve noticias suyas. Me preguntaba por qué.

Después de la misa, almorzamos en el Bed and Breakfast y luego salimos a pasear por el pueblo, pasando revista a los recuerdos de nuestra infancia. Recuerdo perfectamente la tienda de mi abuelo, que ahora se llama Thorndike Hall, el lugar donde tocó Glenn Miller con su banda. Nos dirigimos al majestuoso parque en el que el abuelo había conseguido organizar unos fuegos artificiales caseros para el 4 de julio cuando éramos niños. Nos sentábamos en enormes mesas de picnic y comíamos hamburguesas con pepinillos y cebolla mientras el olor a carbón colmaba el aire. El abuelo enredaba con su bolsa de petardos mientras nosotros correteábamos con pequeñas bengalas de mano. Reunirme de nuevo con mis dos hermanos y mi hermana en un lugar en el que no habíamos estado desde hacía cincuenta años entrañaba un significado especial. Sentí la misma emoción en mi corazón que durante la cena en Town Talk y durante la misa. Pero en el fondo me quedaba la inquietud sobre la ausencia de Max. ¿Por qué no estaba sintiendo su presencia?

A la mañana siguiente me entristecí al tener que despedirnos. Nos intercambiamos las habituales promesas de «tienes que venir a visitarnos» y «nos vemos pronto», pero sospechaba que había una razón por la cual mi corazón latía deprisa. Me preocupaba que, debido a nuestro ajetreado ritmo de vida, no llegaríamos a vernos a tiempo.

Decidí que necesitaba pasar un momento en contacto con la naturaleza para reflexionar sobre los acontecimientos de esos días. Mientras Jim metía las maletas en el coche, *Blue* y yo dimos un paseo. Hacía un día estupendo. Tomé la ruta del día anterior que atravesaba el centro de la ciudad, donde muy pocas cosas habían cambiado durante el pasado siglo, y después me dirigí de nuevo hacia el parque. Cambridge es una localidad situada a orillas del río Republican y el arroyo Medicine, y sabía que el parque era característico de una comunidad que se preocupa por su medio ambiente. Empecé a pensar en el pozo en el que nos bañábamos Kurt, Brian y yo cincuenta años atrás. Me adentré en el parque y descubrí un sistema de caminos meticulosamente trazados. *Blue* y yo seguimos uno de esos senderos que conducía hasta el riachuelo de aguas vivas y cristalinas.

De repente, vi un puente delante de mí. Tenía una placa con un nombre grabado en ella: «THE MAX BRIDGE» [El puente de Max]. Me detuve en seco. ¿Qué estaba pasando? No se encontraba allí la última vez que había visitado ese lugar. Me estaba haciendo la misma pregunta una vez más: ¿sería una coincidencia? Sé que Max no es un nombre poco común, pero las probabilidades de que fuera una coincidencia no eran muchas. Evidentemente, no pude evitar pensar que un puente va de un lugar a otro, de aquí a allá. Una metáfora muy bonita. Me acordé de Traci Ireland cuando me dijo que Max tenía que cruzar «el puente». Corrí a decírselo a Jim. Max no estaba ausente al fin y al cabo.

Al abandonar la ciudad, Jim y yo nos detuvimos en la residencia en la que vivía Pauline Walburn, la mejor amiga de mamá. Eso supuso salir de Cambridge por una ruta distinta de la que tomamos a nuestra llegada dos días atrás (solo hay dos). A un kilómetro y medio de la ciudad, en dirección oeste, vimos un enorme letrero industrial que se distinguía desde la carretera. Decía «BESLER INDUSTRIES». ¿Qué estaba haciendo el apellido de Max en un cartel de la única fábrica que había en Cambridge? Según el listín telefónico, solo hay setecientas cincuenta personas con el apellido Besler en Estados Unidos. Así que me pareció una coincidencia inusual.

Al final, consideré que los carteles del puente y de la carretera eran señales de sincronía. Eran mensajes de Max y del mundo espiritual que nos indicaban que nuestras conexiones con nuestros seres queridos no se ven limitadas por el lugar geográfico. Creo que mis abuelos, mis padres y Max se han unido en la vida después de la muerte. Y querían asegurarse de que yo lo supiera.

Me siento honrada y agradecida por el viaje que he emprendido. Estoy convencida de que Max y el mundo espiritual me han estado guiando todo este tiempo y que siguen presentes hoy. No creo que sea una persona especial. Creo que todos tenemos el potencial para experimentar la fina línea que separa esta vida de la otra. Lo que veamos puede variar, pero está ahí si abrimos los ojos y los corazones y prestamos atención. Mi historia es única, pero, paradójicamente, también es universal.

La mano en el espejo trata de las posibilidades que existen en la vida. Sobre el puente que conduce de este mundo al otro. Y, sobre todo, este libro y mi viaje espiritual tratan del amor. Todos somos lo mismo y estamos unidos por el amor.

Sigo recibiendo mensajes de Max, aunque con menos frecuencia. El número 12.44 sigue apareciendo en momentos especiales, y las luces parpadean sin razón aparente cuando algo importante está a punto de suceder. He decidido creer que ese parpadeo es un guiño de Max. A diferencia de una sonrisa, un guiño es un gesto más íntimo. Se establece una conexión personal. No voy por ahí buscando señales, pero permanezco abierta a esa posibilidad. He seguido adelante con mi vida junto a Jim y me siento satisfecha con todo lo que ofrece esta vida en común.

Visito a Tanner con regularidad en San Francisco. Hace poco, un sábado, estábamos paseando por la calle Powell, cerca de Union Square, cuando oímos el traqueteo de un tranvía deslizándose por las vías. Me volví para verlo y le pregunté a Tanner si se acordaba del día en que él, Max y yo habíamos visto un tranvía años atrás. Tanner tendría unos diez años. Era un frío sábado de otoño, y acabábamos de regresar de una excursión a Alcatraz y volvíamos por Union Square para cenar temprano. Oímos el traqueteo y el tintineo de la campana del tranvía, así como el zumbido de los cables, y nos volvimos para verlo pasar. Justo en el momento en el que el vehículo se detuvo, Max exclamó: «¡Subamos! ¿Por qué no?». Nos montamos en el tranvía de inmediato y nos alejamos de la zona, acurrucados dentro del vehículo atestado de viajeros. La brisa de la bahía nos azotaba el rostro, y nos acercamos aún más. Max pasó sus brazos alrededor de nosotros, y el tiempo se detuvo. Fue un momento perfecto. Ese recuerdo, y otros parecidos, es el modo en que Max perdura en nuestro interior, ahora y por el resto de nuestras vidas.

Hace poco, Jim, *Blue* y yo emprendimos uno de nuestros famosos viajes por carretera y nos dirigimos hacia la costa Oeste. Nos detuvimos en Sacramento para visitar a unos amigos, entre los cuales se encontraba mi antigua señora de la limpieza, Helen. Los tres almorzamos en uno de nuestros restaurantes favoritos, un griego. Hacía tiempo que no veía a Helen, y fue estupendo ponerme al día de su vida y de la de su familia. Me siento muy agradecida por que ella siga creyendo, al igual que yo, que Max cumplió su promesa. Estuvimos de acuerdo en que fue él quien regresó para decirnos que había algo más, tal como nos había asegurado que haría.

En el día en que enterramos las cenizas de mis padres en Cambridge, Nebraska, en lo alto de las praderas del cementerio situado a las afueras del pueblo, me sentí abrumada por una sensación de claridad. Mientras permanecía en silencio entre los arces y los abetos, supe que era una persona distinta de la mujer que se plantó frente a la tumba de Max en Yountville, California, ocho años atrás. Mi vida segura, predecible y relativamente controlada, la que me había dado seguridad y continuidad, se había visto alterada. Tuve que hacer frente a experiencias extraordinarias que cambiaron mi forma de ver el mundo. Desde la muerte de Max, he pasado del dolor al miedo, luego a la sorpresa y por último a una curiosidad y esperanza que desembocaron en un peregrinaje. Al final llegué a tener una perspectiva mucho más compleja de la vida y de la muerte. Ahora soy una persona mucho más profunda, capaz de expresar emociones más hondas. También estoy mucho más preparada para enfrentarme a mi mortalidad y todo lo que implica.

Es decir, que la muerte me enseñó a vivir. Ahora ya no pierdo el tiempo. Tampoco discuto y no juzgo a mis seres queridos que eligen ser diferentes. No me distraigo durante los pocos momentos que paso en compañía de familiares y amigos. Vivo en el presente, plenamente consciente de prestar atención a todas las dimensiones. Disfruto con los atisbos al misterio de nuestra existencia. La mano en el espejo lo cambió todo.

EPÍLOGO

Esta es mi historia. Mi sueño de poder compartirla abiertamente, expresado en la playa de Bodega Bay, California, se ha cumplido. Ahora espero que tú me cuentes la tuya. Mi web http://thehandonthemirror.org está pensada para que puedas compartir tus experiencias. Te invito a visitarla y a unirte a la conversación. Ayúdanos a fomentar la opinión pública que Abraham Lincoln nos recordó que debíamos cultivar con el fin de prosperar.

AGRADECIMIENTOS

La mano en el espejo no existiría sin la generosa ayuda de muchas personas.

En primer lugar quiero expresar mi agradecimiento a Mary Evans, mi agente literaria. Mary creyó en mí y no tardó en encontrar a alguien que compartiera esa creencia.

Me gustaría agradecer a los excepcionales profesionales de Grand Central Publishing, especialmente a mi editora, Deb Futter. El apoyo y la pasión de Deb por este libro lo han hecho realidad. También quiero dar las gracias a Jamie Raab, a Brian McLendon, a Matthew Ballast, a Jimmy Franco, a Oscar Stern, a Dianne Choie y a Elizabeth Kulhanek.

Además, quiero expresar mi gratitud a los investigadores, científicos, académicos y especialistas en el campo de la espiritualidad a los que he entrevistado. Sin ellos, este libro no sería posible. Gracias al doctor Paul Wendland, al doctor Dean Radin, al doctor Bruce Greyson, al doctor Gary Schwartz, a la doctora Carol de la Herran, al doctor Charles Tart, a la doctora Robin Van Doren, a Lloyd Auerbach, a Stephen Barr, a Traci Ireland, a Dave Campbell y a Suzanne Giesemann. También me gustaría dar las gracias a Bob y a Phran Ginsberg, a Lynn Dickerson y a Shelby Coffey sus aportaciones.

Quiero expresar mi profunda gratitud a mi amiga Carol Hanner. En calidad de exeditora de un periódico, sus aptitudes en la edición y preparación de este manuscrito para Grand Central Publishing han sido de un valor inestimable.

Estaré eternamente agradecida a los dos hombres que más

amo: Jim y Tanner. Jim no solo me apoyó, sino que se unió a mi viaje. Tanner nunca me puso en duda y me mantuvo con los pies en la tierra durante los momentos más difíciles de mi vida. Los dos son como el cálido destello dorado de una linterna que alumbra el camino. Sin esa luz, no habría sendero, y sin él, no existiría el viaje. Se lo debo todo a ellos.

Por último, quiero darle las gracias a Max, quien inspiró en un principio este viaje y me enseñó, antes y después de su muerte, la naturaleza infinita del amor.